습관은 실천할 때 완성됩니다.

좋은습관연구소가 제안하는 53번째 좋은 습관은 기업의 AI 활용 습관입니다. 우리는 앞서 "디지털 트랜스포메이션은 조직의 습관을 바꾸는 일"이라는 정의를 통해서 많은 경영자들에게 큰 영감을 주었습니다. 이제 이 메시지는 "AI 트랜스포메이션은 조직의 습관을 바꾸는 일"로 다시 정의되고 있습니다. AI 기술은 기업 경영에 많은 변화를 주고 있습니다. 특히 생성형 AI의 등장은 IT 관련 부서나 회사 차원의 큰 프로젝트라는 관점을 벗어나 AI를 개인의 이슈로 확대시켰습니다. 이 책 역시도 AI 에이전트 시대를 전망하며 개인과 이들의 공존을 말합니다. AI가 경영 시스템에 접목되는 변화의 시기에 개인과 조직은 어떤 준비를 해야 하며, 어떤 단계로 AI 경영 시스템을 마련할 수 있는지 살펴보겠습니다.

AX
100배의
법칙

나와 조직의 능력을
100배 높이는
AI 경영의 실제

DX를 넘어 AX의 시대를 예고하는 이 책에 대하여 꼭 한마디 하고 싶은 구절이 있다. 앞으로는 어찌 될지 알 수 없지만 "이보다 더 구체적인 AX를 표현하는 책은 지금까지 없었다"이다. 특히 AX를 구현하는 전략과 조직 운영에 대한 디테일은 그 자체로 완벽하다. AI 시대에 필요한 AI 전환 교과서로 경쟁자에게 이 책을 권해서는 안 될 듯하다.

_ 최재홍 가천대학교 스타트업 칼리지 교수(KB금융지주 사외이사)

AI 시대 모든 기업이 AI 전환을 외치고 있다. 그러나 AI 전환은 단순히 업무에 AI 기술을 도입하는 수준의 문제가 아니다. 기업의 성과 평가 방법과 회사 구조, 직원들의 일하는 문화까지, 이 모두를 바꾸어야 하는 매우 방대하고 어려운 작업이다. 이 책은 기업 디지털 전환 최고 전문가 중 한 명인 저자가 AI 전환을 위해 꼭 필요한 내용을 기술부터 조직 전략 그리고 구체적 사례까지 체계적으로 잘 담고 있다. 성공적인 AI 전환을 고민하는 각 조직의 의사결정자는 물론이고 실무진에게도 이 책을 적극 추천한다.

_ 하정우 네이버클라우드 AI혁신센터장

기술은 도구일 뿐 목적이 아니다. 30년 넘게 IT 업계에서 디지털 혁신과 기술 트렌드를 따라오며 최근 3년의 기술 변화는 지난 30년의 영향보다 더 크고 빠르다. 하지만 여전히 변치 않는 것은 기술은 목적이 아닌 도구일 뿐이라는 것이다. 이 책은 조직과 사람이 AI 도구를 어떻게 활용해서 우리의 일하는 방식을 바꾸어야 하는지 치밀하게 해석하고 진단했다. 특히 저자는 실제 사업 현장 속에서의 경험을 기초로 AI를 어떻게 '도입할 것인가'를 넘어, AI 시대에 어떻게 '살아남고, 성장할 것인가'를 생생하게 담았다. 기업의 리더이든, 실무자이든, 지금의 변곡점에서 방향을 잃고 있다면 반드시 이 책을 펼쳐야 한다.

_ 김지현 SK경영경제연구소 부사장

생성형 AI 광풍의 기세가 날로 커지고 있습니다. 지인들과 만나 인공지능 이야기를 할 때면 "언제 기준의 인공지능"이냐고 묻습니다. 자고 일어나면 새로운 서비스도 쏟아집니다. 이 책은 AI 전환과 관련해서 그간의 시행착오를 겪으며 얻어낸 성과들을 정리한 통찰의 기록입니다. 특히 조직의 디지털 전환을 이끌어낸 장본인이 동료들과 AI 시대를 준비하고 대응해 가는 과정을 잘 보여주는 살아 있는 AI 트랜스포메이션 현장 보고서입니다. 매번 만날 때마다 새로운 경험을 들려주는 작가의 새 책이라 더욱 반갑습니다. 독자분들이 이 책을 읽고 나면 왜 제가 그렇게 기뻐했는지 아시게 될 거라고 확신합니다.

_ 도안구 테크수다 기자

전국을 다니며 여러 기업에서 강의하며 느낀 바는 그들이 AI 케이스를 갈망하지만, 이를 직접 발굴하고 수행하는 것에는 어려움을 느낀다는 것이다. 그런 의미에서 황재선 부사장의 책은 가뭄의 단비와 같다. 디지털 트랜스포메이션을 집요하게 연구하며 실무부터 임원까지 모든 과정을 거친 저자의 수십 년 경험이 녹아있는 이 책은 기업에 인공지능 전환을 적용하려는 리더들에게 최적화되어 있는 책이다. 보안 문제부터 문화적 접근까지 직접 해본 사람이기에 이야기할 수 있는 소중한 노하우들이 가득 담겨있다.

_ 김덕진 IT커뮤니케이션연구소 소장(세종사이버대학교 AI교육센터장)

목차

3부. AI 트랜스포메이션 – 조직 운영과 인재 선발

시작. DX를 넘어, AX 시대로

코로나 19를 거치면서 디지털 트랜스포메이션(DX)이 전 세계 기업 경영과 조직 혁신을 이끌어 온 대표 키워드였다면, 이제 우리는 그다음 단계의 새로운 물결을 목격하고 있다. 바로 인공지능(AI)이 불러오고 있는 거대한 전환, 곧 "AI 트랜스포메이션(AX)"이 그것이다.

그동안 대다수 조직은 생산·영업·마케팅·물류·재무·HR 등 전사 업무를 디지털화하고, 데이터 활용을 높이는 과정으로 기존의 업무 습관과 문화를 한 단계 업그레이드했다. 물론 DX의 시각에서는 아직 시작도 못 한 기업이 여전히 많고, 끝내지 못한 기업도 많다. 반면 기대 이상으로 잘하고 있는 기업도 많다. 하지만 이들 모두 신속하고 예리하게 의사결정을 내리고 조직의 창의적 변화를 이끌어내는 문제에 있어서는 여전히 인간의 역량에 크게 의존하고 있다.

그런데 최근 급속도로 확산된 생성형 AI(Generative AI)는 이마저도 근본적으로 재편해 버릴 태세다. 문서 작성이나 이미지 생성 같은 일차원적 수준의 업무 지원을 넘어, 의사결정이나 전략 수립 영역에까지 깊이 침투, 향후 조직이 어떤 방식으로 일할지 그 자체를 바꿔 놓을 것 같다.

이미 경영진과 실무자들은 ChatGPT를 비롯해 여러 생성형 AI를 일상 업무에 적용하는 시도를 하고 있다. 보고서나 제안서의 초안을 몇 분 안에 뚝딱 만들고, 고객사 미팅 노트를 손쉽게 요약 정리해 주는 'AI 비서' 같은 서비스가 매일같이 새롭게 등장하고 있다. 내부 파일 또는 데이터베이스와 연동해 분석 보고서를 자동 생성하거나, 고객 상황에 맞춰 맞춤형 제품 제안을 하는 시나리오도 급격히 확산하는 추세다.

이 책은 바로 이러한 "AI 트랜스포메이션(AX) 시대"에 개인과 기업이 어떻게 대응하고 무엇부터 준비해야 하는지를 중점적으로 다룬다. 기존의 DX가 데이터, 클라우드, RPA, 사용자 경험과 같은 기술 중심의 프로세스 혁신과 조직의 변화였다면, AX는 생성형 AI와 함께 조직의 의사결정과 창의적 업무, 핵심적인 전략 수립의 방식까지도 전면적으로 바꾸고 있다. DX가 분명히 기업에게 많은 변화를 가져왔지만, 이제는 "인간만이 할 수 있다"라고 여겨졌던 고차원의 업무들도 AI 기술로 빠르게 대체되거나 보완되고 있다.

"DX를 넘어, AI 시대로"라는 말은 단순히 한 유행어에서 다른 유행어로 옮겨가는 개념이 아니다. 조직이 지금까지 축적해 온 데이터와 디지털 역량을 새로운 유형의 지능과 결합해 더욱 고도화된 형태로 실행한다는 것을 의미한다. 마치 증기기관 발명 후 전력(電力)과 전자(電子) 기술이 따라와 산업 혁명으로 진화를 가속화했던 것처럼, DX로 마련된 토대 위에 AI가 뿌리를 내리는 전례 없는 변화를 의미한다.

물론 이러한 변화가 마냥 장밋빛 미래만을 약속하는 것은 아니다. AI가 제시하는 결과물에 대해 "얼마나 신뢰할 것인가?" "조직 내 의사결정 권한은 어디까지 AI에게 맡길 것인가?" "AI가 만드는 편향과 윤리적 문제는 어떻게 해소할 것인가?" 같은 난제도 있다. 실제로 인간이 제대로 활용해야만 AI라는 도구가 유의미해진다는 점에서 많은 이들이 "결국 AI도 사람을 통해, 사람과 함께 빛을 발한다"라고 주장한다. 하지만 분명히 기억해야 할 사실은 이 거대한 변화의 파도를 이른 시기에 감지하고 준비한 기업이 미래 경쟁 우위를 쟁취할 가능성이 높다는 것이다.

결론부터 말하자면, AI 시대에 성공적으로 적응하기 위해서는 기술을 아는 것 이상의 노력이 필요하다. 즉 조직 전체가 AI를 활용하는 습관이 장착되고 나아가 혁신 DNA가 조직 문화로 자리 잡을 수 있어야 한다. 그때서야 비로소 AX가 안착될 수 있다.

디지털 전환(DX) 이후, 왜 다시 AI인가

디지털 트랜스포메이션(DX)은 분명 2010년대부터 전 세계적인 경영

키워드로 떠올랐고, 많은 기업이 DX를 통해 프로세스 자동화와 데이터 기반 의사결정 그리고 고객 중심의 서비스 혁신을 이뤄냈다. 이 흐름은 코로나19라는 전례 없는 위기 속에서도 더욱 가속화되어 비대면(언택트) 환경과 재택 근무, 원격 협업이 일상화되는 과정에서 큰 힘을 발휘했다.

그러나 이렇게 각종 디지털 도구와 클라우드가 보급되고 여러 부서가 RPA(Robotic Process Automation, 로봇 프로세스 자동화)나 빅데이터 분석 등을 통해 업무 효율을 높이는 동안에도 "DX가 기업 비즈니스에 얼마만큼의 실질적 기여를 하는가?"라는 의문과 함께 "정말 중요한 결정은 결국 사람이 내린다"라는 인식이 우리 주변을 떠나지 않았다. 즉 기업 경영자 관점에서는 DX가 시대의 중요한 흐름임은 동의하지만 뚜렷하게 무엇이 개선되는지 경험하기 힘든 요소가 많았다. 더불어 DX는 도구적·보조적 성격이 강했다. 그래서 조직의 창의성과 고도화된 판단력은 온전히 인간 역량에 의존했다. 특히 새로운 시장 진출이나 신제품 기획처럼 창조적이고 복합적인 의사결정은 기술로는 대체 불가능한 영역이라는 게 일반적 통념이었다.

하지만 2022년 말부터 폭발적으로 주목받은 생성형 AI, 특히 ChatGPT의 등장은 이러한 통념을 흔들기 시작했다. 텍스트를 스스로 생성할 수 있는 AI 모델은 단순히 "질의응답을 잘한다" 수준을 뛰어넘어 인간 못지않은 창의력과 사고(思考)의 윤곽을 보여 준다는 평가까지 받았다. 물론 여전히 환상이나 과장이 섞여 있을 수도 있지만 강력한 생산성 도구로 활용하고자 하는 열기는 놀라울 만큼 빨랐다.

사실 DX를 추진하는 과정에서도 AI는 최종 종착지였다. 전통적인 머신러닝·딥러닝을 위한 환경을 만들고, 기업 내 중요 프로세스에 AI를 도입하는 시도도 있었다. 하지만 조직의 여러 이해관계자 입장에서 아직은 AI가 생소했고 신뢰할 수 없는 기술이었기 때문에, 실제 DX 추진 과정에서 AI로의 프로세스 진화를 경험한 기업은 그리 많지 않았다. 그럼에도 AI를 다시 강조하는 까닭은 이제 AI가 단순한 예측 모델이 아니라 생성 모델을 탑재함으로써 일종의 창의적 협업자(코파일럿) 역할을 할 수 있기 때문이다. 또한 많은 이해관계자가 체감적으로 AI의 효용성에 대해서 인정하고 있는 상황도 무시하지 못하기 때문이다.

　이전까지의 AI 모델은 결제 사기 탐지나 이미지 분류, 음성 인식 등 특정 목적과 제한된 범위 안에서만 능력을 발휘했다. 그에 비해 최신의 생성형 AI는 인간이 언어로 사고하고 작업하는 거의 모든 범위에 일정 정도까지 참여할 수 있다는 점에서 분명 새로운 차원의 혁신이라 할만하다. 그리고 이것이 불러오는 산업적 함의는 엄청나다. 마케팅 부서는 AI를 통해 신제품 광고 문구를 미리 작성해 보고 고객 반응 시뮬레이션을 할 수 있고, HR 부서는 채용 면접 질문이나 직무기술서 초안을 AI를 이용해 준비할 수 있다. 한발 더 나아가 연구개발이나 경영 전략 부문에서도 새로운 아이디어를 도출하고 장단점을 시뮬레이션하는 과정에서 AI를 적극 활용할 수 있다. 즉 비즈니스에서 인간의 독점적 영역이었던 분야까지도 AI가 파고들 수 있다는 의미이다.

　따라서 DX 이후 새롭게 떠오르는 화두는 "생성형 AI와 같은 첨단

기술을 어떤 방식으로 우리 기업의 프로세스와 결정 구조, 조직 문화에 녹여 낼 것인가"이다. 이미 많은 글로벌 선도 기업들은 이러한 고민을 시작했다. 그리고 그 결과로 나타난 것이 바로 "AI 트랜스포메이션(AX)"이다. 이는 단순히 IT 영역만 교체하는 식의 변화가 아니라 "조직의 각 부문이 AI 기술을 활용해 새로운 습관과 문화를 정착시키고, 궁극적으로는 기업 경쟁력과 가치를 극대화하는 것"을 핵심 목표로 한다.

물론 AI 트랜스포메이션이 아직은 낯설다. 그렇지만 벌써 상당수 현장에서는 시작되고 있다. 예컨대 대형 호텔 체인에서는 투숙객을 응대하는 챗봇을 생성형 AI로 교체해서 언어 장벽 없이 다양한 고객 문의를 처리하고 있으며, 시장 조사 기관에서는 AI가 각종 보고서를 자동으로 요약하고 이를 고객사와의 회의 자료로 사용한다. 적어도 지금의 속도와 열기를 보면 그동안 디지털 혁신의 파고가 컸던 만큼이나, AI발(發) 혁명 역시 상상 이상으로 클 가능성이 높다.

생성형 AI는 기존의 AI 모델과 무엇이 다른가? 간단히 말해, 기존에는 많은 양의 학습 데이터를 바탕으로 특정 질문에 대해 예측·판단·분류·추천 등의 결과물을 주는 형태였다. "이 사람은 대출 상환 능력이 충분할까?"를 예측하는 신용 스코어링 모델, "이 이미지는 고양이 사진인가?"를 분류하는 컴퓨터 비전 모델 등이 그것이었다. 하지만 생성형 AI는 이런 예측을 넘어 사람이 질문하면 새로운 문맥을 만들어 내는 방식으로 답변을 제시한다. 즉 학습한 방대한 언어(텍스트) 모델을 바탕으로 창조적 결과물을 뽑아낸다. 더 놀라운 점은 그저 텍스트만 만들어 내는 것이 아니라 그림, 음악, 영상까지 창작하듯 생산할 수 있다. 이미 여러 이미지 생성 AI가 예술 영역에서 각종 화제를 불러일으키고 있으며, 일부는 논문 초안 혹은 프로그래밍 소스코드까지도 뚝딱 만들어 낸다. 게다가 이런 모델들이 빠르게 대중화·상용화되면서 많은 기업이 "적은 비용으로 빠른 시간 안에 AI의 강력한 창의적 생산성을 활용할 수 있게 되었다"라고 입을 모은다.

기업은 이제 "이 기술로 무엇을 할 수 있을까?"라는 질문을 넘어 "우리 회사의 업무 프로세스 중 어디에 적용하고, 또 어디서부터 혁신을 시작해야 할까?"를 고민하기 시작했다. 과거에는 몇 달간 거액을 투자해야 가능했던 AI 프로젝트를 이제는 구독형으로 쉽게 시도해 볼 수 있게 되면서, 실험과 채택이 무섭게 가속화되고 있다. 더불어 이러한 AI 서비스를 공급하는 회사는 서로 경쟁하듯 기능 업그레이드를 거듭하고 있다. 특히 ChatGPT의 등장 이후, 많은 회사들이 챗봇 서비스를 앞다투어 출시했고, 일부는 챗봇 서비스 개발에 사내 데이터를 연동하여 답을 할 수 있는 RAG(Retrieval-Augmented Generation, 검색 증강 생성) 형태의 서비스도 내놓고 있다. 더불어 최근에는 인간의 행동을 모방하고 자율적으로 작업을 수행할 수 있는 기술인 AI 에이전트 기술 또한 앞다투어 소개하고 있다. 이러한 속도가 DX 시절과 비교해 훨씬 더 빠르게 느껴지는 것은 생성형 AI가 갖는 파급력이 언어와 창의적 영역에 직결되어 있기 때문이다. DX 때에는 프로세스 자동화와 데이터 분석이 중심이어서 이를 적용하기가 생각보다 어려웠다면, 생성형 AI는 마케팅 카피 작성에서 고객 응대까지 경영 전반으로 확장

될 것이라는 차이를 보이고 있다.

이 책은 생성형 AI로 인해 촉발된 대전환을 단순한 기술 트렌드가 아니라 회사 전체를 바꿀 수 있는 조직 트랜스포메이션, 이전보다 "100배의 경영 효율성"을 달성할 기회로 바라본다. 물론 넘어야 할 산도 있다. 엉뚱한 답변(할루시네이션; '환각'이라고 하며, 사실이 아닌 가상의 정보를 마치 사실인 것처럼 답변하는 현상을 말한다) 문제나 저작권·윤리·보안 이슈, AI 의사결정에 대한 신뢰도 그리고 직원들의 거부감 같은 다양한 이슈가 산재해 있다. 그렇지만 여전히 AI 혁신이 가져다줄 가치는 매우 매력적이다. 오늘날처럼 시장이 급변하고 어느 한 부서만의 혁신이 아닌 전사적 변화를 요구하는 시기에는 AI라는 도구를 제대로 활용하는 기업이 분명 한 걸음 앞서 나가게 될 것이다.

인류·기업에 주어진 새로운 도구의 의미

기계 문명이 출현한 이래, 인류는 몇 차례의 파괴적 혁신을 거쳐 왔다. 증기 기관, 전기·내연 기관, 컴퓨터, 인터넷, 스마트폰 등이 차례대로 등장하면서 인간의 능력을 기하급수적으로 확장시켜 왔다. 그 과정에서 생산성은 폭발적으로 증가했고 일하는 형태와 조직 문화, 시장의 경쟁 구도 역시 완전히 달라졌다. 그러나 지금까지의 혁신은 대체로 기계 근육을 추가하는 것이었다. 즉 인간이 직접 수행하던 노동을 대체하거나 보조하는 장치들을 통해 인간의 신체 능력이나 시간적·공간적 제약을 극복하도록 도와 준 것이었다. 이에 비해 지적 능력이나 창의력 영역은 그 비중이 크지 않았다. 물론 컴퓨터와 인터넷이 나타나 많은 정보를 빠르게 처리·검색할 수 있도록 해주었으나 궁극적인 판단과 결론을 도출하는 것은 여전히 사람 몫이었다.

하지만 AI, 특히 생성형 AI가 보여 주는 가능성은 이와 다르다. 이는 인간의 지적 활동을 직접 보완 협업하거나 때로는 대체하는 형태로 발전하고 있다. 어쩌면 인류 역사상 처음으로 창의적 아이디어와 언어적 표현 영역까지 기계가 상당 부분 수행할 수 있게 된 것으로 봐도 될 정도다. 이렇게 되면, 인간은 인공지능이 하지 못하는 더욱 고차원적 사고나 관계 형성, 윤리적 통찰 같은 영역에 집중할 수 있고, 단순 반복 업무에서 벗어나 좀 더 본질적인 가치 창출에 해당하는 일을 할 수 있다. 하지만 다른 한편으로는 일자리나 조직 구조를 급격히 재편할 가능성도 있다. 업무 효율화나 자동화가 더욱 광범위하고 빠르게 일어날 수 있다는 말이다.

비즈니스 맥락에서도 마찬가지다. 완전히 새로운 서비스나 제품이 AI를 통해 속속 등장할 수 있고, 그동안 인재나 자원 부족으로 시도하지 못했던 혁신 과제를 AI가 해결해 줄 수도 있다. 예컨대 글로벌 고객 대응이 힘들었던 중소기업이 AI 번역과 챗봇을 이용해 24시간 다국어 고객 지원을 한다면? 대기업 못지않은 경쟁력을 단숨에 갖출 수 있다. 또한 이런 자동화가 점차 흔한 일이 되어 간다면, 결국 향후 3~5년 후에는 기업 간 경쟁의 양상 자체가 바뀔 것이다.

이처럼 도구는 쓰는 사람의 역량과 의지에 따라 성과가 달라진다.

전기가 발명되었을 때 이를 빨리 받아들인 공장은 증기기관 기반 경쟁자를 압도했지만, 그 변화를 간파하지 못한 곳은 급속도로 시장에서 뒤처졌다. AI라는 도구도 이와 유사한 길을 걸을 것이다. 지금 당장은 "신기하다"거나 "실수가 많다" 같은 평가로 엇갈릴 수 있지만, 시간이 흐를수록 조직 내 곳곳에서 AI를 활용하는 습관을 가진 기업과 그렇지 않은 기업의 격차는 커질 것이다.

그동안 인류가 걸은 기술 진보의 궤적은 크게 세 시기로 나누어 볼 수 있다. 첫 번째는 기계 근육의 시대다. 증기 기관과 전기 그리고 대량 생산 체계가 만든 산업 혁명의 시대로 이 시기에 기업들은 사람 손으로 할 수 없던 방대한 작업을 기계가 대신해 생산성을 수십 배 이상 끌어 올렸다. 소위 1·2차 산업 혁명 시대에 해당하는 이 시기에 인간의 노동력은 기계로 치환되면서 대량 생산 체계를 확립했다. 두 번째 시기는 기계 지능의 시대다. 컴퓨터와 인터넷 그리고 스마트폰으로 대표되는 디지털 시기가 여기에 해당한다. 이 시기에는 인간의 정보·데이터 처리 능력을 보완해 주는 기술이 대규모로 상용화되었다. 전자 상거래가 만들어지고 SNS가 탄생하고 빅데이터와 클라우드가 일반화되었다. 이를 통해 기업들은 고객 데이터를 수집·분석하여 운영 효율을 높이는 DX를 구현할 수 있었다. 그리고 이제 다가오는 세 번째 시기는 바로 자율형 AI의 시대다. 이 시대에는 기계가 단순히 지능적 분석을 제공해 주는 데 그치지 않고, 목표를 인식하고 문제를 해결하기 위한 행동 계획을 수립 실행하는 등 스스로 움직인다. 스스로 프로젝트 태스크를 분해 관리하고, 필요한 정보를 다른 시스템에서 검색해 오고, 문제가 생기면 해결 방안을 찾아낸다. 그런 다음 사람에게는 "이 일을 이런 방식으로 완료했습니다"라고 보고만 한다.

물론 아직은 이런 자율형 AI가 완전하게 구현된 것은 아니다. 그러나 생성형 AI가 등장하며 그 기반이 이미 마련되기 시작했다. 그리고 머지않아 회사의 많은 사무직군의 업무가 자동화되는 상황이 가능해진다. 지금 시점에서는 아직 요원해 보이지만 불과 5년 전만 해도 자연어 대화 AI가 이렇게 발전할 것을 예측하기 어려웠다는 사실을 떠올려 보면, 언제든 현실화될 수 있다는 기대를 품게 된다.

그렇기에 기업이 지금 AI 트랜스포메이션을 준비하는 것은 자율형 AI 시대에서 뒤처지지 않으려는 노력과 같은 맥락이다. DX도 미흡한 상태에서 AI 트랜스포메이션까지 놓치게 된다면 경쟁사에 뒤처지는 것은 시간문제가 아닐 수 없다.

AI 시대, 기업의 생존은?

미국의 포춘 500대 기업 중 1955년에 이름을 올렸던 500개 기업 중 2024년까지 살아남은 기업은 단 52개에 불과하다. 약 90%의 기업이 70여 년 사이에 사라졌다. 이는 기업이 시장에서 살아남기 위해 치열한 경쟁 속에서 꾸준히 변화하고 혁신해야 한다는 것을 보여주는 통계다. 과거의 기업 환경과 달리 현대의 경영 환경에서는 변화와 적응이 생존의 필수 조건으로 자리 잡았다.

기업의 생존을 위협하는 요인은 다양하다. 기술 혁신은 물론이고 글로벌화, 경제적 불확실성, 규제 변화 그리고 예상치 못한 외부적 충격까지 기업의 존립을 어렵게 만든다. 특히 기술 변화 속도는 가히 폭발적이다. 디지털 기술의 발전은 과거 수십 년에 걸쳐 점진적으로 이루어지던 변화의 양상을 순식간에 완전히 뒤바꾸었다. 지금의 환경에서는 한 가지 기술 변화에 대응하지 못하면 단기간 내에 시장 점유율을 잃거나 도태될 위기에 처하게 된다.

기업의 지속 가능성을 보장하는 것은 단순히 현재의 비즈니스를 유지하는 것이 아니라 변화하는 환경 속에서 끊임없이 진화하고 혁신하는 것이다. 새로운 기술을 도입하는 데 그치지 않고 전략적으로 활용하여 경쟁력을 강화하고 고객 가치 창출을 극대화하는 수밖에 없다. 이는 생존을 넘어 지속적인 성장과 번영을 가능하게 한다.

이제는 AI 시대다. 예측했던 것보다 훨씬 빠르고 파급력 있게 전환되고 있다. 이런 환경 속에서 "기업 생존은 당연한가?"라는 질문을 다시 던지는 이유는 지금이야말로 최적의 타이밍이기 때문이다.

인구 감소와 노동 시장의 변화

우리나라의 인구 감소 문제는 사회적 현상을 넘어 기업의 생존과 직결된 문제다. 이미 건설업과 농업 등 육체노동이 많이 필요한 업종에서는 국내 인구 부족과 기피 현상으로 인해 외국인 근로자가 이를 대체하고 있다. 그러나 외국인 근로자의 대체 역시 장기적으로는 한계가 있으며, 이는 경제 전반에 걸친 심각한 노동력 공백을 야기할 가능성이 높다. 노동력 감소의 여파는 사무직으로까지 확대될 수 있으며, 대기업조차도 필요한 인력을 구하지 못할 수 있다. 특히 고숙련 직업군의 인력 부족은 시장의 불균형을 심화시킬 가능성이 크다. 이러한 문제 역시 AI 전환의 필요성을 명확히 부각시킨다. 즉 AI는 단순히 기술 혁신의 도구가 아니라, 감소하는 노동력을 보완하고 기업의 경쟁력을 유지하기 위한 필수적인 전략으로도 유용하다.

인구 감소 시대에 기업 조직의 미래는 어떻게 변화할까? 노동 인구 감소와 기술 발전이 맞물리면서 AI와 인간의 협업은 필연적으로 조직의 중요한 운영 방식이 된다. AI 기술은 인간과 협력하여 복잡한 문제를 해결하고 전략적인 의사결정을 지원하는 수준까지 발전하고 있다. 이러한 변화는 기업 경영진이 조직 운영 방식을 재고하고 AI를 사람과 동등한 팀원으로 인식하는 문화로 전환해야 함을 의미한다.

이미 여러 분야에서 이러한 일들이 일어나고 있다. 제조업에서는 AI가 공정 관리와 품질 검사 및 예지적(가동 중단을 예상하는) 유지보수를 담당하며, 인간은 설계와 창의적인 문제 해결에 집중하고 있다. 금융 업계에서는 AI가 고객 데이터를 분석해 대출 승인 여부를 신속히 결정하거나 투자 전략을 제안하고, 인간은 전략을 실행하고 고객과의 관계 관리에 주력한다. 마케팅 부서에서도 최적의 마케팅 전략을 AI가 제안하고, 사람은 이를 실행하여 더욱 효과적인 캠페인을 진행한다. 이러한 협업은 인간의 창의성과 AI의 데이터 처리 능력이 결합합여 조직의 성과를 극대화하는 중이다.

요약해보면, 앞으로 5년에서 10년 뒤 조직 구조에는 다음과 같은 혁신적인 변화가 나타날 것이다.

- **사람 팀장이 이끄는 AI 팀원 중심의 팀:** AI가 완결적으로 업무를 잘 하거나(콜 센터) 또는 데이터 분석, 의사결정 보조 등 전문적인 작업을 수행하는 AI 팀원이 인간 팀장의 지시에 따라 협력한다.
- **AI 팀장이 이끄는 사람 팀원 중심의 팀:** AI가 리더 역할을 맡아 데이터 기반의 의사결정을 내리고, 인간 팀원은 이를 실행하거나 고객과의 상호작용이 필요한 지점의 소통하는 역할을 담당한다.
- **AI와 사람의 혼합 팀:** 팀장이 사람이거나 AI일 수 있으며 AI와 인간이 혼합된 팀 구조는 각자의 강점을 극대화하며 새로운 조직 문화를 창출한다. AI는 실시간 데이터 분석과 예측을 제공하고 인간은 이를 기반으로 창의적인 실행 전략을 설계한다.

이러한 변화를 가능하게 하는 핵심은 AI 전환이다. AI 전환은 단순히 기술을 도입하는 것이 아니라 조직의 역할과 업무 방식을 재구성하는 것을 의미한다. 생산성을 높이고 비용을 절감하는 것은 물론이고, 혁신 문화를 조성하여 더욱 나은 의사결정과 비즈니스 기회를 창출한다. 이를 통해 기업은 변화하는 노동 시장에서도 경쟁력을 유지하며 지속 가능한 성장을 이룰 수 있다.

AI 전환은 기업 조직의 본질적인 변화다. 인구 감소와 노동 시장의 변화는 모든 기업에게 도전 과제가 되었다. AI를 활용한 조직 운영 방식을 도입하고 사람과 AI의 협업을 활성화해야 한다. 경영진은 지금부터 AI 전환을 준비하며 기업의 지속 가능성과 경쟁력을 확보할 수 있어야 한다. 미래의 성공적인 조직은 AI와 인간이 조화를 이루며 함께 일하는 환경을 기반으로 만들어질 것이다.

경영진·실무자 모두를 위한 안내서

이 책의 가장 중요한 전제는 "AI 트랜스포메이션은 경영진 한두 사람이 결단한다고 되는 일이 아니다"라는 것이다. 물론 최고경영진의 스폰서십이 필수라는 사실은 변함이 없다. 그러나 AI가 침투하는 영역이 사무 자동화나 현업 부서의 업무 절차 그리고 전사 의사결정 과정 전반에 미치는 만큼, 사실상 모든 구성원이 어떤 형태로든 AI를 접할 수밖에 없다. 이런 맥락에서 본서는 경영진과 실무자 모두가 읽을 수 있는 기본적인 안내서를 지향한다.

경영진은 "우리 회사가 지금 왜 AI에 주목해야 하는지 그리고 단기적 과제부터 장기적 목표까지는 어떻게 설정해야 하는지"를 알고 싶어 한다. 또한 기존 DX 조직 또는 IT 부서가 AI 트랜스포메이션을 맡기에 충분한지, 만약 그렇지 않다면 어떤 식으로 보강하거나 전담 조직(CoE; Center of Excellence)을 새로 만들어야 할지 고민한다. 이런 질문에 대해 이 책은 어느 정도의 가이드라인을 제공하려고 한다.

반면 실무자들은 "막상 AI를 쓰라고 하는데, 구체적으로 업무에 어떻게 적용할 수 있을까?" "데이터 보안은 괜찮을까?" "AI로 인해 내 업무가 대체되진 않을까?" 같은 의문을 품는다. 사실상 AI 도입 초기에는 불안이나 거부감이 비일비재하다. 이런 분위기를 어떻게 극복하고 조직 문화를 바꿔나갈 것인지 또한 이 책이 중점적으로 다룰 주제다.

따라서 이 책은 기업 전반의 AI 사용 기회와 위험을 알리고, 초기 도입에서부터 중장기 전략 수립 그리고 조직 운영과 인재 육성 방안에 이르기까지, 전체 과정을 단계적으로 안내한다. 경영진에게는 로드맵과 의사결정 포인트를 제공하고 실무자들에게는 AI 활용의 실제적인 사례와 방법론을 보여 주어, 함께 협력해 AX를 추진할 수 있도록 돕는다.

DX 시절에도 비슷한 맥락에서 경영진과 실무자의 협업이 중요하다는 주장을 했지만, AI 시대에서는 그 중요성이 배로 커진다. 왜냐하면 AI는 기업의 핵심 업무와 의사결정을 다루기 때문에 특정 부서나 임원만 몰입해서는 결코 효과를 볼 수 없기 때문이다. 장차 AI가 모든 부서와 직무에 스며들 것을 생각하면 "AI는 IT 부서가 알아서 하는 거지"라는 태도는 한참 잘못된 판단이 된다.

조직의 습관과 문화 전환을 강조하는 이유

DX 시절에도 "기술만 도입한다고 끝이 아니다. 결국 조직 문화가 중요하다"라는 말을 여러 번 강조하였다. 실제로 많은 기업들이 "뉴 웨이 오브 워킹(New Way of Working)"이라는 기치 아래 협업 도구나 모바일 업무 환경을 도입했고 일정 부분 성과도 얻었다. 이제는 사람의 창의적 역량과 의사결정 방식에 전격적으로 스며들 차례다.

AI 트랜스포메이션이 요구하는 변화는 한층 더 근본적이다. 협업 툴 대신 AI를 쓰면 보고서 작성이 빨라진다가 아니라, 일을 계획하고 결과를 확인하며 성과를 평가하고 보상하는 방식 자체를 재정의할 필요가 생긴다. AI가 마케팅 문구를 작성했다면 그 기여도를 어떻게 평가 할까? AI가 제품 디자인 초안을 냈다면 의사결정 권한은 누구에게 있고 실패 시 책임은 누구의 몫인가? 이런 질문을 던져야 한다.

정리하자면, AI 트랜스포메이션은 기술·데이터·프로세스만이 아니라 궁극적으로 조직의 습관과 문화를 바꾸고 진화시키는 일이다. 직원들이 AI를 매일같이 쓰려면 단순히 AI 사용 매뉴얼 하나 만들어 준다고 해결되지는 않는다. 실패를 용인하고 AI가 낸 아이디어를 인간이 재빠르게 검증하고 수정해 나가는 역동적인 환경이 필요하다. 또 AI 시스템의 오류나 윤리적 문제를 즉시 발견하여 개선하는 절차와 이를 신뢰할 만한 거버넌스도 갖춰야 한다.

이런 맥락에서 이책은 조직의 습관과 문화 전환을 여러 차례에 걸쳐 강조할 것이다. 더 이상 AI는 IT 부서 안에만 고립된 기술이 아니며 기업 구성원 개개인의 일상 업무 방식과 마음가짐에까지 직접 영향을 미칠 것이다. 경영진은 이 점을 깊이 인식하고 전사적 차원의 변화를 밀어붙여야 한다. 실무자 역시 지금의 익숙한 업무 스타일을 고수하기보다는 AI와 함께 협력하며 새로운 습관으로 바꾸겠다는 의지를 가져야 한다.

"AI는 사람을 대체하지 않는다. AI를 잘 쓰는 사람이 그렇지 않은 사람을 대체한다"는 말이 있다. 이를 기업으로 확장하면 "AI는 기업의 생존을 결정하지 않는다. 다만 AI를 잘 쓰는 기업이 그렇지 못한 기업을 대체할 수 있다"가 된다. 반드시 명심해야 할 말이다.

파트별 주요 내용

총 4개의 부로 구성된 이 책은 다음 순서대로 독자를 안내한다.

1부는 개념과 배경으로 지금 펼쳐지고 있는 생성형 AI 시대의 출현 배경과 기존 DX와의 차이점을 상세히 살펴본다. AI가 왜 또 다른 혁명이라 불릴 정도로 강력한지 그리고 자율형 AI 시대까지 나아갈 수 있다는 전망은 어디에서 비롯되는지 짚어본다. 특히 AI가 기업 경영과 조직에 어떤 충격을 가져올지 개괄적으로 설명하고, 왜 기술적 측면 이상으로 문화·습관 전환이 중요한지를 강조한다. 그리고 ChatGPT 개발사인 오픈AI가 제시하는 "인공지능 발전 5단계"를 살펴본다. 독자들이 아직 AI 트랜스포메이션 개념에 낯설다면, 이 파트를 통해 큰 그림을 먼저 잡을 수 있다.

2부는 AX 실행 전략과 로드맵이다. 본격적으로 "어떻게 AI 트랜스포메이션을 시작하고 진행해 나갈 것인가"라는 질문에 답한다. 생성형 AI 서비스를 활용하는 것에서 시작해서 에이전트 형태로까지 확장하는 중장기 로드맵을 제시한다. 초기에는 ChatGPT를 활용한 문서 작성이나 요약 기능 정도로 출발하되, 점차 예측 모델 통합이나 서비스 프로세스 자동화로 발전해 나가는 시나리오를 안내한다. 그리고 이 과정에서 기업이 겪게 될 문제를 구체적인 사례와 함께 보여준다. 경영진과 실무자들은 "우리 회사는 현재 어느 단계에 있고, 앞으로 무엇을 준비해야 하는지" 스스로 판단할 수 있다.

3부는 조직 운영과 인재 선발로 이 책이 특히 중요하게 여기는 조직과 문화 이슈를 깊이 다룬다. DX가 그랬듯 AX 역시 경영진의 리더십이 매우 중요하다. 하지만 AI가 더욱 급진적인 변화를 요구한다는 점에서 기존의 DX와는 다른 접근이 필요하다. 따라서 AI팀(전담 부서), 즉 AI CoE를 어떻게 구성하고 기존 IT 부서나 데이터팀과 어떻게 협력할 것인지, 윤리·보안·거버넌스를 어떻게 마련할 것인지를 살펴본다. 또한 어떤 인력을 외부에서 채용할 것인지, 내부 직원에게 요구되는 역량은 무엇인지 등도 살펴본다. 동시에 성과 평가·보상 체계와 AI 윤리·편향 문제까지 포괄해야 한다는 점을 제시하고 "AI 트랜스포메이션은 결국 인간 중심의 조직 변화를 지향한다"라는 메시지를 전한다.

마지막 4부는 AX 유형별 활용 사례와 AX 산업별 활용 사례를 살펴본다. 제조·물류·금융·헬스케어·리테일 등 다양한 업종에서 생성형 AI와 기존 머신러닝 딥러닝 AI 모델이 결합해 시너지를 내고 있는 구체적인 스토리 그리고 AI를 활용한 실질적인 기업 활용 사례를 점검

한다. 실패와 성공 사례를 함께 보다 보면, 어떻게 하면 올바른 방향으로 AI 트랜스포메이션을 안착시킬 수 있는지 교훈을 얻을 수 있다.

그리고 결론 글에 해당하는 맺음에서는 AI 에이전트 이후 전망을 제시하고자 한다. 3년 후, 5년 후에는 AI가 어디까지 발전해 있을지, 조직은 어떤 업무를 어떻게 재편하게 될지, 에이전트 기반 자율 업무 실행이 실현되면 우리의 일터가 실제로 10배의 생산성 증가와 10배의 기업 가치 향상이 이뤄지는 100배의 법칙이 적용될지 가늠해 본다. "AI 시대의 혁신은 일회성 프로젝트가 아닌 상시적 경영 활동"이 되어야 한다는 주장을 다시 상기하며, 독자들이 책의 내용을 구체적으로 실행에 옮길 수 있도록 격려하고자 한다.

디지털 트랜스포메이션이라는 말에 익숙해지기도 전에 새롭게 "AI 트랜스포메이션"이라는 과제를 새롭게 맞이하는 중이다. 이 책은 결코 AI 기술의 세세한 원리를 설명하거나 프로그래밍 방법을 다룰 목적으로 집필하지 않았다. 대신 "AI 시대에 기업은 어떻게 적응하고 혁신해야 하는지, 그 중심에서 인간은 어떤 역할을 담당해야 하는지"에 답하려 했다.

경영진과 실무진 모두에게 도움이 되는 로드맵이 되도록 최선을 다 했으니 이 여정을 함께 시작해 보자. AI 시대는 이미 우리 주변 깊숙이 들어와 있다. 이제 파도를 타야 할 시점이다.

1부

AI 트랜스포메이션

- 개념과 시대적 배경

1. DX와 AX의 차이

디지털 트랜스포메이션(DX)은 지난 10여 년 동안 기업 경영과 조직 혁신 전반에 거대한 파급력을 행사해 왔다. 컴퓨터와 인터넷의 보급 이후 오프라인에서 하던 업무와 사업이 디지털 환경으로 대거 옮겨가면서 새로운 비즈니스 모델이 태어나고 업무 효율도 크게 개선되었다. 많은 기업들이 "디지털 도입 없이는 미래 경쟁력도 없다"고 확신하게 된 배경이다. 이 과정에서 전통 산업에 속해 있던 기업 역시 위기감을 느끼고 디지털 역량을 키우려 애썼다. 어떤 회사는 클라우드를 본격 도입해 서버 관리와 운영 방식을 바꾸었고, 또 어떤 회사는 빅데이터 분석을 통해 고객 성향이나 시장 트렌드를 정교하게 파악하려고 했다. 모바일 앱을 만들어 고객 접점을 강화하거나 RPA(Robotic Process Automation; 로봇 프로세스 자동화) 기술을 도입해 단순 반복 업무를 줄이려는 노력도 진행했다.

그러나 이러한 DX를 성공적으로 구현한 기업조차도 불과 몇 년 만에 새로운 도전에 다시금 직면하고 있다. 바로 인공지능(AI)의 발전이다. 특히 2022년 말부터 전 세계를 휩쓴 생성형 AI 붐은 "DX에서 구현한 자동화와 데이터 기반의 효율성 위에 또 한 번의 혁신이 겹쳐진다"는 점에서 기업에게 새로운 숙제를 안겼다. 조직의 의사결정, 창의적 업무, 전략 수립에까지 침투하는 기계 지능의 등장은 지금까지의 DX와는 결이 다른 변화를 가져올 것이라는 예감을 곳곳에서 쏟아내게 했다. 이에 따라 최근에는 디지털 트랜스포메이션이 아닌 "AI 트랜스포메이션(AI Transformation; AX)"이라는 단어가 부상하기도 했다.

DX와 AX의 차이를 이야기하려면, 먼저 DX가 가져온 혁신과 한계를 구체적으로 짚어 볼 필요가 있다. 그리고 생성형 AI가 어떻게 이 판도를 재편했는지 또 그 결과로 AI 트랜스포메이션은 어떤 의미를 지니고 있는지도 살펴봐야 한다.

1) DX가 가져온 혁신과 한계

DX의 출발

기업들이 DX라는 말을 처음 듣기 시작했을 때 많은 이들은 "인터넷은 이미 오래전에 보급되었고 ERP나 CRM도 쓰고 있는데, 새로울게 무엇인가?"라는 의문을 품었다. 하지만 2010년대 들어 빠르게 확산된 클라우드, 모바일, 빅데이터, RPA 기술은 현장 업무는 물론이고 사업 전략 수립 업무 등에 실질적이고 전면적으로 도입되었다. 기업이 매일 생성하는 방대한 정형 데이터와 SNS 등과 같은 비정형 데이터를 모아 비즈니스 인사이트를 도출한다는 점에서 빅데이터 분석은 DX의 핵심 엔진으로 자리 잡았다. RPA 또한 반복적인 사무 업무를 자동화하여 직원들이 보다 가치 있는 일에 집중하도록 했다. 그리고 아마존이나 마이크로소프트가 퍼블릭 클라우드 시장을 확장하면서 기업은 "물리적 하드웨어에 큰돈을 들이지 않고도 유연하게 IT 인프라를 운영할 수 있겠다"는 생각을 하게 되었다.

이처럼 여러 디지털 기술을 모아 조직 전반에 도입하고, 업무 습관과 조직 문화를 바꾸는 흐름이 곧 DX(디지털 트랜스포메이션)였다. 그래서 DX를 두고 "단순한 전산화 프로젝트가 아니다"라는 이야기를 자주 했다. 업무나 부서별로 산재되어 있던 아날로그 방식이나 부분적인 자동화를 전사적인 체계 속으로 통합하고 경영진부터 실무자까지 디지털 도구를 활용하는 고민을 했다. 실제로 많은 기업이 "DX는 곧 조직 습관의 변화"라는 말을 입에 달고 살았다. 직접 만나서 보고하고 결재받는 문화에서 이메일이나 화상회의로 대신하는 것이야말로 디지털 트랜스포메이션의 출발이었다.

하지만 그런 DX에도 한계는 있었다. 우선 어느 순간부터 "기술은 도입했는데 그다음은?"이라는 질문이 제기되었다. RPA나 빅데이터 분석이 회사 안에 어느 정도 뿌리를 내렸지만, 정작 조직의 핵심 의사결정은 여전히 임원들의 직관과 숙련된 경험에 크게 의존했다. 영업 전략을 짤 때 데이터 분석 보고서를 참조하긴 했지만, 최종 결정은 "임원의 감(感)"에 달려 있었다. RPA가 늘어나긴 했지만 전사적 프로세스의 상위 단계, 즉 창의적이고 복합적인 의사결정 과정은 사람이 직접 통찰력과 논리를 발휘할 수밖에 없다는 인식이 강했다. 물론 AI 또한 DX의 중요한 요소였고, 일부 기업은 AI가 원자재 가격을 예측한다거나 수율을 예측하는 일도 했다. 하지만 경영진이나 이해관계자 대부분은 이를 신뢰하지 않았다. 나아가 AI는 이러한 예측을 잘할 수 없다고 치부하는 경우도 많았다. DX를 통해 기업 문화가 디지털화로 한층 업그레이드된 것은 맞지만 근본적인 의사결정의 무게 중심이 크게 달라졌다고 하긴 어려웠다.

왜 이런 일이 벌어졌을까? "데이터는 모아서 보긴 하는데 결국 결론은 사람이 낸다"라는 사고방식을 바꾸지 못했기 때문이다. 어쩌면 당연한 일이었다. 예측 모델이나 통계 분석은 과거 데이터를 기반으로 미래 확률을 알려 줄 수 있을 뿐이고, 어떤 선택을 할지는 결국 사람이 고민해야 하는 것이 전통적인 AI 패러다임이었다. 그렇다 보니 C레벨 임원들은 데이터와 디지털 툴을 잘 활용해 최적의 결정을 내리는 보조 도구로써 DX를 인식하고, 현업 실무자들도 업무 효율 향상과 협업 방식 개선 정도에서 DX의 가치를 찾았다.

클라우드·빅데이터·RPA·모바일이 만든 변화

DX 시대를 이끈 대표 기술 중 하나는 클라우드다. 클라우드는 기업이 자체 서버를 보유하고 관리하던 시절과 달리, IT 인프라를 외부 사업 자(AWS, Azure, GCP 등)로부터 빌려 쓰는 방식이다. 이 방식으로 기업들은 대규모 하드웨어 설비를 마련하기 위해 드는 투자금과 시간을 아낄 수 있었다. 그리고 필요할 때마다 서버 자원을 탄력적으로 늘리고 줄였다. 결과적으로 새로운 아이디어를 시도하는 속도가 빨라졌다. 스타트업 수준으로 민첩한 시제품 개발이 가능해졌다며 "클라우드가 우리 기업의 혁신 엔진이 되었다"라고 평가하기도 했다.

빅데이터 역시 DX의 핵심 요소였다. 기업들은 CRM, ERP 같은 엔터프라이즈 시스템에서 쌓이는 수많은 트랜잭션 데이터를 일일이 수작업으로 분석하지 않고, 빅데이터 플랫폼을 통해 실시간으로 가공하고 시각화했다. 판매 추이, 고객 분포, 재고 상황을 파악했고 나아가 머신러닝을 적용해 신제품 수요 예측이나 고객 이탈률 방지 같은 고차원 분석을 시도했다. 예전에는 "분석 보고서를 뽑으려면 일주일이 걸린다"라고 했는데 "이제는 하루 만에 데이터를 추출할 수 있다"고 말할 수 있게 되었다.

RPA 역시 사무직 혁신의 중요한 키워드였다. RPA는 소프트웨어 로봇을 활용해 단순 반복적인 사무 업무를 자동화해 주는 도구로, 대표적인 예가 엑셀 데이터를 특정 웹사이트에 업로드하거나 여러 시스템에 걸쳐 있는 정보를 취합해 정리하는 작업이었다. 기존에는 직원이 매일 아침부터 붙잡고 있어야 하는 일이었으나, RPA가 대신하고서부터는 직원은 오류 여부만 간단히 점검하는 식으로 바뀌었다. 그 결과 "직원들이 보다 가치 있고 창의적인 업무에 시간을 쓸 수 있게 되었다"는 평가가 나왔다.

마지막으로 모바일 환경의 보급 역시 DX에 날개를 달아 주었다. 과거에는 사내 그룹웨어나 ERP 시스템을 쓰려면 외부 접속이 까다로웠지만 모바일 기기가 확산하고 협업 도구가 클라우드 기반으로 전환되면서, 어느 장소에서나 회사 업무를 처리하는 것이 가능해졌다. 재택근무나 하이브리드 근무가 널리 자리 잡기 시작한 2020년대 초반에는 모바일과 클라우드 기반의 협업 환경을 갖춘 회사가 업무 효율을 빨리 회복하고 코로나19 충격에도 유연하게 대응할 수 있었다.

그 외에도 AR(증강현실), VR(가상현실), IoT(사물인터넷), 블록체인 등도 DX의 한 축을 이루며 기업의 디지털 성숙도를 끌어올렸다. 그러나 기술만 도입한다고 DX가 저절로 완성되는 것은 아니었다.

의사결정과 창의적 영역은 인간 몫

문제는 이 모든 작업이 "과거 데이터를 효율적으로 관리하고, 자동화할 수 있는 부분을 적극적으로 자동화하자"라는 목표를 크게 벗어나지 않았다는 점이다. 다시 말해 "직원들이 하던 업무를 보조하거나 자동화해 생산성을 높이는" 것에 집중되었다.

하지만, 이는 결코 작은 혁신은 아니었다. ERP나 CRM 같은 핵심 시스템을 대대적으로 업그레이드하면서 전사 데이터가 실시간으로 집계되어 경영진이 신속하게 인사이트를 얻을 수 있게 되었고, 생산라인에 IoT 센서를 붙여 스마트 팩토리를 구축함으로써 공정 효율을 높인 경우도 있었다. 그러나 효율성이라는 키워드 뒤에는 일정한 한계도 분명했다. DX가 궁극적으로 다가가지 못한 곳, 혹은 아직 구체적 성과를 내지 못한 영역, 바로 "창의적 의사결정"이었다.

기업의 최고경영진은 DX 이후에도 계속 여러 갈래의 전략 선택지에 직면했다. 종종 경험과 직감으로 결정을 내릴 수밖에 없는 것 아닌가, 라는 회의감을 표현했다. 데이터로도 충분히 알 수 없는 부분이 너무 많았고, 시장 경쟁이 복잡하게 바뀌는 상황에서 과거 패턴만으로 미래를 예측하기에는 너무 변수가 많았다. 게다가 조직의 문화나 리더십 문제도 컸다. 현업 임원들이 "사실 이건 기존 사례와 달라, 내가 경험해 보니 A가 맞더라"라며 소신 발언을 하면, 그가 만들어 낸 성과 이력 때문에 여러 데이터 분석 끝에 나온 결론은 쉽게 뒤집어졌다. 데이터 분석에 반대하는 것은 아니지만, 최종 판단에는 여전히 인간적 통찰이 절대적 영향을 미쳤다. 그 결과 DX를 성공적으로 추진하였다는 회사에서조차도 CEO가 체감적으로 DX의 도움을 받았다는 인식을 갖기가 힘들었다.

여기에는 AI 기술 자체의 한계도 자리 잡고 있었다. 2020년 전후로 챗봇 시스템이나 머신러닝 모델이 계속 발전했으나 대부분 특정 문제를 해결하는 알고리듬으로 한정적인 구축뿐이었다. 사기 거래 탐지,

제품 불량률 예측, 물류 경로 최적화 같은 단일 과제를 위한 정교한 모델이었다. 그러니 "신사업으로 어떤 아이템을 개발해야 하는가"처럼 불확실성과 창의성을 요구하는 문제를 AI가 건드릴 수는 없었다. 그 영역은 전적으로 사람의 영역으로 간주되었다.

2) 생성형 AI가 불러온 패러다임 전환

생성형 AI의 출현

인간과 자연스럽게 대화하면서 새로운 문맥이나 아이디어를 생성해 내는 모델이 이렇게 빨리 보급될 줄은 아무도 몰랐다. AI가 사람과 비슷한 수준으로 텍스트를 구성하거나 회의록을 읽고 요점을 잡아 주는 모습은 공상 과학 영화에나 나올 법한 이야기로 여겨졌다. 하지만 알다시피 생성형 AI는 전 세계 수억 명이 지금도 매일 사용할 정도로 대중화에 성공했다. 그리고 놀라운 속도로 사용자층을 확보했다.

기업 역시 이 기술이 단순 예측 수준이 아니라 창의적 산출물과 자연어 대화 능력을 갖고 있다는 점에 주목했다. 구체적인 지시(프롬프트)를 주면, 문서 초안이나 전략 보고서를 그럴듯하게 생성해 내고, 심지어 특정 맥락을 이해한 뒤 추가 질문이나 지시에도 매끄럽게 응답했다. 이는 단순 자동화나 빅데이터 분석과는 확실히 결이 달랐다. 그리고 DX와 전혀 다른 새로운 패러다임이라는 이야기가 자연스럽게 흘러나왔다.

이전의 AI, 즉 예측 모델은 "이 상황에서 어떤 결과 값을 예측할 수 있는가"를 하나의 화면을 가진 시스템으로 구현했고, 학습된 패턴에 따라 특정 숫자나 범주를 반환했다. 반면 생성형 AI는 사람과 자연스러운 대화를 이어 가며 경우에 따라 한 문단의 글을 자유롭게 써내고 이미지를 만들었다. 이렇게 창작이 가능하다는 점에서 AI 역할은 완전히 달라졌다.

제조나 물류 자동화가 있었던 DX 시절에는 결산 보고서 하나도 결국 사람이 최종 정리했어야 했고 광고 문구나 마케팅 아이디어는 인간 팀원들이 구상했다. 하지만 지금은 생성형 AI가 이를 상당 부분 대신할 수 있음을 보여 준다. 그리고 날마다 진화할 가능성이 높다는 사실은 기업이 더욱 다급하게 움직이는 원동력이 되었다.

단순 예측에서 창의적 생성까지

생성형 AI의 출현은 매우 상징적이다. 이전까지는 AI가 주어진 범위 안에서 답을 찾았다. 예측·분류·추천 모델 등이다. 예컨대 기업의 재고 수준이 일정 시점에 어떻게 변할지 예측하거나, 특정 이미지를 보고 이것이 고양이인지 강아지인지 구별하는 작업은 기존 머신러닝이 잘 처리했다.

이와 달리 생성형 AI는 정해진 답을 찾는 것이 아니라 새로운 결과물을 스스로 만들어 낸다. 한 편의 에세이일 수도 있고, 반 페이지 분량의 광고 문구나 소스코드일 수도 있다. 물론 정확성과 사실 여부는 아직 논란이 있지만, 초창기의 기능만 보고도 인간 수준의 문장 구성을 한다는 평가가 나올 정도로 상당한 언어 능력을 발휘 중이다.

인공지능 연구자들은 "거대 언어 모델(LLM; Large Language Model)" 때문이라고 설명한다. AI는 텍스트 안에 숨어 있는 다양한 패턴을 스스로 익히고 새로운 문맥 상황에 맞춰 그 지식을 조합해 낸다. 그래서 단순히 문장을 예측하는 것을 넘어 사실상의 창의적 문장 생성이 가능해졌다. 엄청난 규모의 텍스트 데이터(인터넷에 있는 방대한 웹 문서, 전자책, 대화 로그 등)로 모델이 훈련하면서 문장이나 단어를 확률적으로 예측하는 능력이 비약적으로 향상된 것이다.

기업 입장에서 보면, 단순 예측 모델과는 전혀 차원이 다르다. 예측 모델이 의미 있는 정보를 뽑아내더라도 적당히 편집한 다음 보고해야 하는 후속 작업이 필요하지만, 생성형 AI는 보고서 초안까지 직접 작성해 주고 사람은 검토와 수정 정도만 하면 된다. 즉 AI가 사람을 보조하는 단계에서 한발 더 나아가 한 번에 최종 산출물에 근접한 모습을 만들어 낸다. 물론 예측 모델과 생성형 AI는 그 기반의 기술 자체가 다르기 때문에 이를 1:1로 비교하기보다는 기존에 하지 못했던 일까지 가능해졌다는 것으로 봐야 한다.

아무튼 이렇게 되면, 과거에는 시간이 없어서 놓쳤던 기회들이 새롭게 열린다. 마케팅 부서는 매주 블로그나 SNS에 업로드할 게시물을 준비해야 하는데 사람이 직접 쓰자니 인력 부족과 일정 압박이 심했다면, 생성형 AI를 활용해 먼저 초안을 만들어 놓고 인하우스 팀이 교정하거나 콘셉트를 더하는 방식으로 작업을 마칠 수 있다. 고객 응대 스크립트, 제안서 초안, 사업 계획서 요약 등도 같은 방식으로 빠르게 만들 수 있다.

예측 모델에서 창의적 생성 모델로 넘어간다는 것은 AI에 대한 기업의 인식과 역할 정의가 바뀌어야 하는 것을 의미한다. "AI = 데이터 분석 도구"에서 "AI = 협업 파트너 혹은 조력자"가 될 수 있음을 말한다.

ChatGPT의 충격

만약 생성형 AI가 연구실 수준에서만 실험되었다면, 이렇게까지 대중적 관심을 모으지는 못했을 것이다. 그러나 2022년 11월 30일 오픈 AI가 발표한 ChatGPT는 불과 2개월 만에 1억 명의 사용자를 끌어모았다. 인터넷 서비스 역사상 이토록 빠른 속도로 사용자 지평을 넓힌 사례는 없었다. 덕분에 AI가 이토록 친근하고 쉽게 다가올 수 있다는 사실에 많은 사람들이 놀랐다. 기업도 예외는 아니었다. 사내에서 누군가 ChatGPT를 써 보니 보고서 쓰기가 훨씬 수월해졌다고 하면, 곧바로 다른 직원들이 따라 써 보고, 임원들도 이에 관심을 보이는 등 전파 속도가 과거 어느 디지털 도구 때보다도 빨랐다.

이른바 "ChatGPT 충격"이라는 말은 단순히 유행하는 소비자용 툴하나가 나온 정도의 일은 아니었다. 그동안 기업이 DX를 통해 협업 툴을 도입하고 데이터 기반 의사결정을 강화한다고 말은 했지만, 실제로는 그런 변화를 온몸으로 체감하지는 못했다. 그런데 ChatGPT는 누구나 웹 브라우저를 열고 간단히 회원 가입만 하면 바로 쓸 수 있고, 심지어 업무에 써도 괜찮을 만큼 꽤 수준 높은 결과물을 뽑아 준다는 점에서 디지털 환경 전반에 강렬한 인상을 남겼다. 임원부터 신입사원까지 디지털 혁신을 체감하는 속도가 매우 빠르게 올라갔다.

이런 열기는 기업 내부를 흔들었다. 이제는 현업 부서에서 먼저 "ChatGPT를 우리 CRM 시스템과 연동하면, 고객별 맞춤 응대 문안을 자동으로 생성할 수 있지 않을까?"라는 아이디어를 제안하고, 경영진도 "당장 해보라"고 독려하는 식으로 바뀌었다. AI는 더 이상 IT 부서에만 맡길 사안이 아니라 전사적으로 추진해야 할 과제로 재부상했다.

생성형 AI 서비스가 보여 준 가능성은 의사결정과 기획 영역에서 특히 더 주목을 받았다. 회사에서 작성하는 보고서나 기획안은 새로운 관점을 제시해야 한다. 그런데 "아, 이건 이렇게 하면 되겠어"하는 통찰을 AI가 어느 정도 흉내 내면서 훨씬 빨리 초안이 마련되고 여러 아이디어까지 시뮬레이션해 볼 수 있게 되었다. 기존에는 상상하기 어려웠던 효율과 창의성의 결합이었다. 물론 AI가 틀린 답을 하는 등의 오류 문제도 있지만, 지난 2년 동안 보여준 업데이트 속도는 이런 문제도 곧 개선될 것이라는 낙관론을 펴기에 충분했다.

3) 생성형 AI의 구체적 활용 사례

고객 응대 자동화

DX 시절 콜 센터 자동화와 챗봇이 유행했다. 이때의 챗봇은 FAQ 예외 질문에 잘 대응하지 못해 고객 불만이 잦았다. 하지만 이제는 LLM 기반 서비스가 접목되면서 상황이 달라졌다. 고객이 자유롭게 입력한 질문도 AI가 문맥을 이해하고 빠르게 답한다.

예를 들어 "이 제품은 특정 알레르기가 있는 사람도 쓸 수 있나요?" 같은 예외적 문의에도 AI가 제품 스펙·성분·사용 후기 등을 종합해 어느 정도 논리적인 답변을 내놓는다. 사람 상담원은 난이도 높은 문의나 감정적으로 예민한 케이스만 맡고, 나머지는 생성형 AI가 24시간 처리할 수 있게 되었다. 기업은 상담 인건비를 줄이는 동시에 고객 만족도를 일정 수준으로 유지할 수 있게 되었다.

사내 지식 검색

사내 문서는 많은데, 검색하기가 번거롭다는 문제는 DX 시절에도 있었다. ECM(Enterprise Content Management)이나 검색 솔루션을 쓰더라도 결국 키워드 검색 수준이라 원하는 문서를 찾기도 어렵고, 찾은 문서는 처음부터 끝까지 일일이 읽어야 했다. 하지만 이제는 사내 문서 저장소와 LLM을 결합해, 질문형으로 답하면 AI가 관련 문서를 찾아 요약해 주는 방식이 가능해졌다.

예를 들어 "작년 3분기 마케팅 전략의 핵심 포인트가 뭐였지?"라고 물으면, AI가 관련 회의록과 보고서 내용을 발췌한 후 이를 요약해 준다. 여기에는 DX 때 강조되던 전자문서와 검색 인프라가 기반 역할을 한다. 만약 회사의 문서가 여전히 제각각 분산되어 있고, 메타데이터 없이 스캔만 된 상태라면 LLM이 이를 학습하지 못했을 것이다. 하지만 DX를 경험하면서 문서가 표준화되어 있고 클라우드 상에서 접근 권한이 정리되어 있기 때문에 생성형 AI를 통한 지식 검색이 손쉬

워졌다.

마케팅 카피 작성과 A/B 테스트

생성형 AI는 텍스트 생성 능력이 강력하다. 특히 마케팅 카피나 광고 문구, SNS 포스팅 작성 등에 유용하다. "당사 신제품의 특징을 50자 내로 참신하게 표현해 줘"라고 AI에게 지시하면, 순식간에 여러 후보 문구를 제안한다. 예전에는 카피라이터가 밤새 머리를 짜야 했던 일을 AI 도움으로 단시간에 뽑을 수 있게 되었다.

AI가 여러 버전의 카피를 자동 생성해 A/B 테스트 플랫폼에 연동하고, 클릭률·구매전환율 데이터를 모니터링해 가장 성과가 좋은 문구를 선택하거나 재생성까지도 할 수 있다. 이 정도 수준이면 에이전트(Agent) 형태와 결합되어, 마케팅 업무의 상당 부분이 자동화될 수 있다. DX 시절에는 마케터가 구글 애즈나 페이스북 광고를 세팅하며 수작업 테스트를 했다면, 이제는 AI가 "캠페인 문구-배너-타겟팅-예산 배분"을 전 과정을 자동으로 최적화할 수 있게 해준다.

문서 요약과 정리

DX로 전자문서화가 되었지만, 회의록·계약서·보고서 같은 긴 텍스트를 일일이 읽고 요약하는 것은 하지 못했다. 하지만 생성형 AI는 이런 장문의 문서를 빠르게 요약하거나 주요 논점만 뽑아내는 작업을 잘 수행한다.

법무 부서가 여러 개의 계약서를 검토해야 할 때, AI가 핵심 조항·

위험 요소를 요약해 주면 변호사나 법무담당자는 그 결과만 보고 세부 판단을 내리면 된다. DX 시절 해왔던 전자문서·OCR·검색 인프라가 다시 중요한 역할을 하게 되었다.

4) AX가 의미하는 것

업무 방식의 재설계

AI 트랜스포메이션(AX)이라는 용어를 거론할 때는 "이건 그냥 DX의 다음 버전이 아니라, 전혀 다른 수준의 변화"라는 설명을 꼭 덧붙인다. 왜냐면 "DX나 AX나 결국 디지털 기반 혁신 아니야?"하는 시각도 있지만, 조금 더 들여다보면 이 둘이 지향하는 바와 실행 방법이 미묘한 차이를 갖고 있기 때문이다.

DX가 효율성과 데이터 통합 그리고 기존 비즈니스 모델의 디지털화를 강조했다면, AX는 생성형 AI를 전사적으로 활용하여 의사결정과 창의적 역량을 재편한다. DX 시절에 만들어진 디지털 인프라는 분명 AX의 든든한 토대가 된다. 클라우드 환경, 빅데이터 플랫폼, 협업툴 등에 익숙해진 구성원들은 생성형 AI를 도입하더라도 거부감이 덜하다. 사내 시스템과 연동하는 기술적 난이도 역시 낮다.

그러나 AI가 주도적으로 결과물을 생성하고 사람이 결정을 내리는 과정에까지 개입하는 단계로 올라가면 임원부터 실무자까지 AI를 대하는 태도와 업무 방식을 완전히 다시 설계해야 한다. 마치 원격근무가 일상화되면서 조직 운영 규칙도 달라졌던 것처럼, AI와 협업하는 문화가 자리 잡으려면 많은 시행착오와 교육 그리고 경영진의 강력한 의지 표현이 필요하다. 이를 위해서는 기술적인 접근보다 조직의 습관과 문화를 바꾸는 일을 훨씬 더 중요하게 따져야 한다.

조직의 습관과 문화의 전면 재편

DX 때의 프로젝트 성공 기준은 "조직이 이 데이터를 얼마나 잘 사용하느냐"에 달려 있었다. 하지만 AX는 다르다. 사용자는 생성형 AI가 생성한 결과물을 평가하고 검수하는 절차만으로도 상당한 가치를 얻을 수 있게 되었다. AI가 만든 보고서 초안을 사람이 검토한 뒤 승인하는 절차 혹은 AI가 만든 마케팅 문구가 기업 윤리에 부합하는지를 판단하는 절차 등, 이전에는 전혀 없던 형태의 프로세스가 필요해진다는 것을 뜻한다. 즉 이를 개인이 받아들이고 인정하는 문화가 필요하다는 뜻이다.

결국 AX가 성공하려면, 경영진이 먼저 조직 문화를 과감히 뒤흔들 각오를 해야 한다. 임원들부터 AI가 제안한 전략 아이디어에 대해 직원들의 의견과 같이 충분히 검토해 볼 만한 의견으로 대하기 시작해야 한다. AI가 일부 잘못된 정보를 내놓았다 해도 무조건 "AI는 믿을 수 없어"로 일축하는 대신 "그렇다면 사람이 검증 프로세스를 갖추어 보완하자"는 방식으로 접근해야 한다.

그렇지 않으면 AX는 시도도 못 해 보고 유야무야 끝날 가능성이 높다. DX 시절에도 "우리 회사는 전통이 강하고 대면 보고 문화가 확고해"라며 화상회의나 문서 협업 툴 도입이 지연되곤 했는데, AX는 그보다 훨씬 더 큰 도전이 될 수 있다.

의사결정 지원과 창의적 아이디어 생성

지금의 AI는 단순 예측을 넘어 의사결정 지원과 창의적 아이디어 생성 분야까지로 침투했다. 그 결과 AI가 할 수 있는 일이 가파르게 확장되고 있다.

기업이 해외 시장 진출을 검토하는 과정에서 인구 통계, 경제 지표, 물류 환경 등을 모두 고려해야 하는데, AI는 관련 데이터를 종합 분석해 몇 가지 시나리오를 구체적으로 써낼 수 있다. 사람들은 이 시나리오를 토대로 의사결정을 빠르고 폭넓게 할 수 있다. AI가 시나리오를 완벽하게 맞힌다는 보장은 없지만, 사람만으로 진행했을 때보다 훨씬 신속하게 중요한 인사이트를 얻을 수 있다.

R&D 부서나 마케팅 부서가 새로운 제품 콘셉트를 고민할 때, AI가 지금까지 쌓아둔 문헌·특허·디자인 데이터를 토대로 "이런 기능과 저런 디자인 요소를 결합하면 어떨까"같은 제안을 할 수 있다. 실제로는 실현 가능성이 높지 않을 수 있지만, 반응 속도와 무궁무진한 조합 능력은 사람으로서는 낼 수 없는 저돌적인 창의성을 제공한다. 그중 일부만 건져도 기업에게는 큰 도움이 된다.

정리해보자. AI 트랜스포메이션은 단순히 한 번 AI 프로젝트를 도입하고 끝나는 일이 아니다. 기존 DX가 전사 프로세스와 문화에 변화를 주었다면, AX는 그보다 훨씬 깊이 들어가 회사의 예측 능력, 의사결정 구조, 창의적 역량까지 AI와 공존하도록 재배치하는 일이다. 그리고 이를 온전히 수행하려면, DX 때보다 더 큰 리더십과 문화적 수용성 그리고 구성원의 학습 태도가 요구된다. 결국 기계 지능이 인간의 업무와 협력해 가치를 창출하는 시대를 열기 위해서는 기업이 자신들의 전통적인 사고방식을 바꾸고, 새로운 기회를 모색하려는 의지를 지녀야 한다. DX와 AX를 가르는 가장 근본적인 차이다.

DX가 보여 준 성과와 한계를 토대로 생성형 AI가 불러온 새로운 패러다임 전환으로 기업은 또 다른 거대한 도전과 기회를 맞이하게 되었다. 예측·결정·창의적 업무 영역으로 AI가 파고드는 현실에서 AI 기술만 갖추는 것으로는 부족하다. "온전한 AX"란 기술의 도입과 함께 조직의 습관·문화·프로세스 전반을 다시 설계하고 재편함으로써, 인간 손으로만 처리되었던 지식 노동과 창의적 과정을 기계 지능과 공유할 수 있는 상태에 도달해야 하는 것을 의미한다.

DX에서 멈춰 선 조직과 AX를 향해 나아가는 조직 사이의 간극은 기존 격차보다 훨씬 더 클 가능성이 농후하다. AI 시대의 본격적 경쟁은 이제부터 시작이라고 해도 과언이 아니다.

2. 인공지능 발전 5단계 (오픈AI 전망)

인공지능의 역사를 살펴보면 그 발전 속도와 방향이 결코 단선적이지 않다는 사실을 알 수 있다. 초창기에는 문제 해결이나 논리 추론 중심의 전문가 시스템이 각광받았고, 이후 통계학과 컴퓨팅 파워를 만나 머신러닝이라는 이름하에 대규모 데이터 분석 시대가 열렸다. 그러다 딥러닝이 등장하면서부터 음성 인식과 이미지 분류, 자율 주행 등 사람들이 상상하던 여러 AI 활용 시나리오가 현실화되었다.

그런데 최근 들어 AI는 또다시 새로운 국면으로 접어들고 있다. 바로 생성형 AI와 멀티모달 학습 그리고 인간의 협업 파트너로 자리 잡을 수 있는 에이전트(Agent)형 AI의 출현이다. 그리고 여기에 그치지 않고 특정 산업 분야나 전문 지식이 요구되는 영역에서 특화된 모델들이 차세대 패러다임으로 계속해서 떠오르고 있다. 이제는 누구나 "AI는 금방 끝나거나 한때의 유행이 아니고, 앞으로 계속 확장될 기나긴 여정의 문을 열었다"는 사실을 체감하고 있다. 그렇다면 이 AI 발전 과정을 어떤 식으로 정리해 볼 수 있을까?

이 장에서는 인공지능의 진화 과정을 크게 5단계로 구분해 살펴보고자 한다. ChatGPT를 만든 오픈AI가 전망한 인공지능 발전 5단계(챗봇 - 추론자 - 에이전트 - 혁신가 - 조직(AGI))를 참조했다. 기본적인 언어 모델을 통해 간단한 질문에 답변할 수 있었던 AI가 최종 단계에서는 인간과 구분이 불가능할 정도로 자연스럽게 협업하고 창의적 사고를 보조하는 모습까지 상정된다.

이러한 구분이 절대적인 것은 아니다. 하지만 향후 기업들이 AI 트랜스포메이션을 준비하는 과정에서 어떤 시점에 어떤 기술과 조직 역량이 필요한지 가늠하는 일종의 로드맵 역할을 한다.

1) 챗봇(Chatbot) – Q&A 수준의 기본 대화

AI 발전의 초기 국면을 상징하는 것은 사람들이 흔히 챗봇이나 Q&A 시스템이라 부르는 간단한 언어 모델이다. 이 단계의 AI는 주로 정해진 데이터베이스나 사전에 학습한 텍스트 정보에 기초해 사용자가 묻는 질문에 답변을 제공한다. 예를 들어 "우리 회사의 영업시간은 어떻게 되나요?"라는 질문을 하면 이를 인식하여 "영업시간: 오전 9시~오후 6시"와 같은 자료를 찾아내거나 "오늘 날씨 어때?"라는 질문에 간단히 기상 정보를 전달한다. 이 수준의 AI는 2010년대 후반부터 이미 여러 기업이 고객센터 챗봇으로 도입해 사용중이다.

챗봇 단계의 언어 모델은 사람의 질의에 문맥을 심도 있게 파악하기보다는 패턴 매칭에 가까운 방법으로 답변을 내놓는 경우가 대부분이다. 질문 안에 특정 키워드가 있으면 그 키워드에 대응하는 답변을 데이터베이스에서 검색해서 출력하는 구조다. 조금 더 발전된 경우에는 머신러닝 기법을 통해 비슷한 문장을 여러 형태로 인식하기도 하지만 그 폭은 제한적이다. "내 자동차보험 만기일이 언제야?"라고 물어보면 챗봇이 제대로 이해를 못 하거나 "자동차보험 갱신"이란 키워드를 탐색해 고객을 엉뚱한 페이지로 유도하는 식이다.

이정도 수준의 AI도 사람이 일일이 대응해야 했던 문의를 자동화해준다는 점에서 기업 입장에서는 꽤 유용하다. 은행 사례를 보면 고객이 홈페이지나 앱에 접속하여 문의를 남기면 콜 센터 직원이 직접 안내했던 것을 챗봇이 대신해준다. 또 인사부서나 총무부의 전표 처리나 복리후생 제도에 관한 반복적인 질문을 직원용 챗봇이 받아줄 수 있다.

하지만 한계도 명확하다. 질문이 조금만 복잡해지거나 맥락이 필요한 내용이면 챗봇이 엉뚱한 대답을 하거나 "담당자가 다시 연락 드리겠습니다"라는 반응으로 넘어가 버린다. 응답이 천편일률적이어서 대화가 아닌 FAQ 검색과 다를 바 없다는 평도 많다. 무엇보다 창의적 사고나 추론 능력이 없어 미리 설정된 범위를 벗어나면 우왕좌왕한다. "해외여행 시 보험 보상 범위를 알려줘"라고 요청했는데, FAQ에 관련 내용이 없으면 "해당 정보를 찾을 수 없습니다"라고 답하는 식이다.

2) 추론자(Reasoner) – 멀티모달·추론 강화

챗봇 단계의 AI가 주로 FAQ 수준의 질문-답변을 처리했다면, 추론 단계의 AI는 이보다 한 걸음 더 나아간다. 이 단계에서는 단일 텍스트 외에 다양한 형태(이미지, 음성, 영상 등)를 인식·이해하고 이를 바탕으로 추론을 수행하는 "멀티모달(Multimodal)" 능력을 갖춘다. 또한 한두 번의 질문으로 끝나는 것이 아니라 여러 차례의 상호 작용을 거치면서 문맥을 기억하고 그 문맥을 기반으로 추가 답변을 생성한다.

멀티모달 모델의 대표적 사례로는 이미지 인식과 자연어 처리를 결합해 사진이나 그림을 보고 의미하는 바를 설명하는 것이다. 예를 들어, 쇼핑몰에서는 상품 사진을 챗봇에 업로드하면 AI가 그 물건의 종류나 특징을 파악해 주거나 품목과 관련된 추천 정보를 제공한다.

예전에는 이미지 인식 모델과 언어 모델이 분리되어 있어서 사람이 검색할 카테고리를 선택하고 태그를 수동으로 달아야만 했지만 멀티모달 모델은 사용자가 이미지를 곧바로 입력하면 AI가 자동으로 태그를 생성하고 질문자와의 대화 흐름에 맞춰 결과물을 제시한다.

추론 기능의 강화는 이 단계 AI의 중요한 특징이다. 사용자가 "매출 그래프를 보면 A제품 매출은 꾸준히 오르는데 B제품 매출은 지지부진해, 그 이유가 뭘까?"라고 질문하면, "데이터 상 3월 이후 B제품의 경쟁사가 프로모션을 확대했고, 비교 결과 광고 노출량의 차이가 크게 났다"라는 식의 맥락 있는 설명이 가능하다. 숫자를 단순 나열하는 것을 넘어 과거 트렌드나 연관된 인사이트를 추론해 제시하는 방식이다. Q&A 수준에서는 "매출 데이터가 이렇습니다"라고 말하는 정도였다면, 이제는 "원인이 무엇이고, 어떤 변수가 연관되어 있는지" 추론까지도 시도한다.

대화형 응답도 한결 자연스러워진다. "이번 주에 입을 정장 추천해줘"라고 말했을 때, AI는 사용자의 스타일 취향이나 과거 구매 이력 그리고 현재 트렌드를 조합해 적절한 상품을 제안하고 이미지까지 함께 보여주면서 "이 재킷은 어떤 식으로 코디하면 좋겠다"라는 조언까지도 덧붙인다. 사용자가 "그럼 바지는 무슨 색깔이 잘 어울릴까?"라고 후속 질문을 하면 AI가 이전 대화 문맥을 기억해 최적의 컬러를 제안한다. 이런 멀티턴 대화 능력과 멀티모달 처리가 결합되면, 단순한 질문-답변 형태로 끝나던 고객 상담과 달리 실제 대화를 통해 고객에게 가치를 전달하는 사용자 경험이 가능해진다.

이 무렵부터 기업은 AI가 단순 자동화를 넘어, 실제로 사무 환경의 혁신을 이끌 수 있겠다는 확신을 갖게 된다. 수만 건의 이미지를 분류하고 태깅하는 작업이 RPA만으론 역부족이었지만, 멀티모달 AI를 도입하게 되면 사진 속 사물을 인식해 자동 태그를 달아 주고 관리자에게 이 태깅이 맞는지 검수를 요청하는 것까지 가능해진다.

기업 차원에서 보면 추론자 AI는 고객과의 대화를 풍부하게 만들고 좀 더 정교한 인사이트를 뽑아낸다. DX를 통해 이미 빅데이터 시스템을 구축해 둔 곳이라면, 이 모델을 결합해 모든 데이터 소스를 하나의 플랫폼에 묶어 두고, AI가 문맥을 이해하는 방식으로 질의응답 진행이 가능하다. 마치 사내 도메인 전문 컨설턴트와 대화하듯 정보를 검색하고 인사이트를 얻는 광경이다.

물론 한계도 존재한다. AI의 추론이 완벽하지 않아 그럴듯하지만 틀린 사실을 늘어놓기도 하고 이미지나 음성 인식에서 오류가 발생하면 잘못된 정보를 근거로 둔 엉뚱한 답변을 내놓기도 한다. 여전히 AI가 제시한 근거와 결과를 꼼꼼히 확인해야 하고, 의사결정 자체는 사람이 최종적으로 내려야 한다. 한마디로 말해, AI의 역할이 아직까지는 조력자 수준을 벗어나지는 못했다. 지금(2025년)의 생성형 AI가 딱 추론자 단계에 이르렀다고 보면 된다.

3) 에이전트(Agent) – 스스로 판단하고 결정

에이전트(Agent) 단계의 AI는 사람의 질의만 기다리는 것이 아니라 스스로 목표를 설정하고 자율적으로 작업을 실행하며, 필요에 따라 외부 시스템이나 도구까지 활용한다. 자발적으로 움직인다는 개념이 추가된다.

많은 전문가는 에이전트화가 AI 발전의 결정적 전환점이 될 것으로 본다. 지금까지는 사용자가 매번 프롬프트(명령어)를 주거나 특정 모델을 직접 실행해야 했다. 그러나 AI 에이전트는 스스로 알아서 움직인다.

"우리 회사 신제품 마케팅 캠페인을 기획해 줘. 주 대상은 20대 후반에서 30대 중반, 예산은 얼마, 기간은 몇 달이야."라는 큰 목표를 전달하면, 필요한 세부 업무를 단계적으로 계획하고 일부는 자체적으로 실행한다. 소셜미디어에 예고 게시물을 올릴 계정을 찾아내 등록한다거나 광고 문안을 생성해 스케줄링도 한다. 그리고 언제 사람에게 보고하고 어느 단계에서 승인이 필요한지도 자율적으로 판단한다.

에이전트 AI가 가능하려면 단순 질문-답변 이상의 목표 지향적 행동을 이해하고 수행할 수 있어야 한다. 목표를 설정하거나 이해한 뒤 어떤 작업이 필요한지 스스로 계획하는 것이다. 일종의 태스크 분해 과정이다.

"매주 뉴스레터를 발송해 구독자 유입을 10% 증가시키기"라는 목표가 주어지면 AI가 자동으로 ①이번 주 소식거리 조사, ②뉴스레터 초안 작성, ③발송 일정 조율, ④구독자 반응 분석 같은 하위 작업을 정리한다. 이 과정을 조금 더 발전시키면 AI가 작업 실행 과정에서 예기치 못한 이슈를 발견하고 사람의 승인 없이도 문제 해결을 위한 추가 태스크를 생성하고 수행할 수 있다는 시나리오로 이어진다.

이미 해외의 일부 스타트업은 에이전트 형태의 실험적 AI를 운영 중이다. 일정 수준까지는 자동으로 작업을 진행하되, 사람에게 보고서나 알림 형태로 결과를 확인받고 이상 없으면 다음 단계로 넘어가는 식이다.

예를 들어, 영업팀에서 새로운 고객을 발굴하기 위해 AI에게 "이번 달 잠재 고객 50곳을 찾아내 연락을 시도하고, 그 반응을 분류해 보고서로 만들어 달라"라고 요청한다. 그러면 AI는 웹 크롤링과 CRM 데이터 분석을 통해 적절한 고객 목록을 만들고, 일정 간격으로 자동 이메일이나 메시지를 발송한 뒤, 그 결과를 종합해 담당자에게 선별된 우량 고객 명단을 제출한다. 담당자는 방문 상담을 하거나 세부 조건 협상 준비만 하면 된다.

2025년 현재, RPA를 이용해 업무 자동화를 하는 회사가 있지만 엄격하게 정해진 규칙과 시나리오 안에서만 동작한다. 예외 상황이 생기면 사람이 개입해야 한다. 반면 AI 에이전트는 사람처럼 긴급 대안을 생각하거나 해결책을 스스로 탐색하려 든다. 이 차이는 기계적 자동화와 지능적 자동화를 가르는 중요한 분기점이다. 기업 입장에서는 DX를 넘어선 AI 트랜스포메이션(AX)이 본격화되는 상징적인 순간이 에이전트 AI 단계다. 이 단계가 가동되려면 기업 내 다른 시스템—예컨대 ERP, CRM, SCM 같은 핵심 인프라—와 연동되어야 하고 다양한

API를 통해 데이터 접근도 가능해야 한다.

AI 에이전트가 모든 결정을 임의로 내린다면 심각한 오류나 윤리적 문제가 발생했을 때 통제가 어렵다는 우려도 있다. 따라서 현실적인 시나리오에서는 인간이 마지막에 승인하거나 특정 한도를 넘어서는 의사결정은 사람에게 맡기는 규칙을 둬야 한다. 마케팅 비용을 책정하는 권한이 AI에게 있다 하더라도 1천만 원 이상이 넘는 예산 집행은 임원 또는 담당자로부터 추가 승인을 받아야 한다는 식이다. 보안이나 권한 관리도 훨씬 복잡해진다. AI가 마음대로 회사의 기밀 데이터베이스를 뒤져서 외부로 전송하는 일이 없도록 설계해야 하며, 예기치 못한 버그나 취약점으로 AI가 악용당하는 일이 없도록 해야 한다.

현재(2025년 기준)의 기술 성숙도로 미뤄볼 때, AI 에이전트는 조만간 본격화될 것으로 보인다.

4) 혁신가(Innovator) - 고급 도메인 전문성

혁신가 단계의 AI는 새로운 발명을 도울 수 있는 능력을 갖춘다. 새로운 아이디어를 제안하고 기존 프로세스를 혁신하며 더 효율적이고 효과적인 방법을 찾아낸다. 업무를 처리하는 도구를 넘어 창의적이고 전략적인 기여를 할 수 있는 단계로의 진화다.

에이전트 AI 단계는 기업 내부에서 필요한 여러 업무를 자율적으로 실행할 수 있다는 점에서 주목할 필요가 있다. 그러나 지식이나 판단 능력이 일반적 목적(General Purpose)에 머무를 뿐, 특정 산업 분야의 심도 있는 전문성이나 복잡한 규제 환경, 높은 정확도를 요하는 분야로 한정했을 때에는 충분치가 않다. 예를 들어, 의료 분야에서 환자 진단을 보조하는 AI, 금융 분야에서 투자 포트폴리오를 자동 관리하는 AI, 제조 분야에서 공정 최적화를 실시간으로 제안하는 AI 등은 더 전문적인 지식과 엄격한 안전장치가 필요하다. 그래서 앞으로 더 많이 등장할 것으로 보이는 부분이 고급 도메인 전문성(Vertical LLM)이다.

의학 논문과 임상 데이터를 집중적으로 학습한 의료용 AI 모델, 금융 데이터를 장기간 분석해 투자 판단을 고도화한 금융용 AI 모델 등을 상상해보자. 이렇게 특별히 설계된 AI는 해당 분야에서만큼은 에이전트 AI보다 훨씬 정교한 판단과 추론을 수행하고, 새로운 발명을 돕는다. 병원에서 사용되는 AI가 단순히 환자가 내놓는 증상에 맞춰 대략적인 진단을 시도하는 것이 아니라, 실제 환자 정보를 안전하게 가져와 과거 유사 케이스와 비교 분석하고, 최신 의학 논문이나 임상 시험 결과까지 참조해 의사에게 진단 후보 리스트와 근거를 제시하는 식이다. 이렇게 되면 정확도와 세밀함은 일반 모델과는 비교가 안 될 정도가 된다.

금융 업계도 마찬가지다. 단순히 "주가가 오를까요, 내릴까요?"를 예측하는 수준이 아니라 공시 정보, 거시경제 지표, 기업 재무제표 등을 종합해 장기적 투자 전략을 제시하거나, 리스크를 자동으로 평가해 편입 비중을 조절하는 식의 고차원 업무가 가능하다. 이를 위해서는 해당 분야에서 사용하는 전문 용어, 금융공학 모델, 규제 준수 관련 지식 등이 모두 언어 모델 내부에서 커버되어야 한다. 일반적인 ChatGPT나 AI 에이전트로는 부족하고 금융 전문 버티컬 LLM(도메인 특화 대규모 언어 모델)이 필요해지는 이유다.

제조 현장도 마찬가지다. 공정 장비나 센서 데이터를 실시간으로 인식하고, 특정 품질 이슈가 발생하기 전에 예측하거나 생산량을 최적화는 레시피를 도출해 내는 AI는 단순 멀티모달·추론을 넘어 제조 공정에 대한 깊은 도메인 지식을 필요로 한다. 어떤 부품을 어떻게 조립하는지, 표준 작업 시간이 얼마이며, 온도와 습도 등 환경 조건이 품질에 어떤 영향을 미치는지 등 전문적이고 복합적인 지식을 필요로 한다. 이를 위해 버티컬 LLM 방식으로 대규모 데이터와 도메인 노하우를 학습해야 한다.

버티컬 LLM 모델은 기업이 본격적으로 AI를 통해 산업별 역량을 강화한다는 목표를 실현하는 데 핵심 역할을 한다. 단순한 사무 자동화나 제너럴한 대화형 AI로는 충족할 수 없는 정확한 전문 지식과 세밀한 판단 로직을 제공한다. 드디어 AI가 업무 현장에서 진정한 전문 파트너로 인정받을 수 있게 되는 것이나 다름 없다.

제대로만 구축한다면, AI가 곧 사내에 또 하나의 고급 전문가 조직처럼 기능한다는 평가를 받을 수 있다. 그렇지만 관리가 제대로 되지 않으면 잘못된 의사결정으로 이어질 수 있다는 위험도 감수해야 한다.

5) AGI(Organization) - 인간과 AI의 융합 시대

최종 단계는 AI가 조직의 모든 업무를 수행할 수 있게 되는 단계다. 이 단계의 AI는 인간의 개입 없이 전체 조직을 운영하면서 완전한 AGI(인공 일반 지능)에 이른 수준을 의미한다. 경영, 운영, 전략, 생산 등 조직의 모든 기능을 자율적으로 수행하며 인간의 역할을 대부분 대체한다. 아주 먼 미래에는 완벽하게 인간의 역할을 대체할 수도 있지만, 지금의 시각에서는 인간과 AI가 융합하는 정도로 고민을 이어가는 것이 적절하다.

혁신가 단계의 버티컬 LLM과 에이전트 AI만으로도 이미 충분히 "인간 수준의 전문성을 구현하는 것 아니냐?"고 질문할 수 있다. 그러나 AI 발전을 조금 더 먼 미래로 확장해 보면 결국에는 인간과 AI가 협업하는 양상, 즉 인간-AI 융합 시대로 보는 것이 좀 더 타당하다. 그리고 한 명의 개인이 아닌 조직 전체로 바라보는 시각을 가지는 것이 중요하다. 실제로 그렇게 전망하는 학자나 업계 관계자가 적지 않다.

이 단계가 되면, AI가 인간의 사고 과정과 깊이 얽히며 상호 보완적 진화를 이룰 수 있으며, 사람과 주고받는 대화 개념을 넘어 사실상 인간의 인지 과정을 실시간으로 보완한다. 뇌-컴퓨터 인터페이스(BCI)나 증강현실(AR), 웨어러블 디바이스 등을 통해 인간의 사고·감각 정보가 곧바로 AI로 전달되고, AI는 이를 가공 분석한 뒤 다시 사람에게 직접 피드백을 주는 식이다. 현 수준에서 보면 SF 영화에서나 나올 법한 장면처럼 보인다. 하지만 이미 몇몇 연구 분야에서는 이런 가능성을 타진하는 실험이 이뤄지고 있다.

단순히 AI가 더 똑똑해져서 사람을 대체한다는 식의 시나리오가 아니다. 인간과 AI가 서로 역량을 결합해 조직적으로 훨씬 더 뛰어난 결과물을 만들어 낸다는 것이 핵심이다. 예를 들어, 높은 수준의 기술을 요하는 엔지니어가 AR 글라스를 착용한 상태에서 기계를 점검할 때, AI가 실시간으로 센서 데이터를 분석해 잠재적 결함 위치를 표시해 준다. 엔지니어는 마치 자기 눈에 보이는 것처럼 그 정보에 접근해 보다 빠르고 정확하게 문제를 파악할 수 있다. 혹은 외과 의사가 수술을 집도할 때 실시간으로 AI가 환자의 생체 신호를 분석해 동맥을 건드리면 위험하다는 경고를 낸다.

이 단계에서 중요하게 떠오르는 문제는 윤리·사회적 합의다. 이미 앞 단계의 AI만으로도 개인 정보 보호, 편향, 잘못된 의사결정, 책임 소재 등 다양한 이슈가 제기되었다. 하물며 인간의 인지 과정을 AI가 깊숙이 지원하거나 융합되는 상황이라면 그 파급력은 훨씬 크다. 단순히 기술 문제로만 해결할 수 있는 것은 아니고, 정부와 기업 그리고 사회 전체가 함께 규범과 제도를 마련해야 한다.

AI가 "인간이 잘못된 행동을 하려 할 때 미리 경고 신호를 보내거나, 특정 행동을 제한할 권한을 가져도 되는가?"같은 질문은 생각보다 어려운 윤리적 딜레마다. 회사 내에서도 AI가 직원의 업무 방식을 자세히 관찰 분석해, 해당 직원에게 당신은 이렇게 일하면 생산성이 떨어집니다, 라고 지적하는 환경이 된다면, 직원의 사생활과 자유는 어떻게 될까? 또 융합된 결과물—예를 들어, 인간이 AI를 통해 구상한

신약 개발 아이디어—의 지적 재산권은 누구의 것일까? 일부 철학자나 기술 전문가들은 이쯤 되면 인간과 AI 간 경계가 모호해져 인류 문명 자체가 크게 변할 수 있다고 본다.

———

정리해보자. AI 발전 5단계 모델은 어디까지나 개념적 구분이다. 실제 AI 연구·산업 현장에서는 여러 단계가 중첩되거나 동시다발적으로 추진되고 있다. 지금도 1단계에 해당하는 간단한 Q&A 챗봇을 사용 중인 회사가 있는가 하면, 이미 멀티모달 추론(2단계)에 에이전트 기능(3단계)까지 실험하는 기업도 있다. 특정 산업 분야에서 버티컬 LLM(4단계)을 도입해 괄목할 만한 성과를 내는 기업도 있고, 5단계 인간-AI 융합을 꿈꾸며 미래 연구 과제를 준비하는 기업도 있다.

중요한 것은 이러한 5단계 모델이 앞으로 이렇게 발전할 거야, 라는 미래 예측이 아니라 기업이 AI 트랜스포메이션(AX)을 준비할 때 어떤 수준의 AI를 도입할지 또 조직과 문화는 어떻게 맞춰나갈지 체계적으로 고민하는 틀이 될 수 있다는 점이다. 예를 들어, 우리가 아직 Q&A 수준의 AI도 도입하지 못했다면 당장 AI 에이전트를 구현하겠다고 뛰어드는 것은 무리다. 데이터 인프라나 내부 인력이 뒷받침되지 않는 상황에서 AI가 알아서 업무를 자동화할 거야, 라고 기대하면 실망만 클 가능성이 높다. 반대로 이미 멀티모달 추론이나 AI 에이전트를 시도해 볼 만한 기반(클라우드, 협업 툴 연동, 보안 체계 등)을 갖춘 조직이라면 굳이 1단계 수준에 머무를 이유가 없다.

또 버티컬 LLM이나 인간-AI 융합 시나리오가 불러올 혁신과 충격을 미리 염두에 두어야 한다는 점도 빼놓을 수 없다. 예를 들어, 의료·금융·제조와 같이 전문 지식이 핵심인 업종에서 AI가 도메인 전문성을 갖추고 의사결정에 깊숙이 관여하기 시작하면 업무 방식과 조직 운영이 어떻게 달라질까? AI가 24시간 돌아가면서 의사결정을 제안한다면 인접 조직은 어떤 방식으로 대응하고 협업해야 할까? 의사나 금융 분석가, 엔지니어는 AI를 어떻게 파트너로 삼아야 하며, 윤리와 규제 기준은 어떻게 해야 할까?

결국 이 다섯 단계의 미래상을 보면, AX야말로 단순히 DX 이후에 기술을 하나 더 얹는 차원이 아니라, 사회와 기업의 사고 방식과 업무 방식 전반을 재정의하는 커다란 물결이라는 사실을 다시금 확인하게 된다. 각 단계가 갖는 특성을 파악하고 우리 조직이 현재 어느 위치에 있는지 앞으로 어디까지 나아가고 싶은지를 고민하는 것만으로도 AI 시대를 맞이하는 데 훨씬 구체적인 비전을 세울 수 있다.

그리고 단계가 올라갈수록 조직 내부의 인식 전환과 이해관계 조정, 보안·윤리 문제 해소가 더욱 복잡해진다는 점도 알 수 있다. 이 책의 다른 장에서 다루게 될 조직 전략, 인재 운영, 윤리·보안 거버넌스의 이야기도 사실상 여기서 소개한 AI 발전 단계를 중심으로 고민해야 더 효과적인 해법을 찾을 수 있다.

언젠가 마주하게 될 인간과 AI의 융합 단계가 새로운 문명을 열지는 알 수 없다. 그러나 적어도 에이전트 AI나 버티컬 LLM 단계의 AI는 이미 기술적 가능성이나 시장 수요는 충분히 입증되고 있다. 즉, 기업의 적극적인 도입 의지에 따라 머지않은 미래에 현실화될 수 있다. AI 트랜스포메이션(AX)을 전개하려는 이들에게 이 다섯 단계 모델은 일종의 랜드마크 역할을 한다.

2부
AI 트랜스포메이션
- 실행 전략과 로드맵

개요. AX 실행 5단계 전략

AI 트랜스포메이션을 전략적으로 추진하는 과정에서 많은 기업이 어디서부터, 어떤 순서로, 어느 수준까지 도입해야 할지를 두고 막막해한다. 체계가 제대로 잡혀 있지 않으면 여기저기서 중구난방 식으로 AI를 도입하다가 보안 문제가 발생하거나 실무와 무관한 시범 프로젝트만 반복하고 끝날 수 있다.

그렇다면 기업은 AI 트랜스포메이션(AX)을 실행하는 로드맵을 어떻게 잡아야 할까? DX(디지털 트랜스포메이션) 시절에도 "작은 파일럿부터 시작해 점진적으로 전사로 확산한다"라고 권장했다. 그러나 AI 트랜스포메이션은 DX보다 더 짧은 주기로 거대한 혁신이 일어나고 구성원 전체가 이를 직접 체감하게 될 확률이 높다. 그만큼 실행 방법도 면밀하고 전략적으로 설계해야 한다.

이 장에서는 이러한 AX 실행 로드맵의 큰 틀을 1단계)생성형 AI 도입에서 시작해, 2단계)RAG로 사내 데이터를 결합하거나 지능형 RPA를 활용하여 외부 데이터를 폭넓게 정리하고 자동화하고, 3단계) 머신러닝·딥러닝 예측 모델을 통합해 비즈니스 가치를 더 높이고, 4단계)AI 에이전트 형태로 자율 업무를 실행, 5단계)버티컬 LLM 또는 SLM(Small Language Model)을 통해 전문 영역을 확대하거나 특수 목적에 맞는 새로운 비즈니스 모델에 도전하는 흐름으로 정리하고자 한다.

풀어서 설명하자면 처음에는 외부의 생성형 AI 서비스를 사용하는 정도의 경험으로 많은 구성원들의 관심을 끌고, 작게나마 성공 사례를 만들고, 이를 디딤돌 삼아 사내 데이터와 인프라까지 제대로 결합한 뒤, 점진적으로 조직 전반에 심층적인 AI 역량을 내재화하면서 전문성까지 끌어올리는 전략이다. 그리고 궁극적으로는 사람이 명령을 내리지 않아도 AI가 목표를 인식하고 독자적으로 업무를 수행할 수 있는 에이전트 단계로 도달하는 것이다. 그런 다음, 선택적이긴 하지만 최종적으로 고도화된 AI 모델을 외부에 판매하는 상품화 단계까지 꿈꾼다.

모든 기업이 이 다섯 단계를 순서대로 밟아야 한다는 법은 없다. 조직의 규모나 업종, DX 성숙도, AI 전문 인력의 확보 상태에 따라 단계가 달리 조합될 수도 있다. 1단계, 2단계는 순서대로 진행이 필요하나 그 이후에는 동시에 진행하거나, 또는 필요한 단계만 취사선택(예를 들면 3단계, 5단계 동시 진행)해도 무방하다.

1단계(초기) – 생성형 AI

AI 트랜스포메이션(AX)을 향한 장대한 로드맵이 있다고 해도, 구성원들이 AI와 만나는 첫 장면이 불편하거나 불신을 갖게 되면 이후 단계를 진행하기가 어렵다. 그렇기 때문에 단순해 보이는 초기 도입 단계라도 주의해야 할 점이 많다. 인공지능(AI)이 기업 현장에 스며드는 과정은 처음부터 복잡한 통합 시스템을 구축하거나 전문 모델을 파인 튜닝하는 방식으로 시작하지 않는다. 대부분은 생성형 AI를 간단히 도입해 문서 작성이나 자료 요약을 시켜 보는 수준에서 시작한다. 그리고 "이제부터 챗봇을 이용해서 보고서를 써 보라"라고 말하는 것만으로도 충분하지가 않다. 실제로 어떤 식으로 질문하고, 어떤 데이터를 공유할 수 있는지, 결과물이 오류일 때 어떻게 대처해야 하는지, 세부 사항을 안내해야 무리 없이 첫 단계를 잘 넘어갈 수 있다. 쉽게 시도할 수 있어야 하면서도 일정한 가이드라인도 필요하다.

이번 장에서는 이러한 프롬프트 엔지니어링의 중요성을 다루고자 한다. 생성형 AI가 무엇인지부터 간단히 짚고, 조직에서 최소한으로 시도할 수 있는 문서의 생성·요약번역 업무의 활용 방안을 살펴본 뒤, 프롬프트 엔지니어링과 보안·윤리 이슈를 중심으로 초기 단계가 가져올 성과와 주의점을 정리해 보자.

1) 생성형 AI 개념

핵심 기술 LLM

기업이 AI를 도입하려 할 때, 초기에 가장 손쉽게 접하는 것이 바로 생성형 AI 서비스이다. 챗봇과 달리 단순 질의응답만 하는 것이 아니라 스스로 텍스트(또는 이미지)를 만들어 내는 능력을 갖춘 모델이다.

"생성형 AI가 무엇이길래 이렇게 주목받고 있을까?" 지난 몇 년간 AI가 발전해 온 방향을 간단히 이해하면 그 답을 금방 찾게 된다. 이미지 인식이나 음성 인식 같은 분야에서 딥러닝이 큰 혁신을 일으켰고, 텍스트 처리에서도 번역이나 감성(긍부정) 분석 기술이 점점 고도화되어 왔으며, 어느 순간부터는 기존 텍스트를 이해하고 분류하는 것을 넘어서 직접 글을 써내는 단계로 발전했다. 이 변화를 일으킨 핵심 기술이 바로 거대 언어 모델(LLM, Large Language Model)이다.

LLM은 방대한 양의 텍스트 데이터를 바탕으로 언어 패턴을 학습한다. 초기에는 일종의 확률 분포 방식으로 "어떤 단어 뒤에 어떤 단어가 올 확률이 높은가?"를 계산하는 수준이었다. 하지만 학습 데이터가 수십 억, 수천 억 단위로 규모가 커지고 모델의 파라미터 수도 기하급수적으로 증가하면서 인간이 쓸 법한 정교한 문장 구사를 할 수 있게 되었다.

ChatGPT가 출시되면서 트랜스포머(Transformer) 아키텍처가 크게 주목받았는데, 텍스트 내 문맥(Context)을 효과적으로 파악해 문장 전체 구조를 이해하고, 다음 단어(토큰)를 생성할 때 이 문맥 정보를 활용하는 것이 핵심 원리다.

거대 언어 모델이 되면, 단순히 문장을 연결하는 수준을 넘어 사용자가 묻는 질문에 추론해서 답변하거나, 특정 스타일과 형식에 맞춰 문서를 작성하는 능력까지 확보한다. "비즈니스 문체로 작성해 줘"라고 하면 건조하고 격식 있는 문체로 작성하고, "유머러스하게 써 줘"라고 하면 위트 있는 표현을 곁들여 글을 만든다. 이런 자유도가 높아지면서 사용자 입장에서는 "AI가 마치 사람처럼 글을 짓는 것 같다"는 인상을 받는다.

물론 LLM 자체가 만능은 아니며 모델 내부에서 학습된 지식은 실제 현실 세계 정보와 완벽하게 일치한다고 볼 수도 없다. 특히 훈련 데이터에 없는 새로운 사실이나 특정 시점 이후의 최신 정보 등을 요청하면, 할루시네이션(환각) 현상으로 잘못된 답변을 지어내는 경우가 빈번하다. 그럼에도 단어를 하나씩 예측해 가며 문장을 완성하는 방식이 의외로 고도의 창의성과 문맥 반영 능력을 발휘할 수 있다는 점에서 LLM은 오늘날 생성형 AI 열풍의 기술적 토대가 되고 있다.

대표 서비스

생성형 AI 서비스의 대표 주자로는 크게 ChatGPT, Claude, Gemini 등을 꼽을 수 있다.

ChatGPT는 오픈AI가 개발한 모델로 2022년 말 공개 직후 전 세계적으로 폭발적 관심을 모았다. 사용자는 웹 브라우저나 API를 통해 이 모델과 대화형 인터페이스를 즐길 수 있다.

Claude는 AI 스타트업 앤트로픽에서 만든 모델로 ChatGPT와 유사하게 자연어 대화 방식을 채택했지만, 윤리와 안전성에 조금 더 주력했다는 점이 특징이다. 한글만을 놓고 보면 ChatGPT보다 Claude가 기대 이상으로 글을 매끄럽게 작성해준다는 평가가 많다.

Gemini는 구글이 만든 서비스다. 구글은 오랜 기간 AI 연구를 주도해 왔고, 트랜스포머 구조를 논문으로 발표한 주체이기도 하다. 그러나 ChatGPT가 시장의 스포트라이트를 독차지하면서 경쟁력이 뒤처진 것이 아니냐는 의문이 제기되었다. 이에 구글은 내부적으로 차세대 LLM 프로젝트를 가속화하며 멀티모달과 추론 능력을 한층 끌어올린 모델을 준비했다. 구글의 Gemini는 검색, 유튜브, 지메일 등 방대한 생태계 데이터와 결합하여 ChatGPT 이상의 성능을 목표로 한다. 무엇보다 구글의 다른 서비스(구글 워크스페이스, 지메일 등)와의 연동이 강점이다.

국내외 다른 기업들도 잇달아 거대 언어 모델을 개발 공개하면서 생성형 AI 시장은 치열한 경쟁 양상을 보이고 있다. 기업 입장에서는 가장 정확하고 빠른 모델보다 "우리 조직에 적용하기 쉽고 원하는 결과물을 어느 서비스가 잘 만들어 주느냐" 여부를 갖고서 선택하면 된다.

2) 생성형 AI 활용

문서 작성 지원

기업 내부에서 영업 팀의 주간 보고서를 작성하는 시간을 절약하려고 간단히 생성형 AI를 도입한 경우를 상상해 보자.

영업 사원들은 매주 금요일마다 그 주의 방문 고객과 미팅 내용을 보고서 형태로 제출한다. 작성에 보통 30분~1시간씩을 꼬박 투자해야 한다. 이를 위한 문서 서식도 있지만 매번 복사해서 붙여 넣고 내용을 편집하느라 번거롭다. 그런데 생성형 AI를 접해 본 어느 사원이 "ChatGPT에게 이 형식으로 보고서를 써 달라고 하면 간단하지 않을까?"라며 시도해 보더니, 실제 원하는 수준으로 구성해줌을 확인했다. 이후 영업 팀 전체에 전파되어 AI 보고서 초안이 일상화된다. 결국 팀장까지 이를 긍정적으로 평가하고, 임원들 역시 직원들의 문서 작성 시간이 줄어들고, 보고서 형식이 통일되어 보기에 좋다는 반응을 보인다. 이런 작은 시도가 바로 초기 생성형 AI 도입의 대표적 성공 사례라 할 수 있다.

물론 이런 식으로 문서를 생성할 때 주의할 점도 있다. 회사나 고객에 대한 중요한 기밀 정보를 입력하면 ChatGPT에게 해당 데이터가 전송되는 것이므로 보안 위험이 생길 수 있다. 그리고 AI가 때로는 요약이나 문맥에서 실수하여 실제 만나지도 않은 고객 미팅 내용을 추가해 버릴 수도 있다. 사전에 관리자가 생성형 AI 사용 지침을 공유하고, 실제 출력물을 반드시 검수하라는 원칙을 명문화해 두어야 한다.

프롬프트 엔지니어링 교육

생성형 AI를 도입해 직원들이 문서의 작성·요약·번역을 해보려면 간단한 교육이 필요하다. "김대리, 여기 챗봇 사이트 주소, 한 번 써 봐"라고 권장하는 것만으로는 안 된다. 잘못된 사용 방법을 익히거나 효과를 제대로 누리지 못할 수 있기 때문이다. 실제로 챗봇에 무엇을 입력해야 원하는 답을 얻는지부터, 어떤 식으로 명령을 구체화하면 더 정밀한 결과물을 얻을 수 있는지 등을 잘 알려야 한다. 바로 프롬프트 엔지니어링이다.

예를 들어 "기업용 마케팅 전략 보고서를 써 줘"라고 막연히 말하는 것보다 "우리 회사는 소규모 B2B SaaS 기업이고, 주 고객은 제조업체다. 새로 출시하는 스마트 운영 플랫폼의 마케팅 전략 보고서를 500자 정도로 작성해 줘. 그리고 홍보 메시지도 세 가지로 제안해 주고, 부가 설명도 한 줄씩 달아 줘." 이렇게 구체적으로 지시하는 게 더 낫다. 조건을 분명히 하는 기술이 곧 프롬프트 엔지니어링의 핵심이다. "누구에게, 어떤 형식으로, 어느 정도 길이로"라는 요소만 추가해 줘도 AI가 만들어 내는 텍스트 수준은 크게 달라진다.

프롬프트 엔지니어링 교육을 진행할 때는 실습을 통해 잘못된 프롬프트와 개선된 프롬프트를 비교해서 보여주는 방식이 좋다. 고객 응대용 스크립트를 만들 때 불친절하지 않게 만들어 달라는 추상적인 말보다 정중한 문투를 사용하고, 협박적 표현이나 강압적 표현은 쓰지 말라고 지시하면 훨씬 구체적인 결과가 나온다는 것을 알려주면 직원들은 금방 익힌다.

또 하나 강조할 점은 "민감 정보나 개인 신상정보는 AI에 입력하지 마세요" 같은 보안·윤리 규칙이다. 종종 직원들이 "그렇다면 구체적으로 어떻게 작업해야 하나요?"라고 의문을 표할 때도 있는데, 이 경우 프롬프트 엔지니어링 관점에서 민감한 개인 정보를 제거한 후 AI가 상황의 논리 구조나 문장 표현을 제공하도록 유도하면 된다. 예를 들어보자.

"김철수 고객님(010-1234-5678)의 보험금 청구 관련 민원을 어떻게 대응해야 하나요? 고객님께서 지난 3월 10일에 교통사고를 당하셨고, 보상 처리가 늦어져서 굉장히 화가 난 상태로 연락이 왔습니다." 이를 다음과 같이 개인 정보를 제외한 형태로 작성해볼 수 있다. "교통사고 보험금 청구 과정에서 보상 처리가 늦어져 고객이 불만을 표시한 상황이야. 고객 응대 시 불만을 해소할 수 있도록 정중한 문장으로 구성된 사과 메시지 예시를 작성해줘."

이렇게 하면 AI가 제공하는 응답에서 민감한 개인 정보 노출을 방지하면서도 유용한 논리 구조와 표현 방식을 얻을 수 있다.

궁극적으로는 프롬프트 엔지니어링에 대한 간단한 사내 가이드를 마련해 두면 구성원들이 실패를 덜 겪고 빠르게 AI 활용을 터득할 수 있다.

3) 성과와 주의점

빠른 체감, 오류 리스크, 민감 데이터

생성형 AI 서비스 활용은 사내 시스템 연동이나 복잡한 개발 과정 없이 웹 기반으로(구독 서비스) 쓸 수 있다. 그래서 초창기에 큰 비용이나 긴 프로젝트 기간을 들이지 않고서도 몇 주 만에 사용할 수 있다. 이 속도감이야말로 기존 RPA나 ERP 개선 프로젝트와 비교할 때 획기적인 부분이다. 한 달 전만 해도 아무도 AI를 쓰지 않다가, 지금은 모든 보고서 초안을 AI가 작성한 뒤 담당자가 교정하는 식으로 바뀔 수 있다는 것이다.

다만 빠른 체감이 항상 긍정적인 것은 아니다. 무엇보다 오류 리스크가 존재한다. AI가 문장을 만들어 낼 때, 사실 관계를 잘못 인용하거나 문맥과 전혀 맞지 않는 이야기를 덧붙일 수 있다. "2022년 매출액은 5억 원입니다"라는 문장을 내놓았는데, 실제로는 3억 원이었거나 특정 고객의 요구 사항을 AI가 잘못 이해해 보고서에 "VIP 고객 할인율은 20%"라고 잘못 적었을 수도 있다. 이런 일이 반복되면, 처음에는 편리하다고 느끼다가 나중에 "잘못된 문서를 AI가 써서 되레 일이 복잡해졌다"고 불평하게 된다.

이런 문제를 방지하려면, AI가 만든 결과물은 반드시 담당자가 최종 검수한다는 원칙을 지켜야 한다. AI를 대신 작성해 주는 보조자로서 활용하되, 결과물이 최종본은 아니라는 것에 공감대를 형성해야 한다. 그리고 AI가 스스로 정보 출처를 제시할 수 있도록 인용 방식을 요구하는 프롬프트를 함께 입력하면 좋다. "매출 데이터를 인용할 때는 00번 보고서의 3페이지를 참고했다고 적어 줘"라고 지시하면, AI가 해당 문구를 결과에 포함한다.

그리고 상당수의 중소·중견 규모 기업은 직접 AI 모델을 구축하기가 어렵기 때문에 민감한 정보를 제거·암호화한 뒤 요약만 입력하는 식의 편의적 해법을 택하면 좋다.

보안과 종량제 비용 접근을 위한 커스텀

기밀 정보나 민감 정보를 생성형 AI 서비스에 입력하지 않도록 하는 주의나 방법에 대해 얘기했지만 근본적인 대책은 되지 않는다. 그리고 생성형 AI 서비스 구독료도 큰 부담이다. 몇십 명 규모인 경우 큰 부담이 되지 않지만, 몇백 명 이상이라면 얘기가 달라진다.

이런 경우 활용할 수 있는 대안이 바로 간단한 API 연결을 통한 기업용 커스텀 챗봇 서비스를 만들거나 아니면 외부 솔루션을 활용하는 방법이다. 장점은 올리는 자료나 데이터에 대한 보안성을 강화할 수 있고, 직원들이 입력한 대화량에 비례해서 사용료를 낼 수 있다는 점이다.

최근 이러한 기업의 요구에 맞춰 전문 솔루션 기업들도 나오고 있으므로 각자 상황에 맞는 솔루션을 비교 선정해서 활용하면 된다. 그리고 대기업의 경우 내부에서 직접 만드는 방법도 있는데, 대표적으로 퍼블릭 클라우드 서비스 사업자의 플랫폼을 활용하는 방법이 널리 쓰이고 있다. 마이크로소프트의 Azure를 활용하면 오픈AI의 ChatGPT

를 API 형식으로 이용하되 손쉽게 보안성을 확보하면서 사용할 수 있다.

———

정리해보자. DX가 처음 시작될 때도 그랬던 것처럼 초기 단계에서의 작은 실패나 시행착오가 오히려 조직의 학습 과정이 될 수 있다. 가령 어떤 부서가 "AI가 말도 안 되는 문서를 써서 곤란했다"는 경험을 하더라도, 향후에는 "이런 식으로 프롬프트를 바꾸고, 결과 확인을 꼼꼼히 했더니 개선됐다"라는 성공 스토리로 바꿀 수 있다. 조직 구성원이 AI를 활용해도 괜찮고 실제로 시간이 단축되고 편리하다는 체험을 하게 되면, 다음 단계로 진행할 동력이 커진다.

초기 단계는 문서 작성이나 번역이 빨라졌다는 단기 효율 대신 프롬프트 엔지니어링과 AI 결과물 검수의 노하우를 전사적으로 축적하고 윤리·보안 프레임워크를 잡는 데 큰 의의가 있다. 이 과정을 잘 거치면 조직은 생성형 AI에 대한 과도한 낙관도, 막연한 두려움도 갖지 않게 되고, 실무 현장에서 AI를 다루는 "감(感)"을 자연스럽게 익히게 된다.

외부 서비스를 이용하는 것에 비용이나 보안적 제약으로 고민이 된다면 커스텀 챗봇을 직접 만들거나 외부 솔루션을 활용하는 것도 좋은 방법이다. 외부의 AI 서비스를 직접 연동하는 방식이기 때문에 직원들 입장에서는 같은 경험을 하게 된다.

일부 기업은 생성형 AI 챗봇 기반의 고객 응대 파일럿을 시도하기도 한다. 다만 고객 응대는 직접적인 대외 영향력이 있고, 잘못된 답변을 하면 브랜드 신뢰가 떨어질 수 있으므로 처음에는 내부 문서 활용 같은 경험을 쌓은 뒤 외부 챗봇으로 확장하는 것이 좋다.

핵심은 가볍게 도입하고, 효과가 두드러지는 영역을 골라 최소 시도를 통해 AI 트랜스포메이션의 출발점을 잡는 것이다. 이렇게 할 때 조직의 성공 확률은 높아진다. "빠른 성공 체감"과 "원칙 정립"이라는 두 마리 토끼를 잡는 것이 우선임을 명심하자.

2단계(중기) – RAG·지능형 RPA 도입

간단히 생성형 AI를 써 본 직원들은 이제 AI가 외부 인터넷에서 가져온 내용만 이야기하는 게 아니라 내부 보고서나 DB 자료까지 참고해 보다 더 정확한 답변을 해 줄 수 있으면 좋겠다고 생각한다. 여전히 많은 비즈니스 의사결정이 사내 문서와 데이터에 기반을 두고 이루어지는 만큼, AI가 회사 문서와 정보를 직접 인용해 맥락 있는 답변을 만들 수 있다면 업무 효율은 크게 올라간다.

이때 핵심적으로 등장하는 개념이 바로 RAG(Retrieval-Augmented Generation; 검색 증강 생성)이다. RAG는 생성형 AI 모델에 사내 DB나 문서 검색 결과를 실시간으로 제공함으로써 AI가 더 풍부하고 정확한 정보를 근거로 답변을 생성하도록 하는 방식을 말한다. 초기 단계에서 AI는 공개적으로 웹에 존재하는 데이터나 사전에 학습한 텍스트를 바탕으로 문서를 작성했지만, 실제 회사에서 중요하게 다뤄야 할 정보의 상당수는 비공개 DB나 내부 파일로 존재하기 마련이고, RAG는 바로 그 지점에서 내부 검색과 생성형 AI의 결합으로 기업 맞춤형 AI를 구현한다.

다음으로 RPA(Robotic Process Automation; 로보틱 프로세스 자동화)에 생성형 AI를 결합하는 모델을 살펴보자. RPA는 일종의 소프트웨어 로봇으로 컴퓨터 상에서 사람이 하는 단순 반복적인 업무를 정확하게 모방해서 대신해준다. 기존 RPA는 정해진 규칙에서 조금만 벗어나거나 하면 작동이 안 되거나 했는데, 생성형 AI와 결합하게 되면 자동화 업무를 보완하고 자동화된 내용 업무 내용을 요약하거나 번역하는 등의 후속 업무를 더욱 똑똑하게 도와줄 수 있다.

이번 장에서는 우선 RAG의 개념과 작동 원리를 짚어 보고, 문서 요약이나 FAQ 챗봇을 어떻게 고도화할 수 있는지를 살펴보자.

1) RAG 개념과 활용

검색과 생성의 결합

RAG(Retrieval-Augmented Generation)는 이름 그대로 "검색 증강 생성"을 의미한다. 간단히 말해 기존의 생성형 AI가 스스로 학습한 언어 모델을 토대로 문장을 만들 때, 사내 DB나 인덱싱된 문서를 검색해 실시간으로 참고한다는 뜻이다. 이 접근은 AI가 뭔가 잘못된 정보를 지어내는 대신 우리가 작성한 문서에서 근거를 가져와 답변하게 하자는 아이디어에서 출발했다.

지난 3년간 발행한 모든 프로젝트 보고서를 한 공간에 모아 두었다고 가정해 보자. 현재의 일반 생성형 AI는 해당 보고서의 내용을 모른다. 그렇다면 "A 프로젝트에서 발생했던 문제와 해결 방안이 뭐였지?"를 묻더라도 어느 정도 추정만 할 뿐 근거 있는 답을 제시하지 못한다. 반면 RAG를 적용하면 AI가 검색 단계에서 A 프로젝트 관련 보고서를 찾아 텍스트를 요약하고, 이 정보를 활용해 답변함으로써 "실제 보고서를 참고한 정확한 해결 방안"이라는 결과물을 뽑아낼 수 있다.

RAG는 크게 두 부분으로 나뉜다. 첫 번째는 Retrieval(검색) 파이프라인으로 사내 문서를 일정 방식으로 색인하거나 벡터 DB에 저장해 두고 사용자가 질문하면 관련 문서를 찾아서 AI에게 전달하는 것이다. 두 번째는 Generation(생성) 파이프라인으로 AI에게 전달된 문서를 바탕으로 답변을 생성하는 것이다. 이때 문맥상 필요한 부분을 인용하거나 사용자 질의와 결합된 새로운 텍스트를 만들어 낸다.

기술적으로 보면 벡터화된 문서 검색(문서 임베딩)이나 키워드 기반 검색이 먼저 일어나고, 일치도가 높은 문서를 일정 분량으로 요약해 생성형 AI 모델에게 전달하는 방식을 쓴다. 이 과정에서 관련성이 낮은 문서를 제외하고, 관련성이 높은 문서를 n개만 뽑는 기법이 사용된다. 그 결과 사용자 입장에서는 내가 묻는 내용과 관련된 사내 문서를 AI가 실시간으로 찾아서 정리해 주는 느낌을 받게 된다.

문서 요약, FAQ 챗봇 고도화

RAG의 대표적 활용법 하나가 문서 요약이다. 조직 내에는 회의록, 보고서, 매뉴얼, 정책 문서 등 수많은 텍스트가 쌓여 있다. 하지만 직원들이 이것을 일일이 읽기에는 시간이 한정적이다. 이때 "oo 문서의 핵심을 요약해 줘"라고 요청하게 되면, RAG로 구현된 AI가 사내 검색으로 해당 문서를 찾아 자동 요약본을 생성한다. 그리고 "지난해 Q4 성과 보고서 중 마케팅 성과 부분만 추려서 간단히 정리해 줘"라고 하더라도 정확히 관련 문서를 찾아내 내용을 요약해 준다.

또 다른 활용법은 FAQ 챗봇의 고도화다. 예전부터 많은 회사가 FAQ 챗봇을 운영했지만 대개는 사전 정의된 Q&A 목록에 맞춰 문자열 패턴 매칭을 하는 정도였다. 이러면 질문이 조금만 복잡해져도 챗봇이 "이해할 수 없습니다"라고 답하거나 관련성이 낮은 FAQ를 억지로 보여 준다. 그러나 RAG를 적용하면 사용자가 어떤 식으로 질문하더라도 내부 FAQ나 매뉴얼 문서를 검색해 가장 관련도 높은 내용을 골라 요약하고 자연스러운 문장으로 답변한다. "우리 제품 모델

B202, 무선 연결이 자꾸 끊기는 이유가 뭘까?"라는 질문에 챗봇이 매뉴얼 문서와 과거 고객 응대 기록을 찾아 "해당 모델 펌웨어 버전 문제가 있으며 업데이트가 필요하다"고 구체적으로 답변하는 식이다.

RAG를 통해 회사 내부 지식이 AI의 답변에 반영되면, 기존 생성형 AI에서 문제가 되었던 출처가 불분명한 지식과 사내 상황과 무관한 답변 문제가 크게 해소된다. AI가 할루시네이션을 일으킨다고 해도 최종 답변에서 "이 내용은 XX 문서에서 발췌했다"라고 출처를 언급하기 때문에 검증도 훨씬 쉬워진다. 점점 더 AI가 사내 데이터에 대해 마치 전문가처럼 답해 주는 단계에 가까워진다.

RAG 방식으로 FAQ 챗봇도 만들 수 있다. 회사에는 많은 규정과 사규가 존재한다. HR, IT, 법무, 재무, 총무 등 수많은 업무가 실제 이러한 규정과 사규를 기반으로 실행된다. 이를 챗봇 형태로 변경하고, 직원들이 이를 자주 이용하게 된다면, 이 또한 조직 문화 관점에서 AI와의 익숙함을 더하는 과정이 된다.

하지만 해결해야 할 문제도 있다. 대표적으로 해당 사규나 규정이 정립되지 못했을 경우, 즉 사규나 규정이 있지만 최신화가 안 되었거나 서로 상반된 내용을 포함하는 경우다. 이럴 때에는 기존 사규나 규정을 기반으로 챗봇을 만들고, 이를 검수하기 위한 질문 또한 생성형 AI 기술로 만들어, 질문에 대한 답변을 담당자가 확인하면서 자연스럽게 규정과 사규를 수정해 나가면 좋다.

RAG가 제대로 동작하려면

RAG가 제대로 동작하려면, 사내 문서가 잘 정리되어 있어야 한다. 문서나 DB가 중복되거나 버전 관리가 안 되어 엉망인 상태라면 AI가 검색했을 때 모순된 정보가 동시에 뜨거나 최신 문서를 인용하지 못하는 사태가 발생한다. "문서가 어느 스토리지에 어떤 버전으로 저장돼 있는가?" "어떤 직원이 어떤 문서를 접근할 수 있는가?" "새로운 문서를 생성할 때 메타데이터나 태그를 어떻게 달고 있는가?" 등이 대표적인 점검 포인트다.

또 사내에 편향된 자료만 축적돼 있는 경우도 문제다. 예컨대 영업현장의 성공 사례만 기록해 놓고 실패 사례는 문서화하지 않았다면, AI는 늘 성공 가능성이 높다는 식으로 낙관 보고서만 써낼지도 모른다. 따라서 RAG를 도입하기 전, 회사가 보유한 문서나 데이터의 편향성을 진단하고 다양한 관점과 기록을 남기는 습관을 들여야 한다.

데이터 거버넌스 측면에서 RAG 사용 범위나 권한 관리도 세부적으로 설계되어야 한다. HR 기밀 문서까지 AI 검색 대상에 포함되면 안 될 것이며, 영업부 직원이 재무 부서의 고유 문서를 볼 수 없게 제한할 필요도 있다. RAG 검색 시스템에서 사용자 권한을 체크해 열람 권한이 없는 문서는 AI 모델에 넘기지 않도록 하는 로직이 필요하다.

2) 지능형 RPA 개념과 활용

왜 지능형인가

헷갈릴까 봐 한번 더 언급하자면, 바로 앞에서 언급한 RAG와 이번 글에서 언급할 RPA는 다른 개념이다. RAG는 기업이 갖고 있는 문서 등을 익덱싱해서 이를 생성형 AI와 결합해 챗봇의 정확성을 높이는 것이고, RPA는 기업의 단순 업무를 기계가 자동으로 처리하는 것을 말한다.

여기서 지능형 RPA란 RPA가 확보한 대량의 데이터에 생성형 AI가 개입해 분석과 의사소통을 담당함으로써 기존에는 사람이 직접 해석했던 영역까지 자동화 범위를 넓힌 것이다. 비유하자면 기존 RPA는 부지런히 시킨 일만 잘하는 반면에, 지능형 RPA는 "RPA + 생성형 AI"로 부지런히 일하면서도 똑똑하게 일하는 방법이라고 할 수 있다.

외부 웹사이트에서 수집한 정보를 단순히 폴더에 저장하는 데 그치지 않고, 생성형 AI가 텍스트를 이해하고 요약·번역·중요도 분석까지 해준다면 결과적으로 의미 있는 정보 정리가 된다. 이렇게 요약된 보고서는 임원들이 빠르게 검토할 수 있다.

단순 RPA는 클릭과 키보드 입력을 매크로처럼 재현하거나 웹사이트에 접속해 특정 경로를 따라 들어간 뒤 데이터를 추출하는 과정을 자동화했다. 이미 10년 가까이 여러 기업에서 활용되어 왔고 실제로 큰 비용 절감 효과를 꽤 거두었다.

구매 부서가 매일 아침 거래처별 발주 요청서(Excel 파일)를 ERP 시스템에 입력하는 업무가 있다고 가정해 보자. RPA는 발주 요청서가 저장되는 폴더를 수시로 모니터링하다가 새로운 파일이 업로드 되면 바로 열어 필요한 정보를 추출하고, ERP 웹사이트에 로그인한 뒤 해당 정보를 기입하고 완료 알림 메일까지 보낸다. 그러나 문제는 사람이 "직접 눈으로 확인하고 판단하는" 단계에 이르면 자동화가 멈춘다는 점이다. 마찬가지로 거래처가 보낸 요청서에 이상한 항목이 있거나 특이하게 외국어로 된 추가 설명이 있으면, RPA는 그 내용을 읽고 결론을 내리지 못한다. 또 설령 문서를 열어서 내용을 가져올 수는 있어도 내부적인 의사결정에 필요한 요약본을 만들지 못한다. 한마디로 RPA는 규칙 기반으로 작동하기 때문에 예외가 발생하면 처리가 불가능하거나 최소한의 알림을 띄우고 사람이 개입해야 한다.

이런 상황에서 생성형 AI는 언어 이해와 문장 생성의 측면에서 강력한 무기를 제공한다. 인간과 유사한 수준으로 문맥을 이해하거나 문장을 만들어 낼 수 있기 때문에 예외 처리가 필요한 복잡한 케이스도 AI가 어느 정도 논리적으로 판단하고 다음 할 일을 결정한다. 자연스럽게 RPA가 내외부 시스템에서 광범위하게 데이터를 긁어온 뒤, 생성형 AI가 분석 정리해 사람이 보기 편한 형태로 가공하는 프로세스를 구축한다. 이렇게 되면 사람이 직접 처리해야 할 업무 영역이 확 줄어들 뿐만 아니라 일처리 속도도 빨라진다.

외부 데이터의 자동 수집과 요약

지능형 RPA의 대표적 활용 사례는 외부 데이터를 수집해 자동으로 정리하는 프로세스다. 글로벌 동향을 파악하기 위해 해외 주요 언론 사이트나 정부 포털 사이트를 방문해야 하는 업무가 있다. 과거에는 담당자가 매일 아침 브라우저를 켜고 여러 웹페이지를 찾아다니며 관심 키워드가 포함된 기사가 나왔는지 확인하고, 복사·붙여넣기를 해 사내 메일로 공유했다. 이 업무가 일상적으로 하는 작은 업무 같지만 실제로는 여러 언론사를 훑고 기사별로 중복되는 내용이 있는지 파악하고, 필요한 경우 번역해 각 부서별로 맞춤형 설명을 첨부해야 하는 것으로 은근히 시간이 많이 걸리는 일이었다.

하지만 RPA가 하면 달라진다. 매일 아침 7시, CNN과 BBC, 로이터 같은 주요 해외 언론 사이트에 접속해 특정 키워드(예: 로보틱스, AI, ICT 트렌드 등)를 검색한 뒤, 새롭게 등록된 기사 목록을 수집하는 과정을 대신한다. 그런 다음 기사 원문과 링크를 사내 서버 혹은 클라우드 스토리지에 저장한다. 생성형 AI는 이 텍스트를 읽고 요약·번역 작업을 수행한다. 기사 본문에서 중요한 내용을 추려내 2~3문단 분량으로 핵심을 요약하고 한국어로 번역한다. 각 기사가 어떤 주제를 다루고 있는지 분류해, 임원진 혹은 팀장들이 가장 궁금해할 만한 내용 위주로 우선순위를 매긴다. 중요한 기사는 상단에, 덜 중요한 기사는 하단에, 하나의 간략한 브리핑 문서가 완성된다. 이를 매일 아침 7시 30분 "Today's Global Tech News"라는 제목으로 자동으로 메일링을 한다. 직원들은 출근하자마자 편안하게 외신 브리핑을 확인할 수 있다.

이처럼 지능형 RPA 구조에서는 사람이 개입하지 않고도 기사의 확보부터 요약·번역 그리고 메일 발송까지 전체가 자동화된다.

실시간 해외 정보 모니터링

유럽에서 시행되는 환경 규제가 국내 수출 산업에 큰 영향을 줄 수 있다고 하자. 규제와 관련해 유럽연합(EU) 공식 문서나 뉴스가 업데이트될 때마다 RPA가 이를 자동으로 모니터링 한다. 그런 다음 새로운 소식이 뜨자마자 전문을 회사 서버로 내려받는다. 이어 생성형 AI가 문서 내용을 분석해 어떤 부분이 중요한지 향후 우리 제품 판매나 인증 과정에 어떤 영향이 있을지 간략히 요약해 준다. 담당자는 훨씬 빠르게 대응 전략을 세울 수 있다.

언어 장벽이 있는 분야에서도 효율성을 크게 높여준다. 예를 들어, 프랑스 정부 발표 문서를 과거에는 담당자가 번역 전문 업체에 맡기거나 사내 프랑스어 능력자에게 도움을 구해야 했다. 최대 몇 주까지 소요됐다. 그러나 지능형 RPA가 실시간으로 문서를 가져오고 생성형 AI가 곧바로 번역·요약해 준다면 기업은 중요한 소식을 수 시간 내에 바로 확인할 수 있다. 약간의 어색함이나 오역 가능성이 있을 수 있겠지만 그럼에도 일단 대략적인 내용을 빠르게 파악한다는 점에서는 의사결정 속도를 월등히 높일 수 있다.

해외 규제 변경이나 경쟁사의 새로운 제품 출시 같은 중대한 이벤트를 신속히 파악해야 하는 기업 입장에서는 지능형 RPA가 가진 잠재력은 더욱 매력적이다.

챗봇과 결합된 지능형 RPA

지능형 RPA는 외부 고객 대상 챗봇과도 결합될 수 있다. "귀사의 최신 스마트홈 기기 스펙이 어떻게 되나요? 경쟁사 모델과 어떤 차이가 있나요?"라고 묻는다면, 챗봇이 실시간으로 경쟁사 웹사이트나 관련 포털 정보를 RPA를 통해 긁어온 다음, 이를 생성형 AI가 재가공한 뒤 즉각적으로 비교 정보를 제공한다. 즉 경쟁사 모델의 사양표를 찾아내고 이를 비교해 간단한 표나 문장 형태로 요약해 주는 식이다. 이는 고객의 응대 속도를 높이고, 상담사에게 과도한 부담이 쏠리는 것을 방지해 준다.

지능형 RPA를 통해 고객의 반복적 질문에 즉시 답변하는 과정이 자동화되면 상담 효율은 크게 향상된다. 고객 입장에서도 전문 지식이 풍부한 직원과 대화하듯이 상세하고 빠른 안내를 받을 수 있어 만족도가 높아진다.

지능형 RPA란 이후 이야기할 AI 에이전트의 초기 모델이라고 생각해도 좋다. 기업 입장에서는 아주 스마트하고 부지런하게 일을 대신해주는 효과를 얻을 수 있다.

정리해보자. RAG 도입과 RPA에 생성형 AI가 결합된 지능형 RPA는 기업의 AI 활용 범위를 넓힌다. 초기 단계의 생성형 AI가 문서의 작성·요약·번역을 도와 개인 업무 효율을 높이는 데 중점을 두었다면, 이제는 사내의 방대한 문서 DB와 연결되어 AI가 검색·요약하고 의사결정 자료를 스스로 만들어 내는 수준으로 한 단계 도약한다. 이는 조직 차원에서 실질적인 업무 프로세스 혁신을 가져온다. 영업 계획, 재

고 관리, 프로젝트 보고 등 거의 모든 분야가 AI가 생성한 분석 결과를 토대로 빠르게 움직일 수 있게 된다.

물론 이 시점에서 고려해야 할 이슈 역시 많다. 데이터 품질을 어떻게 보장할지, 중복·편향된 문서를 어떻게 정리할지, 보안·접근 권한은 어떻게 설계할지 등이다. 또한 기업의 기존 레거시 시스템과의 연동을 위한 준비 또한 필수적이다. RAG가 아무리 뛰어난 개념이라 해도, 현실적인 준비가 부족하면 효과는 반감된다.

그럼에도 많은 기업이 이 단계를 시도하는 이유는 명확하다. RAG와 지능형 RPA는 조직 전반의 데이터와 디지털 역량을 한데 모아, AI가 실질적으로 가치를 창출하게 만드는 지름길이기 때문이다. 예전 같으면 회의하기 전에 서로 문서와 보고서를 찾아 헤매거나, 매출 예측값이 맞는지 등을 수작업으로 크로스 체크하던 일을 이제는 AI가 상당 부분 자동으로 처리해 준다. 그 결과 의사결정 속도가 빨라지고 더 고차원적인 업무(전략 기획, 창의적 아이디어 등)에 집중할 수 있게 된다.

기업은 본격적으로 AI와 함께 일하는 맛을 느낄 수 있다. 임원이나 실무자가 AI에게 "이번 분기 예상되는 리스크와 대응책이 뭐야? 과거 유사 사례를 참고해 요약해 줘"라고 명령하면, AI는 5분 만에 1~2장짜리 개요를 써 주는 풍경이 일상이 된다. 담당자는 AI가 보여 주는 결론이 정말 맞는지 검증만 하면 된다.

기술과 도메인 전문성의 정교한 결합은 한층 더 높은 단계—AI 에이전트를 통한 자율 업무 실행으로 이어지는 최종 단계—에 도전할 토대를 마련한다.

3단계(중기) – 머신러닝·딥러닝 AI와 생성형 AI의 결합

생성형 AI는 텍스트의 생성 및 문서의 요약번역 등의 업무를 효과적으로 처리하지만, 기업의 핵심 비즈니스 성과인 정확한 수치 예측이나 의사결정 지원에 있어서는 한계가 있다. 이러한 아쉬움을 해소하기 위해 기업은 이미 구축된 머신러닝·딥러닝 기반의 전통적 AI 모델을 만들고, 생성형 AI를 결합하는 다음 단계를 고려할 필요가 있다.

이 단계에서의 생성형 AI는 텍스트 기반 작업을 넘어 머신러닝 모델이 제공하는 정밀한 예측 데이터를 자연스러운 언어로 명확하게 풀어내는 역할을 수행함으로써 경영진의 보다 신속하고 정확한 의사결정을 지원한다.

이제 생성형 AI는 단순히 보고서를 작성하거나 정보를 요약하는 수준을 넘어, 기업이 이미 축적해 온 빅데이터와 머신러닝 기반의 인사이트를 자연어 형태로 변환하여 명확한 맥락과 배경을 제공한다. 과거에는 데이터 전문가들만이 이해할 수 있었던 복잡한 모델 결과를 비전문가도 이해 가능한 수준으로 전달됨으로써 데이터 활용의 저변이 크게 확대된다.

물론 이러한 통합 과정에서 기업이 직면할 수 있는 도전 과제와 준비해야 하는 사항도 분명 존재한다. AI 모델 간의 인터페이스 구축, 데이터 품질 관리, 내부 직원의 AI 활용 역량 강화 등 다양한 분야에서의 전략적인 접근이 필요하다.

이번 장에서는 머신러닝·딥러닝 AI와 생성형 AI의 통합이 가져오는 비즈니스적 이점을 구체적인 사례를 들어 설명하고, 이를 성공적으로 구현하기 위한 실질적인 방안과 주의해야 할 주요 사항들을 깊이 있게 살펴보고자 한다.

1) AI 모델간의 결합이 중요한 이유

머신러닝·딥러닝 AI와 생성형 AI의 차이

앞서 RAG나 RPA와 생성형 AI가 결합해서 여러 과제를 수행하는 지능형 RPA에 대해 살펴보았다. 이 과정으로 기업은 점점 더 AI 활용에 대한 가속도와 전체적인 AI 리터러시 상승을 경험했다. 그러나 경영진의 관점에서는 여전히 뭔가 아쉽다. 비즈니스 임팩트를 크게 만들지 못함에서 나오는 의견이다. 그리고 생성형 AI의 과제를 통해 구성원의 생산성이 높아졌지만, 이를 경영진이 체감하지 못했다면, 이제는 매출을 향상하거나 실질적인 비용을 절감할 수 있는 머신러닝·딥러닝 기술을 이용한 AI 모델로의 확장을 고려해야 한다.

빅데이터나 머신러닝 열풍이 일었던 2010년대 후반부터 기업은 수요 예측, 매출 예측, 고객 세분화, 재고 관리, 생산 수율 향상, 리스크 판단 등 실질적 성과를 만들어냈다. 만약 이 책을 읽고 있는 분들이 회사에서 DX 과정을 거치면서 머신러닝·딥러닝 기술을 활용한 AI 모델(혹자는 분석형 AI, 검색형 AI라고도 한다)을 만들고 운영하고 있다면, 지금부터 소개하는 내용도 이어서 고려해보면 좋겠다. 그런데 그렇지 않았다면, 이번 단계에서 그 중요성을 공감하고 생성형 AI 기반의 모델에 이어서 개발하길 권장한다. 물론 기술 자체가 완전히 다르기 때문에 준비해야 하는 과정이 다르지만 큰 범주의 AI라는 시각에서 볼 때 분명 도입해야 하는 영역이다.

잠시 생성형 AI와 머신러닝·딥러닝을 활용한 AI(분석형 AI라고 부르자)

를 비교해보자. 둘은 완전히 다른 AI 기술이다. 생성형은 무언가를 잘 생성해주는(글, 이미지, 영상, 프로그램 코드) AI이고, 분석형 AI는 분류·예측 등을 잘하는 AI다. 만약 회사가 분석형 AI를 거치지 않고 바로 생성형 AI를 도입한 경우라면, RAG와 자능형 RPA만으로도 업무 효율은 높일 수 있다. 하지만 분석형 AI 기술을 활용해서 매출을 높일 수 있는 생산 수율 점검, 시장 수요를 예측한 영업 활동, 비용을 줄이는 데 필요한 불량 제품의 검출, 원자재 수급의 예측 같은 것으로는 쓸 수가 없다. 즉 CEO 입장에서는 메리트가 없다. 그래서 이 부분을 보완하기 위해서는 반드시 생성형 AI 홀로 존재할 것이 아니라 분석형 AI 모델과의 결합이 꼭 필요하다. 반대로 이미 분석형 AI가 구축되어 있다면, 이를 생성형 AI와 결합하는 단계로 넘어가면 된다. 그리고 분석형 AI 모델은 글을 생성하는 생성형 AI가 아니기 때문에 별도의 대시보드나 GUI를 가진 화면을 통해서만 접근할 수 있다. 즉 담당자가 별도의 보고서를 작성하려면, 이를 긁어와서 다시 생성형 AI에 붙여야만 한다. 하지만 이 둘이 결합하게 되면 자동으로 분석과 예측 이후 보고서 생성까지 한 번에 자동으로 진행할 수 있다.

머신러닝·딥러닝 AI와 생성형 AI의 결합 사례

예를 들어 보자. 먼저 사내 챗봇에게 "다음 달 우리 회사의 5대 주요 제품 판매량 예측치를 알려 주고, 그 이유를 상세히 설명해 줘"라고 요구한다. 챗봇은 내부 AI 모델(머신러닝·딥러닝을 활용한 판매 예측 AI 모델 = 분석형 AI 모델)에 해당 질의를 전달한다. 그러면 모델이 "제품 A: 5,000

개, 제품 B: 3,000개, …" 등의 예측 결과를 반환한다. AI는 이 숫자를 RAG를 이용해 사내의 축적된 문서(작년 매출 보고서, 마케팅 계획서)와 결합해 "전년 동기 대비 20% 증가 예정이며, 주 원인은 ○○○ 마케팅 활발" 등의 서술을 생성한다. 최종적으로 사용자에게 한두 페이지 분량의 요약 리포트를 보여 주고 참조 문서나 근거 데이터 링크도 함께 제시한다.

정리하면, 이미 분석형 AI 모델이 잘 구축되어 있다면, 불필요하게 "대시 보드 → 결과 CSV 추출 → 보고서 작성" 단계를 거치지 않고, AI가 결과를 곧바로 받아 글로 풀어주면 된다는 것이다. 그러면 담당자는 세부 사항 정도만 검수 수정한 뒤 의사결정에 활용하기만 하면 된다.

예를 하나만 더 들어보자. 한 유통 기업이 "다음 달 재고 수준을 예측하고 부족할 것 같은 품목에는 발주 제안을 해 달라"라고 AI에게 명령했다. AI는 재고 예측 모델을 돌리고 사내 ERP 재고 DB에서 현재 재고 수량을 가져온다. 그리고 "예측 결과 A상품이 부족할 것으로 보이니 200개를 추가 발주하는 것이 적절하며, 이는 최근 프로모션 효과로 판매가 증가했다는 점과 과거 유사 행사 기간을 고려한 수치다"라는 식으로 보고서를 작성한다. 담당자는 AI가 건넨 보고서를 검수한 뒤 별문제 없다고 판단하면 발주를 결정한다.

이처럼 분석형 AI와 생성형 AI가 결합되면, 기존에 분리되어 있던 데이터 기반 숫자 예측과 보고서 작성을 단일 프로세스로 묶을 수 있다. 결정에 필요한 시간을 단축하고 보고서 품질도 높일 수 있다. 생성형 AI

는 과거 유사 사례나 정책 조항 등을 인용해 왜 이런 예측치가 나왔는지를 훨씬 풍부하게 설명해 줄 수 있다. 이전까지는 데이터 사이언티스트나 현업 담당자가 수기로 작성하던 일이 자동화된다는 뜻이다.

2) 비즈니스 임팩트

효율과 정확도의 동시 개선

이러한 과정에서 기업이 얻을 수 있는 비즈니스 임팩트는 크게 두 가지다.

첫 번째는 업무 효율이다. 실제로 현업 담당자나 매니저는 매주 예측치를 확인하고 요약해 임원에게 보고하거나 동료와 공유하는 데 상당한 시간을 쏟는다. 이를 AI가 대신해 준다면, 결과 검수와 의사결정에만 집중할 수 있으니 업무 생산성이 크게 올라간다.

두 번째는 결정의 정확도이다. 머신러닝·딥러닝 모델 자체의 예측 정확도는 변함이 없다고 해도, AI가 의사결정자에게 맥락 있는 설명을 추가로 제공한다면 의사결정이 보다 정확해진다. "어느 지역 매장의 매출 예측이 30% 이상 증가할 것으로 보이는데, 이는 인근 도로 공사가 끝나며 유동 인구가 늘어날 것이다"라는 세부 설명이 있다면, 담당자는 "맞아, 도로 공사가 끝난 시점이 이미 지난주였지"라는 사실을 재확인하며 의사결정을 보다 빠르게 할 수 있다. 반면 단순히 매출 예측 30% 증가 수치만 있다면, 담당자는 그 이유를 찾느라 다시 모델링 담당자에게 연락을 해야 할지도 모른다.

물론 AI가 모든 정답을 보장하지는 않는다. 예측 모델 결과가 편향되었거나 AI가 잘못된 근거를 인용할 가능성은 언제든 있다. 그러나 적어도 생성형 AI와 예측 모델 통합이 만들어 낸 인사이트 보고서는 단순 숫자 나열보다는 이해가 쉽고 검증과 확신을 주기 좋은 자료다. 많은 기업이 이 단계에서 본격적으로 AI가 우리 의사결정 파이프라인에 깊숙이 들어오는구나, 라고 실감한다.

그리고 이렇게 "머신러닝·딥러닝 AI + 생성형 AI"가 결합하면, 모델 자체가 잘못된 예측을 하더라도 문제를 빨리 파악할 수 있다. AI가 최근 데이터를 보면 판매 추이가 급등한다고 말했는데, 담당자가 "그 데이터는 옛날 값 아닌가?"라고 반박한다면, 금방 어디서 오류가 났는지 추적할 수 있다. 모델에만 의존할 때보다 생성형 AI가 사람이 이해할 수 있는 언어로 중간 과정과 주변의 근거를 설명한다면 오류 수정에 훨씬 도움이 된다.

정리해보자. 중기 단계의 핵심은 생성형 AI와 머신러닝·딥러닝 AI의 통합이다. 기존의 생성형 AI가 사내 문서 활용과 업무 자동화 중심이었다면, 이제는 기존의 정교한 수치 예측 모델과 결합하여 실질적인 비즈니스 성과로 이어지는 명확한 예측과 인사이트 제공이 가능해진다.

비즈니스 임팩트 관점에서 생성형 AI가 롱테일에 가까운 효과를 가져온다면 머신러닝·딥러닝 AI는 매출 향상과 비용 절감이라는 경영 관점에서 무엇보다 중요한 효과를 만들어낼 가능성이 높다. 이에 아직 머신러닝·딥러닝 AI 모델을 확보하지 않은 기업이라도 충분한 AI 활용의 공감대가 형성된다면, 관련 개발은 어쩌면 자연스럽게 진행될 것이다. 그리고 이후 두 모델의 결합을 통해 기업은 예측 결과를 빠르게 이해하고, 신속한 대응과 정확한 의사결정을 수행할 수 있다.

다만, 이 과정에서 반드시 고려해야 할 중요한 요소는 있다. 중복되는 얘기일 수 있지만 데이터 품질 관리와 거버넌스의 구축이다. 정확하지 않거나 편향된 데이터가 AI 모델에 제공되면 잘못된 인사이트가 도출될 위험이 있기 때문에 데이터의 최신성과 정확성을 지속적으로 관리하고 모니터링해야 한다. 또한 AI 모델 운영(MLOps)과 인공지능 운영(AIOps) 체계의 중요성을 인지하고 체계적으로 구축할 필요성을 확인해야 한다. 이를 통해 AI 모델이 제공하는 결과의 일관성과 신뢰성을 확보할 수 있다. 이에 대해서는 이후 자세히 알아보도록 하겠다.

결론적으로, 둘의(생성형 AI와 머신러닝·딥러닝 기반의 AI) 결합으로 조직 전반에 걸쳐 AI의 역할은 단순 업무 보조를 넘어 전략적 의사결정과 비즈니스 혁신의 중심으로 자리매김한다. 기업은 시장의 변화에 민첩하게 대응하고, 경쟁력을 지속적으로 확보할 수 있는 강력한 기반을 얻는다. 이 단계에서의 철저한 준비와 전략적 접근은 장기적인 AI 전략 성공의 필수적인 요소가 된다. 그리고 이 모든 준비가 바로 다음 단계인 AI 에이전트를 위한 기초가 된다.

4단계(후기) – AI 에이전트

다시 한번 요약해보자. 기업이 초기에는 생성형 AI로 간단한 문서 작성과 요약을 시도하고, 중기에는 RAG와 지능형 RPA 그리고 전통적인 머신러닝·딥러닝 모델에 생성형 AI의 결합까지, 폭넓게 조직의 데이터를 활용한다. 이 과정을 거치면서 기업은 "AI가 상당히 많은 일을 해 줄 수 있구나"라는 확신을 얻게 된다. 문제는 그다음이다. 이제는 AI가 인간이 묻는 말에 대답만 하는 조력자로 머무르는 것이 아니라, 자율적으로 일을 기획하고 수행하는 AI 에이전트(AI Agent) 형태로 발전한다.

AI 에이전트란 인간의 지시나 요구에 매번 의존하기보다 AI가 스스로 목표를 설정하거나 사용자가 던진 목표를 인식한 뒤 여러 서브 태스크를 분해해 직접 실행하는 개념이다. 과거에는 AI가 실행까지 한다는 말이 SF영화 속 이야기처럼 들렸지만, 생성형 AI와 RPA 그리고 다양한 내부 시스템(ERP, CRM, 클라우드 등)이 서로 연동되기 시작하면서, 실제로 무인(無人) 상태에서 의사결정과 작업을 수행하는 시나리오가 가능해졌다. 물론 완벽히 모든 것을 맡길 수는 없겠지만, 일정 범위 안에서는 AI가 시나리오를 작성, 실행, 보완하는 자율성을 확보할 수 있다.

이 장에서는 바로 이러한 AI 활용의 최종 단계로 불릴 만한 AI 에이전트를 조망한다. 먼저 AI 에이전트(AI Agent)란 무엇인지, 어떤 구성 요소로 이루어지는지, "목표 지시 → 서브 태스크 분해 → 실행"이라는 과정이 실제 기업 업무와 어떻게 결합할 수 있는지 살펴본다. 그리고 이런 완전 자율형 AI가 열어 줄 새로운 기회와 한계 그리고 장기적으로 자율 경영까지 언급되는 미래상에 대해서도 짚어 본다.

1) AI 에이전트 개념

LLM + 도구 연동 + 자율 작업

AI 에이전트(AI Agent)라는 말을 들으면 많은 사람이 독자적으로 사고해서 움직이는 로봇을 떠올린다. 그러나 기업의 업무 환경에서 에이전트라 함은 거대 언어 모델(LLM)이 다양한 도구나 시스템과 연동해 사람의 지시 없이도 목표를 이해하고 작업을 실행하는 AI 모델을 가리킨다. 단순히 사람이 명령하면 답변을 뱉는 수준을 넘어 AI 스스로 어떤 태스크가 필요한지 판단해서 실행하고 필요한 API나 내부 시스템을 호출해 결과를 모니터링하고 실패할 경우 재시도를 한다.

이런 개념은 이미 전통적인 RPA나 BPM(비즈니스 프로세스 관리) 솔루션에도 부분적으로 구현되어 있었다. 그러나 엄격히 정해진 시나리오 안에서만 작동했다. 여기에서 좀 더 나아간 지능형 RPA는 생성형 AI와 결합해서 문제 발생 시 어느 정도 자율적 판단으로 문제를 풀었다. 그러나 완전하게 스스로 자율적으로 실행하고 판단하는 수준에는 미치지 못했다. 그러나 AI 에이전트는 RPA 등과는 달리 언어 모델 기반으로 현 상황을 이해하고 필요한 작업을 추론해 서브 태스크를 구성하며 실패 시 대안을 모색할 수 있다. 흡사 사람 직원처럼 행동하는 AI 팀원 같다.

마케팅 부서에서 "11월 안에 새로운 마케팅 캠페인을 진행해 예산 대비 20% 이상의 ROAS(Return On Ad Spend)를 달성하라"라는 목표를 AI 에이전트에게 부여한다고 해보자. AI 에이전트는 이 목표를 해석해 서브 태스크를 스스로 만든다. 우선 SNS 채널을 점검해 기존 팔로워층을 분석한 다음, 경쟁사의 비슷한 캠페인 사례를 찾아 인사이트를 얻는다. 그리고 광고 문구 초안을 생성해 담당자에게 피드백을 요청한다. 마지막으로 사내 문서나 규정을 참고해 실제 광고 집행 일정과 예산 분배 계획을 세운 뒤 실행한다. 그런 다음 광고 성과를 모니터링해 목표 달성도가 저조하면 항목별로 조정안을 제시하거나 자율적으로 예산 배분을 시도한다.

즉 AI 에이전트가 "오늘 날짜가 10월 31일이므로 마케팅 팀에 미리 알람을 보낼 필요가 있다"라고 판단하고, 사내 메신저 API를 호출해 "내일이 캠페인 마감일입니다. 확인해 주세요."라는 메시지를 보내거나, 혹은 "광고 성과가 좋지 않으니 키워드 세팅을 바꿔야 한다"며 광고 플랫폼 API를 조정해 키워드 입찰 단가를 바꾸는 작업까지도 직접 수행한다. 이 모든 과정에서 사람이 매번 일일이 명령하지 않아도 에이전트가 자율적으로 태스크를 실행한다는 점이 혁신의 핵심이다.

AI 에이전트는 사람처럼 상황을 분석하고 실행 경로를 설계할 수 있다. 이때 LLM에 결합되는 도구 연동은 API, RPA, 클라우드 서비스, 데이터베이스 접근 등 다양한 형태로 구현 가능하다.

목표 지시 → 서브 태스크 분해 → 실행

AI 에이전트의 내부 작동 과정을 한눈에 표현하면 대략 다음과 같은 흐름이다.

- 사람이 목표(Goal)를 제시한다. 예: 한 달 내에 신규 파트너십 3건 이상 체결
- AI 에이전트가 이 목표를 언어 모델로 해석해, 서브 태스크(중간 단계 작업들)를 스스로 나눈다. 예: ①잠재 파트너 목록 조사 ②연락·미팅 일정 조율 ③조건 협상 ④내부 승인 ⑤계약서 발행 등
- AI 에이전트는 각 서브 태스크를 어떤 순서와 방식으로 수행할지 설계한다. 필요한 API나 시스템 접근 권한이 있다면 그 정보를 확인한다.
- AI 에이전트가 실제로 실행을 진행한다. 예: 검색 API를 통해 후보 리스트를 뽑고, 이메일/메신저 API를 통해 미팅을 잡고, 협상 조건을 문서화 한다.
- 실행 중 예상치 못한 문제(예: 상대 회사가 협상을 거부, 내부 결재 실패)가 생기면, 언어 모델의 추론으로 대안을 모색한다. 예: 다른 후보 2곳을 추가로 찾아보자 등
- 최종적으로 목표를 달성했을 때(파트너십 계약 성공) 보고서를 자동으로 작성해 담당 임원에게 제출하거나 목표 달성 여부가 미달이면 미달 원인을 분석해 추가 태스크를 스스로 만든다.

이러한 일련의 과정에서 AI가 단독으로 움직인다면 위험하지 않겠느냐는 의문이 나올 수 있다. 그래서 보통은 승인 절차(권한 임계점)를 둔다. "협상 조건이 비용 기준 1천만 원 이하인 경우 에이전트가 자율로 결정 가능, 초과 시 담당자 승인"처럼 세부적 제한을 하는 식이다.

이런 메커니즘을 잘 설계하면 중복된 사람의 개입 없이도 상당 부분 프로세스가 자동화되며 원치 않는 수준의 권한 남용은 막을 수 있다.

2) 업무 혁신 시나리오

마케팅 캠페인 자동 실행

AI 에이전트가 기업 내에서 마케팅 캠페인 전 과정에 걸쳐 책임지는 시나리오를 좀 더 자세히 살펴보자. 과거에는 마케터가 시장 조사, 광고 크리에이티브 제작, SNS 게시, 광고비 모니터링, 성과 분석 등을 단계별로 진행하거나 부분적으로 RPA와 협업했다. 그러나 AI 에이전트라면 다음과 같은 흐름으로 진행한다.

- 임원이 "신제품 A를 2천 개 이상 판매할 이번 달 마케팅 캠페인을 해 달라. 예산은 500만 원 이내"라는 목표를 AI 에이전트에게 통보한다.
- AI 에이전트가 내부 데이터(과거 캠페인 사례, SNS 분석 자료)와 외부 API(트렌드 검색, 경쟁사 광고 정보 등)를 참고해 캠페인 전략을 구상, SNS별 예산 배분 계획, 광고 문구 초안, 이벤트 아이디어 등을 자동으로 작성한다.
- AI 에이전트가 마케터에게 "이런 아이디어로 진행해도 되겠느냐"는 승인을 요청한다. 마케터가 일부 수정하거나 OK 한다.

- 승인 후 AI 에이전트가 광고 플랫폼 API와 사내 디자인 팀 협업 툴을 호출해 광고 이미지를 제작 의뢰하고, 일정이 잡히면 자동으로 플랫폼에 업로드한다. SNS 포스팅 일정도 캘린더에 입력한다.
- 캠페인 진행 중 수치가 예상보다 저조하면, AI 에이전트가 "콘텐츠가 너무 길다"거나 "해당 시간대 노출이 부족하다"는 추론을 내놓는다. 그런 다음 시나리오를 변경해 스스로 재시도를 한다.
- 최종적으로 판매량 목표 달성 시, AI 에이전트가 자동 보고서를 작성해 담당 임원과 팀원에게 배포하고 어떤 전략이 주효했는지 분석까지 실시한다. 반대로 미달이었다면 원인 분석 및 대안을 제안하고 추가 액션을 수행한다.

이렇게 되면 사람들은 세세한 일을 처리하기보다 아이디어 검수와 승인 같은 본질적 관여만 하면 된다. 마케터나 임원은 매일 AI가 어떻게 캠페인을 전개하고 있는지 체크하고 필요 시 조정 의견을 주는 정도면 된다. 물론 예산을 넘는 지출이나 무리한 할인율 설정은 사전에 정책적으로 막아둬야 한다. 이렇게 되면 기업 전체 마케팅 프로세스가 훨씬 민첩해지고 일주일 만에 세 건의 작은 이벤트를 동시 진행하는 등의 고속 실행이 가능해진다.

보고서 생성과 제출, RPA 결합으로 완결

또 다른 시나리오로 보고서 생성과 제출 과정을 AI 에이전트가 완전히 처리하는 사례를 생각해보자. 영업 사원들이 매주 작성하는 영업 리포트를 상상해 보자. 중기 단계에서는 생성형 AI가 초안을 작성하고 사원이 검수 후 팀장에게 이메일로 보고했다. 그러나 후기 단계인 AI 에이전트 시대에는 영업 목표나 데이터를 미리 받아 둔 AI가 자동으로 보고서를 쓴다. 그리고 팀장 승인 없이 단독으로 제출해야 하는 문서라면 RPA나 API를 통해 그 문서를 회사 그룹웨어에 업로드하고 전산 결재까지 해치울 수 있다.

기업 내부에 이미 RPA로 구축된 문서 결재 프로세스가 있다고 치자. AI 에이전트는 문서 작성이 끝나면 RPA를 호출해 보고서 양식을 첨부하고, 결재 라인을 기재하고, 의견란에 '이번 주 영업 결과 요약'이라는 코멘트를 넣는 식으로 시스템에 업로드한다. 필요한 경우에는 슬랙(Slack)·팀즈(Teams)·이메일 등으로 담당자에게 알림도 보낸다. 알림을 받은 담당자는 "AI가 초안 보고서를 제출했군, 내용을 확인해야지"라며 들어가 수정하거나 승인한다.

이렇게 되면 실제 보고서 초안을 쓰는 과정에서부터 시스템상의 제출까지 인간의 개입이 최소화된다. 더 나아가 팀장이 승인하는 보고서가 아니라면(가령 단순 정기 보고라면), AI가 승인 프로세스까지도 자율로 처리하여 결과만 알려 주는 구조도 가능하다. 매주 여러 팀원이 문서를 작성·제출하던 업무가 한두 번의 승인 클릭으로 완결된다. 업무 프로세스가 대대적으로 바뀌는 셈이다.

AI 에이전트가 기존 RPA와 결합되면 AI가 실제 시스템 조작까지 한다는 점에서 끝까지 자동화가 실현된다. 사람은 중요한 보고서만 들여다보거나, AI가 내놓은 성과 지표를 확인하며 더 높은 전략적 판단에만 집중해도 된다. 물론 잘못된 문서를 무단 제출하면 큰 문제가 될 수 있으니, 어떤 문서는 AI가 전권을 갖고, 어떤 문서는 인간 승인을 거쳐야 한다는 식의 권한 체계가 사전에 정비되어야 한다. 물론 기존 RPA가 이미 동작하는 경우에만 이런 방식을 따르면 된다. 그런 게 없다면 AI 에이전트를 개발하면서 이런 과정 또한 AI 에이전트의 독립된 태스크로 구현할 수 있다.

3) 위험과 관리 방법

잘못된 의사결정, 권한 남용 방지

AI 에이전트 시대가 열리면 조직은 폭발적인 생산성 향상을 누릴 수 있는 동시에 전례 없는 새로운 위험에도 빠질 수 있다.

우려되는 첫 번째 위험은 잘못된 의사결정이다. 예컨대 AI 에이전트가 고객사와 협상하면서 가격을 너무 낮춰 버려 회사 수익을 깎아먹을 수 있다. 그리고 재고 발주를 과도하게 진행해 비용 낭비를 초래할 수도 있다. 또 인사 평가나 인력 배치에서 편향된 AI 판단이 자율적으로 진행되면 내부 갈등이 커질 위험도 있다. 이러한 위험을 관리하려면 다음과 같은 조치가 필수다.

- **권한 임계값:** AI가 단독으로 결정할 수 있는 한도를 금액이나 중요도 그리고 규정 준수 측면에서 엄격히 설정한다. 이를 초과하면 반

드시 담당자(사람)의 결재·승인을 받도록 설계한다.

- **실시간 모니터링:** 에이전트가 내리는 의사결정 로그를 모두 기록하고 이상 징후(너무 과감한 할인율, 부적절한 시간대 발주 등)가 나타나면 알람을 보내 담당자의 개입을 유도한다.
- **Fail-Safe 시나리오:** 에이전트가 특정 단계 이상으로 잘못된 결과를 생성하거나 오류를 일으키면, 자동으로 프로세스를 중단하고 담당자에게 긴급 알림을 보낸다.

그리고 AI가 내린 결정을 신뢰하기 위해서라도 초기에 의도적으로 의사결정 모니터링을 강화해 AI의 실수가 없는지 주기적으로 검증·점검한다.

AI 매니저 직무와 승인 절차

우려되는 두 번째 위험은 AI 에이전트 시대에 조직 구조가 어떻게 바뀔까, 하는 점이다. "AI 매니저(사람)"라는 역할을 생각해보자. AI 매니저는 말 그대로 AI 에이전트가 수행하는 업무를 관리·감독하고 필요한 리소스나 권한을 부여하거나 이상 상황이 생기면 중재하는 직무다. 예컨대 AI가 자율적으로 마케팅 캠페인을 돌릴 때, AI 매니저는 성과 지표를 점검하고 AI가 실행한 광고 문구가 브랜드 가이드라인을 위배하지 않았는지 등을 확인한다.

사람의 일이 줄어드는 것이 아니라 늘어나는 것 아니냐며 반문할 수도 있지만, 실제로는 기존에 마케터들이 세세하게 하던 작업을 AI

가 대신하는 상황에서 AI 매니저는 훨씬 더 전략적 확인에 집중하고 중대한 결정만 승인하면 된다. 그렇게 되면 기존의 10명이 해야 할 일을 AI 에이전트가 단독으로 소화하고, 10명 중 일부는 AI 매니저나 다른 전략 직무로 전환할 수 있다. 사람 손이 많이 가던 반복 작업이 줄어들고 새로운 형태의 AI 통제와 창의 활용 업무가 생겨나는 것이다.

승인 절차 면에서도 특정 결정들은 AI가 1차로 최적안을 내고 사람(AI 매니저)에게 결재 요청을 올리는 식의 하이브리드 구조가 형성된다. 500만 원 이하 의사결정은 AI가 바로 실행해도 되나, 초과하면 AI 매니저나 상급 관리자 승인 후 진행한다는 식이다.

AI 매니저는 모든 직무에서 AI를 활용하거나 확대될 때 어떻게 역할을 수행해야 하는지 정의하고 협업하는 주최자 역할을 한다. AI 매니저를 AI 전문가가 아니라 업의 전문가로서 AI와 협업을 주도하는 새로운 직무로 이해하면 된다.

4) 새로운 기회

창의·전략 업무로의 집중

창의적 업무와 전략적 업무에 집중할 수 있다는 것은 조직 전체의 혁신 속도를 높일 수 있다는 의미다. 캠페인 실행에 쓰던 시간을 이제는 신규 제품 아이디어 구상이나 고객 트렌드 분석에 더 많이 쓸 수 있다. 영업 담당자도 입찰 서류 제출, 계약서 작성, CRM 업데이트 같은 행정 업무를 에이전트가 대행해 주니 고객과의 네트워크 구축이나 심도 있는 소통에 시간을 더 할애할 수 있다. 회사는 좀 더 가치 높은 활동에 인력을 투입할 수 있어 전략적 경쟁력이 강화된다.

내부적으로도 팀 간 의사소통이 빨라지고 간소화된다. AI 에이전트가 자동으로 필요한 정보를 팀원들에게 배분하고 진행 상황을 보고하면 사람이 매번 보고서를 쓰거나 메일을 돌리지 않아도 된다. 인간 대 인간 소통이 줄어드는 것에 대한 거부감을 표출하는 사람도 있을 수 있지만, 적절히 문화를 조성하면 불필요한 커뮤니케이션이 줄고 의미 있는 회의나 컨택만 남게 된다고 긍정적으로 해석할 수도 있다.

국내 금융권의 A사와 B사의 콜 센터에서 일어났던 일이다. 각각 AI 콜 센터를 도입하였고 그 결과는 상당히 만족할만한 수준이었다. 그러나 AI가 콜 센터 업무를 상당 부분 대체하면서 A사는 콜 센터 직원 중 상당수를 해고하였고, B사는 상담이 필요한 고객의 상담 시간을 늘리는 방향으로 업무를 조정했다. 결과는 어땠을까? A사는 당장의 비용 절감에는 성공하였지만, 고객 만족도 측면에서의 진전은 없었다. 대신 B사는 AI가 기본적인 업무를 수행하면서 중요 고객과의 상담 시간을 사람 직원이 길게 가져갔다. 결과적으로 이전과 대비하여 상당한 고객 만족도 상승을 이뤄냈다. 이 부분이 향후 회사 실적에 어떤 영향을 미칠지 조금 더 추적해봐야 하겠지만, AI 시대 기업이 기술을 어떻게 활용하면 좋을지 양쪽의 극단을 보여주는 사례라 할 수 있다. 개인적으로는 B사의 전략이 당분간은 유효하다고 믿는다.

자율 경영 모델의 도입

가장 극단적인 미래 시나리오는 부분적인 자율 경영이 실현될 수 있다는 주장이다. 이는 아직 이론적 수준이지만 소규모 스타트업이나 특정 부서 단위에서 AI 에이전트가 재무·영업·생산 등 주요 기능을 자율적으로 조절하고, 사람은 감시·승인에만 관여한다. 마치 한 명의 인간 경영자가 여러 팀을 지휘하듯, AI가 여러 프로세스를 실시간 오케스트레이션 해서 목표 달성을 시도하는 방식이다.

물론 회사 전부를 이런 식으로 운영하는 것은 아직은 현실성이 떨어진다. 하지만 실험적으로 시장 테스트용 프로젝트에 거의 모든 의사결정을 AI에게 맡겨 보는 시도를 해본다면, 결과가 어떻게 될지는 아무도 모른다.

신사업 아이템을 발굴·검증하는 단계에서 AI가 시장 조사부터 프로토타입 기획이나 마케팅 시뮬레이션까지 도맡고 사람은 결과만 승인한다. 그리고 성공하면 확장, 실패하면 취소하는 의사결정까지도 AI가 1차적으로 한다. 장기적으로 기업 운영의 상당 부분을 AI 에이전트가 맡고 사람은 디자인, 창의적 아이디어, 윤리·감독 역할에 집중하는 그림이 가능하다.

이런 미래가 오려면 기술적·윤리적 문제를 비롯해 수많은 장벽을 넘어야 한다. AI 에이전트가 어디까지 자율적 권한을 가져야 하며, 오류 발생 시 책임은 누가 지며, 편향된 결정이 사회 문제가 되면 기업이 어떻게 대응해야 하는지 등을 잘 세팅해두어야 한다.

정리해보자. AI 트랜스포메이션(AX)의 후기 단계인 AI 에이전트 시대는 한마디로 인간 명령 없이도 스스로 일하고, 목표를 향해 태스크를 구성해 실행하는 세상을 말한다. 아직은 AI 에이전트 기술이 소개되는 단계라 지금 당장에 닥칠 일은 아니다. 하지만 AX 중기 단계를 거치면서 기업 내 AI 모델 정확도나 도메인 전문성을 위한 데이터가 확보된다면, AI 에이전트가 자동으로 판단·행동해도 신뢰할 수 있는 수준이 된다. 그리고 ERP, RPA, 클라우드 등 DX 시절부터 구축해 온 IT 백본과 연계된다면 AI가 마음껏 호출해 업무를 처리하는 그림도 가능하다.

반대로, 아무리 AI 에이전트 기술이 발전하더라도 IT 백본부터 AI 운영 관리 환경이 조성되어 있지 않다면 AI 에이전트 시대는 요원한 일이 된다. 그렇기 때문에 우리 회사의 수준을 정확하게 진단하고 부족한 부분을 찾아 투자를 차근히 해 나가는 것이 중요하다.

AI 에이전트 시대에는 위험 관리가 더욱 중요해진다. 사람 없이 AI가 잘못된 결정이나 보안 위협을 초래하는 상황을 방지하기 위해서는 권한 제한, 승인 절차, AI 매니저 직무 같은 장치가 필수적이다. 이런 장치를 잘 설계한다면 AI 에이전트 시대는 조직에 혁신적인 효율 상승을 가져다 준다.

기업은 소규모 파일럿부터 AI 에이전트 도입을 테스트해 본 뒤, 점진적으로 범위를 넓히는 전략을 취할 수 있다. 초기에는 마케팅·영업·재무 등 특정 부서에서 프로젝트를 실험하고, 결과가 좋으면 다른 부서나 전사 규모로 확장해 나가는 식이다. 이렇게 조직 경험이 쌓여야 구성원도 AI가 알아서 하는 일을 믿게 되고, 모델 역시 계속 개선될 수 있다.

AI 에이전트 시대가 열리면 인간의 직무 자체도 크게 바뀐다. 표준화된 작업은 AI가 맡고, 사람은 혁신적 기획, 윤리적 책임, 감성·창의적 분야에 집중한다. 이를 잘 준비한 회사는 미래형 조직 문화를 빠르게 확립하며 시장 경쟁에서 앞서나가겠지만, 준비가 부족한 회사는 AI 의존 과정에서 크고 작은 혼란을 겪을 수밖에 없다.

AI 에이전트 시대는 AX의 최종 단계이자 가장 파격적인 변화를 예고하는 시점이다. DX 시절 우리가 협업툴과 모바일로 근무 환경을 바꾸며 생산성을 높였듯, AX 시대에는 AI 에이전트와 함께 자율형 조직 운영을 시도하는 기업이 등장하고 그들이 새로운 산업 표준을 만들어 갈지 모른다.

AI 에이전트 시나리오는 아직 일부 선도 기업에서만 실험되고 있지만, 기술이 급속도로 발전하는 양상을 보면 머지않아 보편화될 것으로 보인다.

5단계(고도화) – 신규 BM, 버티컬 LLM과 SML의 등장

생성형 AI를 도입해 문서 작성이나 요약을 하는 초기 단계를 지나 RAG을 통한 사내 데이터 연계, 지능형 RPA를 이용한 AI의 다양한 활용, 비즈니스 임팩트가 큰 머신러닝·딥러닝 AI 모델 구축과 생성형 AI와의 결합까지. 이 모두를 성공적으로 추진하고, 마지막으로 AI 에이전트까지 완성했다면 우리 회사의 업무 프로세스 효율은 극대화되었다고 평가해도 틀리지 않을 것이다.

이제 이어지는 고민은 "AI로 더 큰 혁신을 이룰 수 있지 않을까?"하는 것이다. 지금까지 우리 회사에 적용한 AI를 하나의 비즈니스 모델로 만들어서 동종 업계의 다른 회사에 판매해보면 어떨까, 하는 생각이 바로 그것이다.

이 지점에서 버티컬 LLM(도메인 특화 대규모 언어 모델)과 SLM(Small Language Model; 특정 목적의 소규모 언어 모델)이라는 개념이 등장한다. 이미 중기와 후기 단계를 거치면서 사내 지식과 AI의 결합을 이뤄냈지만, 대체로 범용 AI 모델에 사내 데이터를 얹는 형태였다. 하지만 고도화 단계에서는 AI 모델 자체가 특정 산업·도메인 전문성에 특화되어 한층 더 높은 정확성과 안전성을 확보한다. 이와 더불어 내부에 축적된 AI 역량을 새로운 BM(Business Model)으로 확장해 외부 시장에 내놓는 전략도 모색한다.

이 장에서는 바로 이러한 고도화 단계가 어떤 모습을 띠는지, 구체적으로 버티컬 LLM과 SLM이 기업에 어떤 이점을 주고, 어떠한 비즈니스 모델로의 전환이 가능한지, 조직 운영 측면에서 어떻게 준비해야 하는지 살펴보고자 한다.

1) BM 전환

내부 모델 플랫폼화 → 외부 B2B SaaS

DX 시절에도 대기업 IT 부서나 CDO(Chief Digital Officer) 조직이 성과를 낸 뒤, 이를 별도 자회사로 분사하거나 IT 서비스로 상품화하는 경우가 있었다. 예컨대 원자재 가격 예측 모델을 만들어 내부에서 성과를 내던 기업이 해당 솔루션 개발과 운영을 상품화해 다른 회사에 판매하거나 컨설팅을 하는 식이다. 그런데 AI 트랜스포메이션(AX) 시대에는 이런 현상이 더 강해질 가능성이 높다. 특히 도메인 데이터를 확보한 회사라면 "우리 AI 모델을 다른 회사의 라이선스나 구독 형태로 제공해 주면 어떨까?"하는 아이디어가 자연스럽게 떠오른다.

A사는 제조 분야의 AI 모델을 만들었다. 이 모델은 반도체나 자동차 부품 생산 공정에 특화되어 품질 불량 예측과 공정 최적화에 탁월한 성능을 낸다. 직접 공장을 운영하며 축적한 노하우와 데이터를 활용해 만든 것이니 외부의 개발 전문 회사들은 이런 전문적인 모델을 쉽게 갖추기가 어렵다. 그래서 A사는 "AI 공정 자문 서비스" 형태로 B2B SaaS(Software as a Service; 클라우드 기반의 소프트웨어 서비스 제공 모델)를 마련해, 동종 업계 중소기업이나 해외 파트너에게 월 구독료를 받고 제공하기로 했다.

즉 사용자(B사)가 해당 SaaS 서비스를 도입하게 되면 "지금 라인의 온도를 2도 올리면 어떤 문제가 생길까?"를 웹이나 API를 통해 질문하고, AI 모델은 축적된 노하우를 바탕으로 답변을 즉각적으로 해

줄 수 있다. 이때 AI 모델이 출력하는 답은 A사와 자사(B사)의 데이터를 바탕으로 한다. 그런데 결과 값이 회사와 맞지 않다면 미세 조정하는 파인 튜닝을 거쳐야 한다. 그리고 도입하고자 하는 솔루션이 A사뿐만 아니라 업계 여러 다른 기업의 데이터까지 포함한다면 정확도는 더 높아질 수밖에 없다.

A사 입장에서는 내부 효율을 높이는 수단이었던 AI 역량이 새로운 매출원으로 전환되는 순간이다. 과거에는 회사 기밀이기 때문에 절대 공개하지 않던 생산 노하우를 일정 부분만 추상화해 AI 서비스로 판매할 수 있는 구조가 형성된 것이다. 이렇게 되면 회사의 전체 비즈니스 모델이 기존 사업인 제품 판매와 AI 서비스 이런 식으로 이원화가 될 수 있다. 일종의 IT 기업이 되는 것과 마찬가지다. 전통적인 하드웨어 제조사 입장에서는 소프트웨어 구독료라는 수익이 발생하는 만큼 안정적인 수익 구조를 확보할 수 있다.

이와 비슷한 사례는 농업, 유통, 물류 등지에서도 벌어질 수 있다. 대규모 물류 업체가 배송 루트 최적화 AI를 사내에서 돌려 운영하던 것을 외부 소규모 물류사에게도 솔루션 형태로 제공해 Logistics AI Platform을 구축하는 식이다. 그렇게 되면 자사 내부에서만 쓰던 AI 역량이 플랫폼 비즈니스로 전환되어, 데이터나 AI 매개 역할을 통해 생태계를 키울 수 있다. BM 전환의 대표적인 시나리오다.

사내 AI 역량을 상품화하는 전략

사내에서 다양한 AI 모델을 안정적으로 운영하다 보면 "이거 다른 회사들도 필요로 할 텐데?"라는 생각이 들 때가 있다. 물론 내부 AI가 전적으로 자사 기밀에 맞춰 설계됐다면 그대로 상품화하기는 어렵다. 하지만 어느 정도 추상화·범용화 과정을 거치게 되면 타사도 유용하게 쓸 수 있다.

금융기관이 "프라이빗 클라우드 기반 금융 LLM"을 만들어 놓았는데, 다른 중소형 금융사들은 이런 역량을 만들 여력이 없다면, "금융 LLM 기반 상담·리스크 분석 솔루션"을 곧바로 B2B 상품으로 내놓을 수 있다.

이처럼 사내 AI 역량을 갖고서 상품화 전략을 실행하려면, 다음과 같은 요소가 고려되어야 한다.

- **데이터 비식별화·추상화:** 사내 기밀이나 특정 고객 정보를 포함해 학습한 AI 모델이라면, 그대로 외부에 제공하기 어렵다. 데이터를 비식별화하거나 업계 평균치나 공공 데이터로 대체하는 식의 추상화 작업을 거쳐야 한다.
- **API·SaaS 인프라:** 외부 고객이 쓰려면 모델을 온프레미스(On-premise; 기업이 자체적으로 서버를 보유하고 설치 운영하는 방식)로 설치하거나 클라우드 기반 SaaS 형태로 이용할 수 있도록 기술적 인터페이스가 필요하다. 사용 편의성과 보안 안정성을 모두 고려해야 한다.
- **가격·계약 모델:** AI 사용량에 따라 종량제로 과금할지, 월 정액으로 할지 혹은 설치형 라이선스로 판매할지도 결정해야 한다. B2B 고객 대상이라면 커스터마이징 수요도 많을 것이다.

- **지원·컨설팅 체계:** AI 모델만 던져준다고 해서 고객사가 곧장 활용할 수 있는 것은 아니다. 세팅, 튜닝, 사후 유지보수 등을 지원하는 컨설팅 조직이 필요하다. 이 부분은 또 다른 수익원이 될 수 있다.

이러한 준비 과정을 거치게 되면 기업은 자사의 AI 서비스를 상품화할 수 있다. 이는 단순 AI 스타트업이 제공하는 범용 솔루션과는 구분되며, 해당 산업에 특화된 전문성이 차별화의 포인트가 된다. 실제로 글로벌 사례를 보면, 대형 전자상거래사가 내부 추천 시스템과 물류 최적화 모델을 외부에 솔루션 형태로 개방해 수익을 창출하거나, 빅테크 기업이 자사 검색·광고 알고리듬 일부를 파트너사에게 유료로 제공하는 시나리오가 꾸준히 시도되고 있다. AI 시대에는 이러한 흐름이 한층 더 강화될 전망이다.

2) 버티컬 LLM과 SLM

버티컬 LLM의 강점

초중기 단계에서 기업들이 주로 활용하던 생성형 AI의 모델은 대개 범용 언어 모델이었다. 전 세계 방대한 데이터를 학습해 일반적인 지식을 폭넓게 익힌 ChatGPT 같은 모델이 사내 데이터(RAG)와 연결되는 형태가 중기 단계의 특징이었다. 이 경우 기업 입장에서는 빠르고 편하게 도입할 수 있다는 장점이 있지만 특정 산업 분야의 전문성을

100% 반영하기는 어렵다. 그러나 지금까지의 경험을 새로운 BM의 하나로 외부 판매를 고려한다면 이를 특화된 LLM으로 구현하는 것이 가능하다. 이를 보통 "버티컬 LLM"이라고 부른다.

버티컬 LLM은 특정 산업(예: 의료, 금융, 제조, 유통, 건설 등)에 맞춰 모델 자체를 최적화하는 방식이다. 기업은 고품질의 도메인 데이터를 수집하고 모델 파라미터를 도메인에 맞게 파인 튜닝하거나 처음부터 해당 영역 데이터로 사전 학습을 하기도 한다. 이 과정에서 규제나 표준, 전문 용어, 관행 등이 모델 내부에 깊이 새겨진다. 결과적으로 버티컬 LLM은 범용 모델보다 정확도가 훨씬 높으며, 전문 용어를 잘못 해석하거나 불필요하게 환각을 일으킬 위험성도 낮아진다.

규제 준수 면에서도 큰 장점을 얻을 수 있다. 금융이나 의료 분야에는 정보 보호, GDPR(개인정보 보호법), HIPAA(의료정보 보호법) 같은 다양한 규제 사항이 있다. 범용 모델을 활용하는 경우 민감 데이터가 해외로 전송되어 법적 문제가 생길 수도 있지만, 버티컬 LLM을 사내 구축하고(온프레미스 혹은 프라이빗 클라우드) 내부에 필요한 규제 절차와 필터링 로직을 내장해 두면 안전하게 산업별 규정을 준수하는 모델 운영이 가능해진다. 그리고 이 모델을 한 곳의 데이터센터 안에서만 돌도록 설계해 외부 유출 가능성을 차단할 수도 있다.

간단한 예를 들어 보자. 한 의료기관이 영상 판독 AI를 도입한다고 할 때, 단순히 범용 모델에 CT·MRI 영상을 RAG 형태로 올리기만 해서는 만족스러운 성능을 기대하기가 어렵다. 질병 특이성과 엑스레이 용어, 각종 의료법 상의 안전 조치 등은 모델 레벨에서 세밀히 반영되어야 한다. 하지만 버티컬 LLM을 훈련해 "뇌 MRI 판독 특화 모델"을 만들고 병원 전산망 안에서만 돌아가도록 설정해 놓으면, 의사들은 모델이 내놓은 진단 보조 결과를 더 신뢰할 수 있다. 실제로 "뇌출혈 가능성 O%, 치료 가이드라인 XX, 참고 문헌 OO" 식으로 규정 준수를 보여 주는 식의 결과물을 자동 생성할 수 있다. 이때 의료진의 워크플로는 크게 개선된다.

버티컬 LLM의 분야별 사례

버티컬 LLM이 가장 큰 영향력을 발휘하는 산업으로는 제조, 금융, 의료 등을 꼽을 수 있다. 그러나 사실상 어떤 업종이든 전문성을 요구하는 분야라면 충분히 해당될 수 있다. 예컨대 물류, 건설, 에너지, 법률, 교육 같은 영역에도 특화 모델이 들어갈 여지가 크다. 하나씩 살펴보자.

- **제조:** 공정 최적화와 품질 관리가 핵심 과제다. 기존에 수많은 IoT 센서와 MES(Manufacturing Execution System) 데이터를 분석하는 머신러닝 모델이 있지만 현장 인력들의 경험적 지식은 별도로 문서화되어 있었다. 버티컬 LLM에 이런 지식, 문서 등의 데이터를 통합한다면, 좀 더 전문성 있는 제조 공정 대화형 조언을 제공할 수 있다. "현재 온도를 2도 높이면 수율이 1% 향상되지만, 특정 부품 결함률이 조금 올라갈 수 있다"고 알리는 식이다. 범용 모델이 이런 전문적인 공정 지식을 커버하기는 쉽지 않다.
- **금융:** 은행·증권에서는 신용평가, 리스크 관리, 자산운용 등에서

AI 모델이 활약한다. 하지만 일반 AI 모델은 최신 금리 동향이나 복잡한 금융 상품 규제를 모르는 경우가 많다. 금융 버티컬 LLM은 수많은 금융 데이터를 학습하고 금융위원회 지침이나 국제 규정 등을 모델에 반영해 놓았으므로 "이 고객에게 대출 한도를 어느 정도까지 가능한지 판단하되, 연체 이력 기준은 XX 지침에 따라줘"라고 지시해도 정확한 수행이 가능하다. 또 금융 상품을 설계하거나 고객 상담 기록을 정리하는 과정에서도 잘못된 표현이나 규제 위반을 걸러낼 수 있다.

- **의료:** 의료 모델의 진단은 환자 안전에 직결되므로 가장 엄격한 정확도와 책임성이 요구된다. 버티컬 LLM을 의료 영상, 임상 기록, 논문 데이터로 튜닝하여 특정 질환 판별이나 치료 가이드라인을 제안하는 데 활용할 수 있다. 그러면 의사는 한층 빠르고 정확하게 의사결정을 내릴 수 있다. 또 의료법, HIPAA 등 보안·사생활 보호 규정을 모델 내부에서 준수하도록 설계함으로써 외부 클라우드 모델에 민감 정보를 보내지 않고도 AI 혜택을 누릴 수 있다.

이처럼 각 산업별로 버티컬 LLM이 가져오는 가치는 업계 특유의 전문 지식과 규제, 관행을 모델 차원에서 해결한다는 점에 있다. 우리 회사의 새로운 BM으로 해당 도메인에서의 경험을 외부에 판매한다면 이런 버티컬 LLM의 구축이 좋은 모델이 된다.

SLM의 개념과 활용

SLM(Small Language Model)은 LLM과는 정 반대의 아주 작은 소형 모델이다. 특히 기기나 엣지 디바이스(네트워크의 말단에서 데이터를 처리하는 기기)에 탑재할 수 있을 정도로 작은 규모로 만들어지지만, 그 성능을 일정 수준 이상으로 담보할 수 있다는 장점이 있다. ChatGPT 같은 초거대 언어모델(LLM)에 비해 파라미터 수가 적고, 상대적으로 가벼운 연산 자원으로 구동 가능하다. 큰 모델 대비 빠르고 효율적인 처리가 가능해 특정 도메인과 목적에 최적화하여 활용할 수 있으며, 엣지 디바이스에서의 활용이 가능해 서버뿐 아니라 IoT 기기, 모바일, 로컬 장치에 배포하여 지연 시간 감소 및 보안 강화를 할 수 있다. 제조 현장의 설비 기기에 이런 SLM을 포함할 수도 있고, 로컬 컴퓨터 수준의 성능에서도 구현할 수 있다.

기업 입장에서는 SLM을 다음과 같이 활용할 수 있다.

- **기기 내 고객 지원 챗봇 및 헬프데스크 자동화:** 인터넷에 연결된 상태가 아닌 판매하는 기기에 탑재한 형태의 챗봇이나 헬프데스크 자동화가 가능하다. 예를 들어, 인터넷에 연결되지 않은 TV나 가전 기기에서도 SLM을 활용한다면 상당 수준의 제품이나 서비스의 Q&A에 최적화된 챗봇으로 고객 응답 정확도와 신속성을 확보할 수 있다.
- **특정 산업용 전문 비서(Vertical Assistant):** 의료, 금융, 제조, 바이오, 물류 등 특정 도메인의 전문 용어 및 업무 프로세스에 최적화된

언어 모델 개발을 할 수 있다. 이를 통해 실시간 의사결정 지원 및 전문가 업무 보조 역할 수행을 할 수 있는데, 가장 큰 특징은 바로 인터넷이 연결되지 않은 현장에서 사용할 수 있다는 것이다. 예를 들어, 의료 현장의 경우 거의 리얼타임에 가까운 지원이 필요한 경우가 많다. 이 경우 LLM이나 버티컬 LLM의 경우에는 어쩔 수 없이 인터넷을 사용할 수밖에 없는데, SLM은 인터넷 없이 동작 가능함으로써 조금은 더 실시간으로 중요한 요소에 활용 가능한 대안이 된다.

• **보안과 프라이버시가 중요한 온프레미스 환경에서 사용:** 민감한 데이터를 외부로 전송하지 않고 로컬 또는 사내 서버에서 모델 운영 가능하며, 데이터 보안 및 규제 준수(GDPR, HIPAA 등) 문제를 해결할 대안이 된다. 로컬 기기나 특정 엣지 디바이스안에서만 동작하기 때문에 민감 데이터를 다뤄야 하는 경우 SLM은 충분한 가치를 발휘할 수 있다.

이처럼 SLM은 버티컬 LLM와 특정 산업, 즉 도메인 특화로 만들 수 있는 언어 모델이다. 그러나 LLM 또는 버티컬 LLM과 비교해보면 현저히 적은 파라미터로 구현하기 때문에 완벽한 성능 비교에는 열위일 수 밖에 없다. 하지만 보안, 속도, 비용효율성 등 기기 중심으로 운영해야 하는 환경에서는 산업별로 SLM이 지속적으로 등장할 것이고, 이는 앞서 설명한 버티컬 LLM처럼 외부로 판매할 때 유의미한 결과를 만들 수 있다.

정리해보자. 고도화 단계는 새로운 BM 창출이 핵심 키워드다. 모든 회사가 이에 해당하지 않으나 전통 기업으로써 테크 기업이 될 수 있는 기회가 이전과 달리 크게 열리는 상황이다. 회사가 AI 트랜스포메이션을 진행하며 축적한 내부 역량—예컨대 사내 데이터를 어떻게 RAG로 연결하는지, 지능형 RPA를 통한 업무 개선, 전통적인 딥러닝·머신러닝 AI와 생성형 AI를 어떻게 결합하는지—을 발전시켜 도메인 특화 모델을 개발하고, 이를 통해 기존 업무 효율을 뛰어넘는 수준의 혁신을 도모한다. 그런 다음 이렇게 만든 모델을 외부 B2B SaaS나 컨설팅 상품으로 내놓아 BM 전환을 시도한다. 그러면 AI가 기업에 단순 비용 절감뿐 아니라 새로운 수익 창출의 기회를 열어 줄 수 있다.

하지만 이 과정에는 상당한 투자와 조직 변화를 수반한다. AI팀을 확장해 산업 전문가와 AI 기술 인력을 균형 있게 배치해야 하고 데이터·보안·윤리 거버넌스도 기존 DX나 중기 단계보다 훨씬 더 엄격하게 적용해야 한다. 특히 의료, 금융, 제조처럼 인명이나 법적 위험이 큰 산업일수록 도메인 지식과 규제 준수를 모델 레벨에서 구현하는 것이 성패의 중요한 요인이 된다.

그리고 "한 번에 완벽한 AI 모델을 만들 수 있을까?"라는 의구심도 당연히 나올 수 있다. 실제로 회사가 처음부터 방대한 전문 데이터를 확보하고, 완전 무오류에 가까운 모델을 구현하는 것은 현실적으로 불가능하다. 그래서 실무적으로는 특정 파일럿 프로젝트(예: 신용 대출 판단, 환자 사전 문진 보조, 공정 특정 구간에 대한 최적화)부터 시작해 조금씩 범위를 확장하는 전략이 필요하다. 그러다 어느 순간 산업별로 고유한 문법·법률·표준·경험치를 풍부히 녹여 내는 버티컬 LLM 혹은 SLM이 만들어진다면, 범용 모델 대비 압도적인 성과를 내는 장면이 펼쳐질 수 있다.

결과적으로 고도화 단계는 "AI를 정말 우리 산업에 착 맞게 최적화한다"는 관점에서 AX가 이룰 수 있는 가장 큰 도약이라 할 수 있다. 중후기 단계까지 만으로도 실질적 이득을 보지만, 그 이상의 파괴적 혁신을 꿈꾼다면 버티컬 LLM이나 SLM, 이에 준하는 기술적 도입을 고려해야 한다. 모델을 통해 사내 문제를 해결하는 것은 물론이고 외부로 확장해 "우리는 AI 노하우를 상품화해 수익까지 낸다"는 전략도 생각해볼 수 있다. 이렇게만 된다면 AI 시대에 경쟁우위를 확보하는 강력한 무기가 된다.

회사는 AI를 단순 도구나 자동화 수단으로 보는 시각을 훌쩍 뛰어넘어 "우리 사업의 본질적 경쟁력—전문 지식, 업계 노하우, 법적 신뢰—을 AI가 체화하도록 하고 이를 바탕으로 비즈니스 모델까지 새롭게 짠다"는 큰 그림을 그려야 한다. AI를 통한 확장을 당연하게 여기며, AI를 팔 수도 있고, AI가 제안하는 새로운 서비스로 시장을 선도할 수도 있다는 자신감이 필요하다. 명심해야 할 점은 오래 걸리는 일이 될 수는 있어도, 잘 준비한다면 기업의 미래를 완전히 재설계하는 기회가 된다는 사실이다.

3부
AI 트랜스포메이션
- 조직 운영과 인재 선발

⦂ 1. AX 준비를 위한 조직·인프라· 문화 점검

AI 트랜스포메이션(AX)이 기업의 어떤 과정에서 필요로 하는지, 그리고 어떤 일들을 대신해줄 수 있는지, 그로 인해 얻을 수 있는 것이 무엇인지 살펴보았다. 그리고 기업 관점에서 얼마나 근본적인 변화가 요구되는지도 살펴보았다.

AI가 단순 업무 자동화를 넘어 의사결정과 창의 영역에까지 침투함에 따라 우리는 DX 시절보다 더 복잡하고 섬세한 과제를―데이터 편향, 윤리, 책임 소재, 보안 리스크 등―마주하게 되었다. 이 과정에서 가장 먼저 해야 할 일은 회사가 AI를 받아들일 준비가 되어 있는지를 점검하는 것이다.

DX 시절에도 "디지털 성숙도"라는 개념이 있었다. 예컨대 클라우드, 모바일 협업 환경, RPA 등을 도입하려면 어느 정도의 IT 역량과 경영진의 의지가 있어야 했다. 그러나 AX의 경우 성숙도가 훨씬 더 필요해졌다. 왜냐하면 데이터 품질이나 보안 체계 같은 전통적인 조건뿐만 아니라 의사결정 구조나 문화 측면에서도 AI가 들어올 자리가 있는지를 따져봐야 하기 때문이다.

이 장에서는 조직·인프라·문화 전반에 걸쳐 AI 트랜스포메이션을 시작하기 전에 어떤 요소를 살펴봐야 하는지 구체적으로 이야기할 것이다. 데이터는 있는데 AI 모델로 학습하기에는 품질이 좋지 않다거나, 경영진은 관심이 있지만 부서 간 사일로(부서 이기주의)가 심해 협업이 불가능하다 같은 실질적 문제를 고민해볼 예정이다.

AX는 기술 도입 이상의 문제라는 걸 다시 한 번 더 확인하면서, 사전 점검이 왜 필수인지도 함께 생각해 보자.

1) AI 준비도

AX 전환에 유리한 조직

이미 디지털 트랜스포메이션(DX)에 상당한 투자를 한 회사는 클라우드 인프라, 데이터 수집 체계, 협업 툴 등에 익숙해져 있다. 이러한 디지털 기반은 AI 트랜스포메이션(AX)을 추진할 때 크게 유리하게 작용한다. 예컨대 DX가 어느 정도 정착된 조직이라면 내부 문서나 프로세스가 전부 디지털화되어 있어, AI 모델에 입력할 데이터가 풍부하다. 그리고 구성원들도 새로운 시스템이 들어오면 적응해야 한다는 공감대가 어느 정도 형성되어 있어 극단적 반발이 덜하다.

그러나 DX 성숙도가 높다고 해서 자동으로 AX까지 자연스럽게 이어지는 것은 아니다. 파워포인트 대신 협업 툴을 쓰자 혹은 ERP를 클라우드로 옮기자 같은 차원을 넘어 의사결정에 AI가 개입한다는 것은 훨씬 더 민감한 변화를 요구하기 때문이다. 그래서 DX 성숙도가 높아도 의사결정 과정이 강력한 상명하복 문화에 묶여 있거나, 부서 간 벽이 두터워 AI가 학습할 데이터를 공유하지 않는다면, AX로의 전환은 더디게 진행된다.

경영진의 태도

DX를 평가할 때는 주로 IT 인프라, 경영진 의지, 직원들의 디지털 역량, 디지털 문화 성숙도 같은 지표가 쓰였다. AX의 경우 이와 비슷하면서도 조금 더 구체적인 요소를 점검해야 한다. 데이터를 어떻게 축적·관리하고 있는지, AI 전문가(데이터 사이언티스트, 머신러닝 엔지니어, MLOps 담당자)가 사내에 있는지, 부서 간 데이터 협업을 지원하는 거버넌스가 존재하는지 등이 중요하다.

경영진이 AI에 대해 어떤 기대감을 가지고 있고, 그 기대가 현실적인가도 살펴봐야 한다. 혹시 일부 임원이 지나치게 AI가 만능이라고 생각해 단기간에 경이로운 결과를 내놓으라고 압박한다면, 실무진은 부담이 커지고 실제 모델 성능이 예상보다 낮을 경우 실패 레이블이 따라붙을 수도 있다. 반대로 경영진이 너무 보수적이어서 AI를 현업에 쓰다가 오류가 나면 어쩌느냐, 일단 기존 방식대로 하자, 이런 태도를 취하면 파일럿 단계조차도 진행이 어렵다. 즉 AI 준비도를 평가할 때는 경영진의 태도와 리얼리티 또한 중요한 포인트가 된다.

2) 데이터와 IT 인프라

사내 데이터 생태계의 점검

DX 책에서도 여러 차례 언급되었듯이 데이터는 필수 자산이다. AX에서는 그 중요성이 더 극명하게 드러난다. AI 모델이 무엇을 학습하고 어떤 예측을 할지를 좌우하는 것은 결국 입력 데이터의 품질과 구조이기 때문이다.

기업이 고객 정보를 갖고 있다고 해도 중복 데이터가 많거나 특정 시점 이후로 입력이 누락된 경우라면 혹은 부서마다 필드 형태가 달라 통합하기 어려운 상황이라면 AI 모델 성능은 극도로 떨어진다. 현업 담당자가 "AI가 틀린 말을 하네. 믿을 수 없겠다."라고 판단하면, 책임이 AI 모델이 아니라 부실한 데이터 관리에 있을 가능성이 높아진다.

따라서 AI 트랜스포메이션을 본격화하기 전에 사내 데이터 생태계를 전반적으로 점검해야 한다. 기업 내 CRM, ERP, SCM, 생산 관리 시스템 등에서 나오는 데이터를 하나로 모으는 것이 가능한지, 그 과정을 방해하는 규정이나 권한 체계가 따로 있지는 않은지 살펴봐야 한다. 보통 이 과정을 "기준 정보 정비"라고 한다. 별도의 프로젝트를 통해 기준 정보를 한 곳으로 가져갈 수 있도록 중앙화하고, 기준 정보 자체의 라이프사이클을 관리하는 것이다. 그리고 필요한 데이터를 아직 디지털화하지 않았다면(예컨대 오프라인에서만 존재하는 계약서나 고객 응대 기록 등) 우선적으로 디지털화하여 AI 학습 재료로 쓸 수 있도록 준비해야 한다.

클라우드·하이브리드 인프라로의 전환

AI 학습은 일반적인 서버보다 훨씬 큰 자원을 요구할 때가 있다. 특히 딥러닝 모델을 학습하거나 대량의 데이터를 실시간 분석하는 경우, GPU 클러스터와 같은 고성능 리소스가 필요하다. 이런 환경을 완전히 독립된 서버 환경(On-Premise)에 구축하려면 초기 투자비가 엄청나고 운영 인력 확보도 쉽지 않다. 그래서 많은 기업이 AI 전환을 앞두고 클라우드나 하이브리드 인프라를 검토한다.

DX 시절에 이미 AWS, Azure, GCP 같은 퍼블릭 클라우드를 사용 중이라면 AI 프로젝트에도 손쉽게 확장 적용이 가능하다. 하지만 회사 보안 규정상 모든 데이터를 퍼블릭 클라우드에 둘 수 없다면 핵심 데이터를 온프레미스나 프라이빗 클라우드에 두고, 학습할 때마다 필요한 연산을 퍼블릭 클라우드로 확장하는 하이브리드 형태로 구축해야 한다. 챗GPT 같은 서비스를 API로 호출하여 AI 서비스를 만드는 경우도 마찬가지다. 아무래도 이런 서비스의 접근성은 퍼블릭 클라우드 환경에서 많은 장점을 가질 수밖에 없다. AX의 속도를 높이기 위해서라도 클라우드로의 전환은 기본 전제가 되어야 한다.

AI 프로젝트가 PoC(Proof of Concept: '개념 증명'으로 번역할 수 있으나 일종의 '파일럿'으로 보면 된다)에서 성과를 내고, 전사 확장으로 이어질 때를 대비해 서버 자원을 탄력적으로 늘리거나 줄이는 체계를 갖고 있는가는 무척 중요하다. DX 때도 클라우드 확장성의 장점을 겪어본 기업이라면 AX에서 이 부분이 크게 도움이 된다. 반면 아직도 사내 전산실에 물리적 서버를 장만해 놓고 증설할 때마다 수주 간 기다려야 하는 구조라면 AI 혁신 속도는 현저히 떨어진다.

데이터 레이크와 거버넌스

최근 몇 년 "데이터 레이크"(Data Lake: 데이터 호수)라는 개념이 한창 유행했던 시기가 있다. 데이터 레이크는 기업 내부의 다양한 정형·비정형 데이터를 한곳에 모아두고 필요에 따라 분석하거나 모델링에 활용하는 저장소 개념이다. 이는 AX 시대에도 중요한 인프라 요소다.

AI 모델이 사내 모든 부서에서 발생하는 데이터를 학습하려면 부서별로 갈라진 DB를 각각 들여다보는 것보다 한 곳에 모으고 동일 표준으로 정제된 상태로 두는 편이 훨씬 수월하다. 물론 데이터 레이크가 마법은 아니다. 데이터를 마구 쌓아놓기만 하고, 메타데이터나 품질 관리를 소홀히 하면 오히려 "데이터 스왐프"(Data Swamp; 데이터 늪)가 된다. 데이터가 물리적으로 한 곳에 있어도 어떤 필드가 무슨 의미인지 최신 업데이트는 언제인지 모른다면, AI 모델은 잘못된 입력을 받아 엉터리 결과를 내놓을 수 있다.

데이터 거버넌스는 사내 데이터 표준과 정합성을 누가 책임지며, 민감 데이터에 접근할 수 있는 권한 체계는 어떻게 설정하는지, 오류나 편향이 발견되면 어떤 절차로 수정·재학습하는지 등을 미리 정의하는 것을 말한다. DX 때도 이러한 논의가 있었지만, AX 시대에는 AI 모델이 실시간으로 데이터에 반응하므로 더욱 중요하다.

3) AI 팀과 인재 확보

AX 전담 조직(CoE)의 필요성

DX를 실행할 때도 디지털 전담 조직을 CoE(Center of Excellence) 형태로 만들자는 의견이 많았다. AX에서는 이 전담 조직의 역할이 한층 더 중요해진다. 아시다시피 AI는 일반 IT 업무보다 기술 스택이 빠르게 바뀌고, AI 모델 개발과 운영을 위해선 특수한 인재가 필요하기 때문이다.

기업에 머신러닝 엔지니어나 데이터 사이언티스트가 한두 명만 있는 경우, 전사적으로 AI를 확장하는 건 현실적으로 어렵다. 특정 팀에 배치된 이들을 여기저기서 불러 쓰게 되면, 우선순위 충돌이 빈번히 발생하고 책임 소재가 모호해진다. 그래서 대부분의 성공 사례를 보면 CoE 형태로 AI팀을 별도로 만들고 전사 부서와 협업할 때는 프로젝트별 TF(태스크포스)를 만들어 실행하는 방식을 취한다.

만약 AI팀이 없다면 IT 조직이 SI(시스템 통합)와 같은 인식으로 AI 프로젝트를 추진할 수 있다. 그러나 AI 프로젝트 성격상 현업에 대한 높은 이해가 기본이기 때문에 일정 수준 이상으로 성과 도출이 필요한 프로젝트를 IT 부서가 리드하는 것은 현실적으로 어렵다. 오히려 현업 부서가 자체적으로 외부 기업과 함께 AI 프로젝트를 추진하는 게 나을 정도다. 하지만 그렇게 될 경우, 모델 아키텍처나 데이터 활용 체계가 제각각이 되어버려 회사 내 AI 시너지 효과가 나지 않는 문제가 또다시 발생한다. 그리고 특정 부서 이익에 치우친 결과가 만들어질 수도 있고 중복 투자가 일어날 수도 있다. 이에 대한 판단도 애매해진다.

결론적으로 AX 성공률을 높이려면 규모가 있는 기업일수록 AX 전담 조직인 AI팀을 만들고 필요한 인재를 집중 배치하는 편이 좋다.

AI 인재의 확보

DX 시절에는 클라우드 아키텍트나 프로젝트 매니저가 중요한 직무였다면, AX 시절에는 데이터 사이언티스트와 AI/ML 엔지니어(인공지능/머신러닝 엔지니어), 데이터 엔지니어, MLOps 엔지니어/AIOps 엔지니어(머신러닝 운영 엔지니어/인공지능 운영 엔지니어)가 핵심 역할을 한다. 데이터 사이언티스트는 비즈니스와 데이터 분석을 연결해 모델을 설계·검증하는 역할을 하고, AI/ML 엔지니어는 모델을 실제 시스템에 구현하고 운영하는 기술적 역량을 지닌다. 데이터 엔지니어는 데이터 수집, 정제 및 전처리를 통해 데이터 파이프라인을 구축하는 역할을 수행한다. MLOps 엔지니어/AIOps 엔지니어는 AI 모델의 라이프사이클(학습→배포→모니터링→재학습)을 자동화하고 표준화하는 과정을 다룬다.

회사마다 세분화 정도는 다르지만 데이터 분석과 모델 개발을 담당하는 최소한의 인력은 있어야 AX 파일럿이라도 추진할 수 있다. 그런데 이런 일을 담당할 전문 인재는 구하기가 쉽지 않다. 그래서 일부 기업들은 외부 인수합병(M&A)이나 스타트업 지분 투자를 통해 AI 인재를 한꺼번에 확보하려는 시도를 한다. 최근 우리나라에도 이런 방식으로 AI 프로젝트를 진행하는 기업이 늘고 있다. 얼마 전 화장품 기업 C사는 AI 스타트업을 인수합병하면서, AI 전문가 조직으로 해당 스타트업을 활용한다는 소식이 업계에 전해지기도 했다.

이런 이야기를 하면 우리 회사는 전통 기업이라 주로 외부 전문회사를 통해 개발된 결과를 도입하는 방식만 취하기 때문에 내부 팀이 필요 없을 것이라고 생각할 수도 있다. 물론 개발은 그렇게도 진행이 가능하지만 최소한 회사 내 MLOps/AIOps 역량은 내재화해야 한다.

점점 더 AI가 중요해지는 상황인데 내부에 전문 역량이 없다는 것은 우리 회사의 운명을 외부 인력에 의지하는 것과 같은 상황이 되기 때문이다.

DX를 경험한 이들은 알겠지만 AI 전문가가 회사에 온다고 해서 바로 시너지가 나는 것은 아니다. 현업 도메인 전문가와 긴밀히 협업해야 하고 기존 시스템·데이터 구조를 이해해야 하며 조직 문화를 배워야 한다. 회사는 이들의 권한을 보장해야 하며, 현업 팀원들은 지식 공유와 데이터 협업을 적극적으로 해야 한다. 그렇지 않으면 외부 AI 인재가 들어왔는데 회사 적응을 못하는 사태가 벌어질 수 있다.

실패해도 배운다는 메시지

DX 때도 CEO나 임원의 의지가 중요했지만, AX에서는 더더욱 그러하다. AI를 도입하여 약간의 오류만 보여도 현업 담당자는 "역시 못 믿겠다"며 문을 닫아 버릴 수 있다. 하지만 경영진이 "그건 AI 학습 과정에서의 자연스러운 시행착오이며, 실패로부터 무엇을 배울지 논의해 보자"는 식으로 대처한다면 현업이 다시 시도해 볼 의욕을 가지게 된다.

리더십은 단순히 실패를 용인한다는 말로 끝나지 않는다. AI가 예측을 하였는데 결과가 달랐다면, 원인을 기술적으로 분석하고 필요한 경우 데이터나 알고리듬을 개선하는 프로세스를 구축한다. 경영진은 주기적으로 과정을 점검하고 필요한 예산이나 인력을 지원한다. 이 과정을 통해 조직은 "AI 예측 → 검증 → 개선 → 재학습"이라는 학습 루프를 정착시키고 모델의 정확도를 높여간다.

4) 문화와 거버넌스

부서 간 사일로는 치명적

DX 시절에도 부서 간 사일로(일종의 부서 이기주의)는 늘 문제였다. CRM은 마케팅 부서가 관리하고, ERP는 재무 부서가 관리하며, 서로 데이터를 교환하지 않는다거나 생산 공정 데이터는 공장장이 독점해 본사 담당자가 접근하기 어려웠다.

AI 시대에는 이러한 사일로가 더욱 치명적이다. 왜냐하면 AI 모델이 종합적으로 데이터를 모아야 예측 정확도가 올라가는데, 부서 간 협조가 안 되면 핵심 데이터를 놓치게 되기 때문이다. 이를 극복하기 위해서는 데이터는 회사의 자산이며 특정 부서가 독점하면 안 된다는 원칙을 재확인해야 한다.

AX에서는 더 구체적인 거버넌스 규정을 마련하는 편이 좋다. 예컨대 마케팅팀은 고객 프로필 데이터를, 영업 팀은 판매 실적 데이터를, 공장은 생산·공정 데이터를 AI 프로젝트가 요구할 때 원활히 제공해야 한다. 단 민감 정보를 보호하기 위한 절차는 별도로 준수한다는 식의 항목을 명시할 수 있다.

CEO나 임원진이 매주 혹은 격주 단위로 데이터 통합 상황을 모니터링하고 부서 간 충돌 시 신속히 조정해 주는 데이터 협의체를 운영하는 것도 방법이다. 부서 간 사일로는 일상적 구조 문제라서 아무리 기술력이 뛰어난 AI 팀이 있어도 해결이 어렵다. 결국 회사 내 최고 의사결정자가 관심을 갖고 힘을 실어 줘야 한다.

부서 간 이기주의 해소

예컨대 A부서는 우리가 힘들게 만든 고객 분석 데이터를 다른 부서가 가져가면 우리 이점이 사라진다고 생각해 RAG 검색 대상에서 빼달라고 요구한다. 또 B부서는 AI가 결론 낼 만한 프로세스를 사내 표준화한다면 자기 부서의 역할이 줄어들까 봐 우려하여 의도적으로 AI 활용을 반대한다.

이런 갈등을 해소하려면 경영진과 AX 전담 조직이 AI 트랜스포메이션은 전사적 목표이며 특정 부서의 권한을 빼앗으려는 게 아니라는 메시지를 반복해서 강조해야 한다. 동시에 부서 간 이익 균형을 맞춰 줄 인센티브의 고려도 필요하다. A부서가 자사 데이터를 RAG에 제공하면 그 대가로 회사 내부적으로 해당 부서가 더 큰 리소스나 예산 지원을 받게끔 제도를 설계해야 한다. 그렇게 하면 데이터 개방이 손해만 주는 건 아니라는 인식이 확산된다.

그리고 "데이터 소유권"이란 개념을 유연하게 관리하는 것도 중요하다. DX 시절에는 각 부서가 데이터를 소유하고 통제한다는 사고방식이 팽배했지만 AX 시대에는 회사의 자산이며 협업을 위해 적절히 공유한다는 원칙이 더 중요한 가치를 지닌다. 다만 완전한 공유가 어려운 민감 정보는 제한적으로 공개하고, 나머지는 개방한다는 식의 중간 지점이 필요하다.

만일 이런 과정을 통해서도 데이터 사일로가 해결되지 않는다면 완전히 반대로 실행해보는 것도 방법이다. 전사를 통합하는 관점이 아닌 각 부서를 위한 AI를 만들어 가는 것이다. 예를 들어, 특정 팀마다 가지고 있는 노하우가 공유되지 않는다면 팀을 설득하여 팀 내에서 쓸 수 있는 전용 챗봇을 만드는 방식이다. 이런 과정을 거쳐 전사적으로 부서별로 챗봇이 만들어진다면, 각각의 챗봇이 추후 데이터 접근의 문제를 해결하면서 향후 AI 에이전트의 요소로 동작할 수 있다.

보안·개인 정보·윤리 규정의 재정비

DX 시절에 마련한 보안 규정이나 개인 정보 보호 정책이 AX 시대에 맞지 않게 느슨하거나 불명확할 수 있다. 생성형 AI를 사용해 고객 정보를 분류하거나 사내 중요한 보고서를 작성하는 과정에서 기밀이 외부로 흘러나가면 대형 사고로 이어진다. 회사는 생성형 AI 사용 가이드라인을 별도로 만들어야 한다. "민감 정보를 AI 입력에 절대 넣지 않는다. 반드시 사내 전용 AI 시스템을 쓰거나, 암호화된 인터페이스를 사용한다."처럼 구체적 지침이 필요하다.

  DX 때는 보안과 개인 정보 수준에 머물렀다면, 지금은 AI 윤리를 더 폭넓게 고려해야 한다. 특정 인종 성별 연령대에 대한 불공정 처리가 감지되면 AI 모델을 즉시 개선하거나 그 기능을 일시 중단하는 식의 절차가 필요하다.

프로젝트 관리와 의사결정 거버넌스

AI가 보편화되면 회사 내부에서 AI 관련 PoC(파일럿)나 프로젝트가 우후죽순 생겨날 수 있다. 이때 프로젝트가 중복되거나 회사 전략과 맞지 않는 것이 있을 수 있다. DX 시절에도 비슷한 일이 있었는데 "부서마다 따로 디지털 툴을 도입해 중복투자가 심각하다"거나 "표준이 달라 서로 연동이 되지 않는다"는 문제였다.

모든 부서는 AI 프로젝트를 시작할 때 반드시 일정 예산 이상의 사항에 대해서는 CEO 직속 AI 조직이나 TF에 계획서를 제출하고 검토 후 승인을 받도록 한다. 그리고 조직적 시너지가 얼마나 기대되는지, 어떤 부서와 협업해야 하는지, 예산은 어떻게 편성할지 등을 함께 논의해 결정하도록 만들면 좋다.

"AI 모델 권고안 → 부서장 또는 임원 검토 → 최종 결정"같은 프로세스를 회사 차원에서 정할 수 있다. AI 시대의 거버넌스는 DX 때보다 한 단계 더 정교해야 하고, 전사 차원의 조율과 책임 소재가 명확해지는 형태로 설계되어야 한다.

5) DX에서 AX로

DX를 진행한 기업이 부딪히는 함정

디지털 트랜스포메이션(DX)에 성공했다고 평가받는 기업 중에는 오히려 우리는 이제 충분히 디지털화됐다는 자만에 빠져 AI 전환 시점을 놓치는 사례가 있다. 모든 문서를 전자화하고 RPA로 반복 업무를 없앴으니 굳이 AI까지 도입할 필요가 있는지 의문을 제기한다. 그러나 시장은 더 빠르게 진화하고 경쟁사는 벌써 AI를 이용해 고도의 예측과 고객 맞춤형 서비스를 제공하고 있을 수 있다.

또 다른 함정은 DX 때도 해봤으니, AI도 비슷하게 하면 되겠지, 라고 생각하는 조금은 안일한 접근이다. AI는 단순히 프로세스를 디지털로 바꾸는 수준을 넘어, 조직의 의사결정 구조와 책임 체계를 흔들 수 있는 기술이다. 앞서 언급했듯이 책임 소재나 윤리 문제는 DX와 차원이 다르다. 따라서 DX와 유사한 로드맵을 걷되 훨씬 더 철저한 사전 점검이 필요하다는 사실을 잊으면 안 된다.

AI 리터러시 교육

DX 시절 디지털 리터러시를 높이기 위해 전사 교육과 워크숍을 진행했다. AX 시절에도 AI 리터러시를 높이기 위해 공통의 노력이 필요하다. 현업의 직원들은 단순히 AI 결과를 받아 보는 데서 끝나는 게 아니라 AI 모델이 왜 그렇게 예측했는지, 신뢰할 수 있는지, 문제가 생기면 어떻게 피드백해야 하는 지를 개념적으로 이해해야 한다. 이는 IT 교육과는 다르다.

AI가 판단 근거를 어떻게 학습하는지, 편향과 윤리는 어떤 식으로 발생하는지, 고객 데이터를 사용할 때 주의점은 무엇인지 등 전사 공통의 AI 윤리·활용 가이드로 주기적인 업데이트가 필요하다. DX에서는 협업 툴 사용법이나 개인 정보 보호 규정 정도면 충분했으나 AX에서는 훨씬 다층적인 이해가 필요하다. 결국 조직이 AI를 어떻게 받아들이고, 일상적으로 활용할 것인가, 하는 문제가 본질이다. 여기에는 경영진부터 신입사원까지 참여하는 학습 문화가 깔려 있어야 하며, 실패해도 계속 시도할 수 있는 안전한 환경이 제공되어야 한다.

DX때 얻은 교훈 중 하나가 하나의 팀이나 부서에 디지털을 강제로 밀어 넣기보다, 단계적으로 인식 변화와 성공 사례 전파를 병행해야 한다는 것이었다. AX에도 동일하게 해당되는 이야기다.

6) 현재 상태 점검하기

간단한 자가 진단

AX를 본격적으로 추진하기 전, 스스로 몇 가지 시나리오를 점검해 볼 수 있다. 다음을 간단히 살펴보자. 우리 회사가 만약 생산 공정 AI 예측과 생성형 AI를 결합하는 프로젝트를 시작한다고 가정하고, 다음 질문의 답을 생각해보자.

"공장 설비를 포함한 생산 데이터는 모두 실시간으로 수집이 가능한가?" "공장장과 본사 AI 팀의 협업은 원활하게 이뤄질 것인가?" "데이터를 공유할 때 사내 규정이나 보안 정책상 걸림돌이 있는가?" "AI가 이상 징후를 감지했을 때 최종 정비 시점을 누가 결정하고 책임지는가?" "정비 시점이 틀려서 생산 차질이 생기면 그 책임은 본사 AI 팀인가 아니면 현장 관리자에게 있는가?"

이 질문에 명확한 답변이 어렵다면 사전 준비가 더 필요하다는 의미다. 보안 정책을 고쳐야 한다거나, 책임 소재를 명문화한 가이드라인을 만들어야 한다거나, 공장 데이터를 표준화해서 AI에 제공하기 위해 IT 인력을 추가 채용해야 한다는 결론이 나올 수도 있다. 마찬가지로 영업·마케팅·R&D 부서에서 AI를 도입한다고 했을 때도 유사한 맥락의 질문을 던져볼 수 있다.

절차와 준비 항목

DX 때와 마찬가지로 AX 도입도 크게 "준비 → 파일럿 → 전사 확장"의 절차로 도입하는 과정이 동일하다. 나아가 비즈니스 모델 전환 같은 것에도 공통으로 적용된다. 준비 단계에서 조직·인프라·문화 세 개의 축을 꼼꼼히 점검해야 이후 파일럿이 실패 없이 굴러간다.

성급하게 파일럿을 시작하면 "데이터가 부족해 AI 모델이 별다른 성과를 못 냈다" "부서 간 협력 실패로 AI 예측이 무시되었다"는 식의 결과가 나올 가능성이 높다. 그럼 회사 내부에 "AI가 별거 없네"라는 인식이 퍼져 초장부터 AX가 무산된다. 준비 단계에서 아예 작정하고 시간과 자원을 투자해 데이터 통합, 조직 구성, 보안·윤리 규정, 책임 구조 등을 마련해 두는 편이 장기적으로 훨씬 안전하다.

물론 내부 데이터를 활용하지 않고 외부 데이터만 이용하거나 생성형 AI 기반의 문서 작성 같은 프로젝트는 언제든 시작해도 괜찮다.

7) 단계별 구현 사례

파일럿 진행 후 전체 적용

M사는 중견 규모의 소비재 제조사다. DX를 통해 ERP·MES·CRM을 클라우드화해서 디지털 인프라가 어느 정도 갖춰진 상태다. 이제 AI 도입을 진지하게 검토하며 경영진이 "3년 내 영업이익률 10% 향상"을 발표했다. 우선순위를 정하기 위해 부서별 간담회를 열었다. 마케팅팀은 광고 효율과 고객 세분화를 높이면 금방 매출이 증가할 수 있다고 했고, 생산팀은 불량률과 라인 가동 중단 시간을 줄여 이익률을 높일 수 있다는 의견을 제시했다.

최종적으로 두 개 분야를 먼저 파일럿하기로 정했다. 하나는 마케팅 광고 효율화 AI, 다른 하나는 생산 예지 정비 AI다. 둘 다 ROI가 높고 현업의 수용도가 높다. 파일럿은 각각 4개월씩 진행하기로 했으며, 구체적인 KPI는 광고 비용 대비 매출(ROAS) 20% 향상, 생산은 라인 다운타임 15% 감소로 설정했다. 4개월 뒤 두 파일럿 모두 어느 정도 목표 달성의 성과를 냈다. 마케팅팀은 AI 모델을 통해 고객군별로 최적 메시지와 채널을 찾아냈고, 생산팀은 라인 중단 횟수를 예측해 사전 정비를 실시하는 문화를 정착시켰다. 경영진은 이에 고무되어 전사 확장을 공식 선언하고 AI팀(전담 조직(CoE)) 설립, AI 인프라 구축, 윤리·보안 정책 강화 등을 세부 계획으로 수립했다. 그리고 이후 1년간 세일즈, 재무, HR 등 여러 부서에 AI 모델을 확장 적용했다.

다시 2년 뒤, 회사는 업무의 모든 프로세스에 AI를 활용하게 되었고 실제 영업이익률은 8%포인트나 향상되었다. 이쯤 되자 "AI 모델을 중소기업 대상으로 SaaS 형태로 제공할 수 없을까?"라는 아이디어가 나왔다. M사는 파일럿을 거쳐 외부 화학·부품 업체에 예지 정비 솔루션을 소규모로 판매해 본 뒤, 제대로 된 B2B 플랫폼으로 진화시켰다. 3년 뒤에는 아예 신사업 법인을 세워 글로벌 시장에도 진출했다.

업무 재교육과 공포감 해소

유통 분야에서 오랫동안 오프라인 점포를 운영해온 S사는 DX를 통해 온라인 몰과 물류 자동화 설비를 구축해 경쟁력을 유지했다. 그러나 코로나19가 끝나가면서 다시 오프라인 매장 운영이 중요해지자 "오프라인에서도 AI를 활용할 수 있을까?"를 고민했다. 결국 S사는 주요 점포에 무인 결제 시스템과 AI 기반 고객 추천 디스플레이를 설치해 파일럿을 진행했다.

처음에는 매장 직원들이 "무인 결제면 우리 역할은 뭔가?"라는 반발을 했고 일부 고객도 낯설어했다. 그러나 S사는 직원들을 상대로 단순 결제 대신 매장 관리, 고객 응대, 매장 진열 최적화 같은 영역에 집중해 달라고 재교육을 실시했다. 그리고 AI 디스플레이가 고객 연령·성별·행동 패턴을 분석해 추천 상품을 띄워 주면, 직원이 그 내용을 바탕으로 더 나은 고객 서비스를 제공하려고 노력했다. 결과적으로 무인 결제 도입으로 인해 매장 효율이 증가했으며, 직원들의 업무도 안내나 CS(고객상담) 쪽으로 재배치되면서 매장 직원 인건비 줄이기가 아니라 고객 만족도를 높이기 방향으로 귀결되었다.

S사 임원 인터뷰에 따르면 자신의 역할이 AI에 밀린다는 공포가 없어졌을 때, 직원들은 자발적으로 AI의 추천 결과를 관찰하며 고객에게 추가적인 정보를 제공해 주려고 노력했다고 밝혔다. AI가 결제나 상품 추천을 해주니, 사람 직원은 다른 가치를 창출하는 방향으로 집중하는 새로운 습관이 만들어졌다.

검수 과정의 제도화

스타트업 B사는 업무 효율 극대화를 위해 DX를 적극적으로 도입했고, 사내 문서나 보고서는 대부분 클라우드 협업 툴을 통해 작성했다. 그러다 올해 들어 생성형 AI를 사내 필수 도구로 선언하고 모든 임직원이 문서 작성 시 AI에게 초안을 요청하는 과정을 기본 절차로 만들었다.

초기에는 "AI가 쓴 글은 약간 어색하지 않나?" "잘못된 정보를 섞어 넣으면 어떡하나?"라는 우려가 컸지만, 회사는 AI가 1차로 작성하면 작성 시간 자체가 획기적으로 줄고, 담당자는 내용 검수·보완에만 집중할 수 있다는 장점을 부각했다. 실제로 내부에서 측정한 결과 문서 완성까지 걸리는 시간이 평균 40% 정도 단축되었다.

다만 검수 과정을 어떻게 제도화할지에 대한 고민도 필요했다. B사는 이를 위해 AI가 써준 문서 초안에 특정 형식의 표시를 붙이는 것으로 결정했다. 예를 들어, 문서 상단에 "AI 초안 ver.1"으로 표시해 두고, 사람이 검수·수정한 뒤에는 "Human-Checked ver.1.1"이라고 버전명을 매기는 방식이다. 덕분에 초안에서 발생한 오류가 최종본에

남아 있는지 여부를 쉽게 추적할 수 있었고, 직원들도 이건 아직 AI가 쓴 초안이니 방심하지 말고 읽어야겠다는 인식을 갖게 되었다.

전략 부재로 인한 실패

실패 사례도 살펴보자. N사는 AI를 도입하면서 여기저기 대규모 프로젝트를 동시 착수했다. 사내 협업·거버넌스가 부족한 상태에서 영업팀이 챗봇 도입, 생산팀이 예지 정비, HR부서가 채용 AI 도입 같은 프로젝트를 동시에 시작했다. 그러나 어떤 부서도 충분한 데이터와 준비를 갖추지 못한 채 시작했고, 결국 중간 관리자는 "AI가 내 역할 뺏나?"라는 불안감에 저항감을 표출했다. 초반부터 실패 사례가 속출했고, 경영진은 "AI 별거 아니네"라는 판단으로 예산을 삭감했다. 그 뒤 회사 전체는 "AI 경영, 시도는 했는데 망했다"라는 분위기가 팽배해졌다.

이 사례는 DX 시절 전사 규모의 일괄 디지털 전환으로 실패했던 기업들과 유사하다. 전략·우선순위·PoC 체계가 없으면 AI 역량도 중구난방으로 소진되고 실패 프로젝트도 많아져, 조직 전체가 AI 도입에 부정적 인식을 가진다. 따라서 빠른 성과 낼 수 있는 영역부터 "준비 → 파일럿 → 전사 확장"이라는 단계적 접근이 무척 중요하다.

───

정리해보자. AI 트랜스포메이션(AX)을 본격 추진하기에 앞서, 조직·인프라·문화 측면에서 무엇을 점검해야 하는지 살펴보았다. DX를 추진할 때에도 디지털 성숙도 평가나 사전 점검이 중요한 요소였지만, AX

시대에는 한층 더 복잡해진다. 이제는 AI가 의사결정·창의적 작업까지 관여하므로 그만큼 회사 내부의 준비도 더 정교해져야 한다.

인프라 차원에서 데이터 레이크, 클라우드, 보안이 제대로 마련되지 않으면 AI 모델이 애초에 성능을 내기 어렵다. 조직·인력 차원에서도 AI 전문가가 별도의 AI팀, CoE(전문가 조직) 형태로 묶여있어야 하고, 현업 도메인 전문가와 협업할 체계가 있는지를 확인해야 한다. 그리고 문화·거버넌스 차원에서는 부서 간 사일로와 의사결정 책임 소재, 윤리·보안 정책 등을 재정비해야 한다.

이 중 어느 하나라도 엉성하게 되면 AI 도입이 파편화된 파일럿 수준에 그치거나, 잘못된 모델로 인해 회사가 피해를 보는 일이 발생한다. 반면 잘 준비된 회사라면 이후 AI 프로젝트가 빠르게 확산되고 데이터와 사람의 협업으로 의미 있는 혁신을 만들어 낼 가능성이 커진다. 준비 단계에서 시간을 아끼면 나중에 더 큰 비용을 치르게 된다는 교훈을 명심해야 한다.

2. 왜 CEO가 더 중요해졌나

과거에는 신기술을 도입한다는 구호가 현업 부서와 IT 부서 간의 조율 이슈로도 귀결되었지만, 이제는 최고경영자(CEO)와 임원진이 조직의 전반적 생존과 미래 경쟁력을 위해 직접 나서야 하는 시대가 되었다. 왜냐하면 AI가 업무 자동화나 프로세스 효율을 넘어 의사결정과 창의적 사고라는 핵심 영역까지 침투했기 때문이다. 사람만이 할 수 있다고 믿었던 창의적 업무나 전략 수립에 AI가 빠른 속도로 영향을 끼친다면, 조직의 문화와 거버넌스는 근본적으로 흔들릴 수밖에 없다.

디지털 트랜스포메이션(DX) 시절에도 "디지털 트랜스포메이션 성공의 70%는 CEO에 달려있다"라는 말이 있었다. 현업이 아무리 IT 기술을 도입하고 싶어도 CEO가 관심을 주지 않으면 예산도 승인되지 않고 조직의 저항을 제어할 방법도 없었다. 하지만 반대로 CEO가 "우리 회사를 반드시 디지털로 바꾸겠다"라고 강력한 메시지를 내면 많은 장애물을 뚫고 대대적인 혁신이 가능했다. AI 시대에는 이러한 흐름이 더 강화되리라 본다. 직접 AX는 우리의 필수적 생존 전략임을 선언하고, 예산과 인재 투자 역시 보장해 주어야 한다.

이번 장에서는 "경영진의 역할: AX의 성패는 CEO 입에 달려 있다"라는 주제를 중심으로 CEO가 왜 전략적 우선순위와 투자 보장을 해야 하며, 또 직접 AI 리터러시(기본 소양)를 갖추기 위해서는 무엇을 해야 하는지, 조직 내 파워·정치 이슈를 통제하기 위해서는 어떤 리더십이 필요한지 구체적으로 살펴본다.

1) AX 성공의 70%는 CEO에 좌우

톱다운 드라이브가 필요한 이유

AI 트랜스포메이션은 단순히 IT 솔루션 몇 개를 도입하는 프로젝트가 아니다. 예측·생성 모델이 조직 곳곳에서 업무 프로세스를 바꾸고 사람의 의사결정을 대체·보완한다. 부서 간 협력을 필연적으로 요구하고 회사 내부 거버넌스와 권한 체계를 재정비한다.

마케팅 부서가 AI 캠페인을 시도하면 영업 부서가 "우리는 직접 고객 접촉이 중요한데 AI가 대신하면 영업 역할이 줄어드는 것 아니냐"라고 반발할 수 있다. HR 부서가 AI 채용 모델을 쓰려고 해도 "편향된 결정으로 법적 리스크가 커지면 어쩌냐"며 우려를 표할 수도 있다. 이런 갈등을 조율하며 회사 차원에서 AI 투자가 반드시 필요하다는 공감대를 만드는 것이 CEO의 역할이다.

CEO가 우선순위를 명확하게 설정하고 필요 예산과 인력을 보장해 주지 않으면 중간 관리자들은 일상적인 업무(당장 눈앞의 매출 목표, 생산 라인 안정 등)에 매몰되어 AI 프로젝트를 우선순위에서 밀어낼 수 있다.

전략적 우선순위 CEO가 직접 설정

CEO가 AI 프로젝트를 전략적 우선순위로 삼는다는 것은 단순한 선언이 아니라 경영회의나 임원 회의에서 AI 의제를 항시 상정하고 가시적 지원을 실행하는 것을 의미한다. 예컨대 "향후 3년간 우리의 핵심 성장 전략 중 하나는 AI 기반 신사업과 전사 업무 자동화"라는 발표를 공식적으로 하고 주요 부서장들에게 AI 프로젝트 성과를 정기적으로 보고하게끔 체계를 잡을 수 있다.

DX 시절에도 CEO가 회의 때마다 "디지털 트랜스포메이션은 얼마만큼 진행되었는가?"라고 묻지 않으면 디지털 팀은 수동적인 역할에 머무른다. 마찬가지로 AI 시대에도 CEO가 미온적 태도를 보이면 현업에서 할 일이 많은데, AI는 나중에 하면 되지, 라는 식으로 뒤로 미룰 가능성이 높아진다. 반면 CEO가 "올해 말까지 AI 기반 문서 자동화 50% 달성하세요"같은 구체적인 목표와 지시를 내리고, 이를 임원 성과 평가에 포함하면 비로소 현업이 본격적으로 움직이기 시작한다.

전략적인 투자와 인재 영입

AI 트랜스포메이션은 데이터 인프라, 모델 개발, 클라우드 GPU 리소스, 컨설팅·인력·교육 등 광범위한 영역에서 비용을 필요로 한다. DX 시절의 클라우드 전환이나 RPA 도입 비용보다 훨씬 크다. 게다가 AI 인재는 시장에서 몸값이 높고 구하기도 어렵다. 이 모든 것을 CEO가 전략적으로 투자하겠다고 보장하지 않으면 AI팀이 제대로 출발하기 어렵다.

CEO가 AI팀에 "올해 안에 GPU 클러스터 구매나 AI 개발을 위한 클라우드 예산을 충분히 쓰도록 허용한다"거나 "AI팀 인력 5명 충원은 CFO가 제동 걸지 말고 승인해 주라"라고 강하게 밀어주면 프로젝트는 동력을 얻는다. DX 시절에도 CEO가 무한 권한을 준다고 선언할 때 프로젝트가 성공적으로 가는 경우가 많았다. AI 시대에는 기술 리스크와 경쟁이 더 심하므로 이런 강력한 스폰서십이 더더욱 필수다.

물론 CEO가 무조건적으로 AI에 돈을 쏟아붓어야 한다는 것은 아니다. ROI(투자 대비 수익)나 KPI 측정이 중요하다는 것은 굳이 얘기할 필요도 없다. 다만 투자 결정을 제대로 내릴 수 있는 최종 권한자가 CEO라는 인식이 분명해야 중간에 재무 부서나 다른 임원의 반발로 예산이 삭감되지 않는다. 최고경영진 내에서도 CFO(최고재무책임자)가 단기 이익이 줄어든다고 우려할 수 있으므로, CEO가 이를 조정·통제하며 장기 전략의 중요성을 재차 설득해야 한다.

2) CEO에게 필요한 AI 리터러시

최소한의 AI 리터러시

DX 시절에도 CEO와 임원들이 디지털 개념(클라우드, 빅데이터, 협업 툴, 모바일 UX)을 어느 정도 이해해야 의사결정에 참여할 수 있다는 이야기를 했다. AI 시대에는 이러한 요구가 더 높아졌다. AI 모델이 비즈니스 의사결정에 직접 관여하거나 AI가 창의적 결과물을 생성해 주고, 임원은 이를 받아서 최종 승인·검토하는 시나리오가 늘어날 것이기 때문이다.

만약 임원이 AI 모델의 특성과 한계(예: 할루시네이션, 편향, 데이터 편차)를 전혀 모르면 AI가 내놓은 결과를 무조건 믿거나 혹은 무조건 무시할 위험이 커진다. 경영자의 본분인 위험 감수와 기회 창출을 제대로 하기 위해서도 최소한의 AI 리터러시—데이터 품질, 모델 정확도, AI 윤리, 보안 문제—가 필요하다. DX 시절 디지털 문맹이 의사결정을 왜곡했다면, AI 시대에는 AI 문맹이 더 큰 문제를 일으킬 수 있다.

AI 리터러시에 포함되는 것들

CEO가 모든 딥러닝 알고리듬과 파이썬 코드를 배워야 하는 것은 아니다. 그러나 다음 정도는 파악해야 한다.

- **AI 모델의 기본 작동 원리:** 데이터 학습, 예측·분류, 생성 과정이 어떻게 이루어지는지, 어떤 데이터가 들어가면 어떤 결과가 나오는지 등의 원리 정도는 알아야 한다. "AI가 단순히 질의응답 도구 수준이 아니라 대규모 언어 모델(LLM)이 텍스트를 예측해 작성하는 방식이다" 정도는 이해하고 있어야 한다.
- **한계와 위험:** 편향 문제, 데이터 편중 문제, 할루시네이션(거짓 정보 생성), 윤리·보안 리스크 등 AI의 한계성도 이해하고 있어야 한다. CEO는 프로젝트 승인 시 이런 위험을 인지하고 대응책을 마련하도록 지시해야 한다.
- **비용 구조:** AI 모델은 GPU나 클라우드 비용 또는 LLM 사용을 위한 API 비용이 만만치 않고, 재학습·유지보수가 계속적으로 필요하다. DX 때의 서버·클라우드 비용보다 훨씬 더 클 수 있음을 알아야 한다. CEO는 장기 예산 계획에서 이를 고려해야 한다.

- **사업 기회:** AI가 가져올 새로운 BM(비즈니스 모델), 플랫폼 가능성에 주목한다. DX가 전자상거래나 클라우드 서비스를 낳았듯, AI가 내부 효율화뿐만이 아니라 외부 서비스나 생태계로 확장될 수 있다는 점을 이해해야 한다.
- **사례:** 국내외 기업들이 AI로 어떤 혁신을 이뤘는지, 실패 사례는 무엇인지도 알아야 한다. 넷플릭스와 스타벅스 등 대표 성공 사례를 통해 DX의 감각을 배웠다면, AI 시대에는 챗봇 성공 사례, 지능형 RPA 사례, 예지 정비 사례, AI 에이전트를 통한 업무 완전 자동화 사례 등을 알고 있어야 한다.

CEO도 AI 교육·세미나 필수

DX 시절에도 임원이나 CEO 대상의 디지털 교육이나 워크숍이 흔치 않았고, 일부 CEO는 "내가 배워야 해?"라고 불편을 표하기도 했다. 하지만 변화가 빠른 탓에 디지털 리터러시가 없는 임원은 회의에서 뒤처지고 만다. AI 시대에는 그 간극이 더 극명해진다.

따라서 대기업이나 중견기업은 임원을 대상으로 하는 AI 세미나, 워크숍, 외부 전문 강사 초빙 강의 등을 정기적으로 열고, AI 리터러시를 강화해야 한다. 일부 회사는 이 과정을 'AI Bootcamp for Executives'처럼 별도 이름으로 운영하기도 한다. CEO와 임원이 이런 교육을 수료하면 적어도 AI 모델 정확도라는 것이 어떤 식으로 측정되는지, 윤리·보안 이슈가 어디서 생기는지 정도는 이해하게 된다.

그리고 현업은 이런 임원 모습에 신선한 충격을 받고 "아, 우리

CEO가 진짜 AX에 관심을 갖고 있구나"라고 인식하게 된다. DX 시절에도 임원이 직접 클라우드 관리자 콘솔을 배워본 뒤로 IT 팀과 소통이 원활해졌다는 사례가 있었다. 임원이 ChatGPT나 AI 과제를 직접 체험해 보는 일은 조직 내 AI 문화 정착에 큰 도움을 준다.

3) 파워·정치 이슈를 통제하는 법

부서 간 충돌 조정

AI는 기존 부서가 해 오던 중요한 업무—예컨대 의사결정 자료 정리, 보고서 작성, 고객 분류, 심지어 인사 채용까지—를 자동화할 수 있고, 때로는 사람보다 더 좋은 결과를 낼 수도 있다. 이때 중간 관리자나 임원은 "우리 부서 권한이 줄어드는 것 아니냐" "이 업무는 우리 핵심 역량인데, AI가 대신하면 부서의 존재 이유가 모호해진다"라고 느낄 수 있다.

그 결과 부서 간 권력 다툼이나 정치 이슈가 생길 확률이 높다. 예컨대 A 부서가 "AI 예측 결과에 따라 프로젝트 예산을 조정해야 한다"라고 하면, B 부서는 "우리 판단이 더 중요하다"며 반발할 수 있다. 혹은 AI팀과 기존 IT 부서, 현업 부서 간 책임 구분이 모호해져 갈등이 발생하기도 한다. 이런 정쟁이 방치되면, AI 프로젝트는 제대로 진행되지 못하고, 조직 내 피로감만 쌓일 가능성이 크다.

이런 상황에서 유일하게 갈등을 조정하고 방향성을 분명하게 잡아

줄 수 있는 존재가 CEO이다. CEO가 "AX는 우리의 생존 전략이며 누구도 AI 전환에 발목을 잡지 말라"라고 공식적으로 선언하고 구체적으로 부서 충돌 시 CEO 직속 위원회가 신속히 중재하는 방식으로 운영할 수 있다. 더 나아가 AI팀에 상당한 독립성과 예산 권한을 부여해 기존 부서 임원이라도 마음대로 간섭하지 못하게 할 수도 있다.

설득과 보상

CEO가 AI에 반대하는 자는 무조건 방해 세력처럼 강압적으로만 나가면 조직의 갈등을 더 키울 수 있다. 그래서 설득과 보상이 동반되어야 한다. 예컨대 중간 관리자의 KPI에 AI 프로젝트 협조 항목을 넣고 성공하면 인센티브를 주는 방식이다.

DX 시절에도 일부 기업이 CIO, CDO 등 디지털 리더와 기존 임원 간 협업 성과를 평가 지표에 반영해 갈등을 줄였다. 그리고 단순·반복 업무를 줄이고 더 고부가가치 활동을 하도록 지원하는 것이라는 메시지를 CEO가 반복해서 전해야 한다. 이때 실제 사례(어느 기업에서 AI 도입 후 해당 부서가 더 중요한 전략 업무를 맡게 됨)를 제시하면 설득력이 커진다.

직접적인 갈등 중재

CEO가 주재하는 AI 혁신 협의체를 두고, 분기별로 부서 간 충돌 사안이나 데이터 공유 이슈를 안건으로 올려 토론한다. 가장 바람직한 시나리오는 CEO가 회사 전체가 AI로 얻을 수 있는 편익이 훨씬 크다는 점을 재차 강조하고, 만약 특정 부서가 과도한 제한을 요구하면 필요

최소한의 보호 장치로 충분하다는 결정을 내려 주는 것이다.

CEO가 중간 관리자 연수나 워크숍을 직접 주관해 "AI는 불가피한 미래이며 여러분이 적절히 리스크를 관리하되 조직을 혁신해야 한다"는 메시지를 던지고 이를 위한 인센티브나 승진 가점을 제공할 수도 있다. 앞서 이야기한 현업의 임원 조직에 KPI를 부여하고 이 부분이 팀장과 실무 담당자에게까지 내려가게 하는 것 또한 같이 챙겨가야 할 대목이다.

중간 관리자와 현업 부서가 이 변화에 협력하지 않으면 아무리 CEO와 AI팀이 구체적 지침을 마련해도 실무 적용이 제대로 안 될 수 있다. 그래서 오너십, KPI 부여, 갈등 중재와 조율, 인센티브 설계라는 CEO의 리더십이 재차 강조된다.

———

정리해보자. 수십 번도 더 강조하는 말이다. AX의 성패는 CEO 입에 달려 있다. 이 말이 DX 시절과 똑같은 뉘앙스는 아니다. AI 시대에는 조직 저항이 더 강해지고 의사결정 영역을 AI와 사람이 공동으로 다루게 되기 때문에 권력 구조는 더욱 요동칠 수 있다. 그만큼 CEO가 강력하고 일관된 스폰서십을 발휘해야 한다는 뜻이다. 정리해 보면 경영진의 역할은 크게 세 가지로 요약할 수 있다.

- **경영진 지원과 투자 보장**: AI를 전략적 우선순위로 설정하고 필요한 예산과 인력을 제대로 승인해 주며 부서 간 충돌을 제어한다.

- **AI 리터러시:** CEO 스스로 AI를 기본적으로 이해해 잘못된 기대나 불안을 피하고 의사결정과 갈등 조정에 정확히 개입한다.
- **조직 내 파워·정치 이슈 통제:** 중간 관리자와 임원들이 AI를 무력화하거나 저항하지 않도록 메시지를 선명히 주고 협조적 태도를 유도하며 갈등이 생기면 신속히 중재한다.

디지털 시대로 넘어올 때도 비슷한 논리가 작동했지만, AI 트랜스포메이션은 더 빠른 기술 혁신 속도와 더 깊은 조직 변화를 수반한다. CEO가 이를 방관한다면 재무 부서나 다른 임원이 보수적 태도로 프로젝트를 중단시킬 가능성이 높다. 반면 CEO가 우리 회사 미래는 AI와 함께라는 확신을 갖고 스폰서십을 발휘하면, 현업 부서와 임원들이 협조하고 빠르게 파일럿 프로젝트를 수행하고 성공을 맛보며 전사 확장으로 가는 선순환이 이뤄질 수 있다.

AI가 세상을 바꿀 것이라는 큰 담론은 많지만, 실제 바꿀 수 있는지 여부는 CEO의 의지와 그의 조직 장악력에 의해 결정된다. "AX의 성패는 CEO 입에 달렸다"는 사실을 다시 한 번 더 기억하자.

3. AX 성공 KPI와 ROI 측정

아무리 뛰어난 AI 모델을 도입해도, 실제 성과가 어떻게 나타나는지를 측정하고 가치(ROI)를 정량정성으로 확인하지 않으면 조직 내부의 지지를 얻기 어렵고 중장기적 확장도 좌절될 가능성이 크다. 이는 디지털 트랜스포메이션(DX) 시절에도 마찬가지였다. 하지만 AX에서는 그 중요성이 더욱 강조된다.

DX를 추진할 때도 성과 측정은 쉽지 않은 과정이었다. 백본을 구축하고 기본적인 디지털 도구 도입을 경영진 눈높이에 맞는 성과로 전환하기란 정말 어려웠다. 그러나 AI 시대에는 그 성과가 명확하다. 이전보다는 더 수월하게 절감된 비용이나 늘어난 매출, 효율화된 인건비를 숫자로 이야기할 수 있다.

AI 모델이 각종 데이터를 처리해 업무 효율을 높였는데, 그 결과로 얼마의 비용 절감이 발생했고, 매출이 얼마나 늘었고, 조직 문화에는 어떤 긍정적 변화가 있었는지 명료하게 드러나야 한다. 그렇지 않으면, AI가 뭔가 대단한 일을 한다고 들었는데, 실제로는 별로 효과가 체감이 안 된다는 냉소적 분위기가 생길 수 있다. 그럴수록 AI 시대의 성과 측정은 더 중요해진다. 경영진과 현업은 투자의 실질적 편익이 얼마나 되는지를 확인하고 싶어 한다.

이 장에서는 AX 성공 KPI를 어떻게 잡고, ROI를 측정할 때 무엇을 유의해야 하는지, 그리고 단기·중기·장기로 나누어 모니터링하는 방법까지 종합적으로 논의한다. 재무적 관점뿐 아니라 비재무적 관점(조직 문화·의사결정 속도·고객 만족도 등)도 함께 보며, 데이터 대시 보드와 프로젝트 성과 측정 툴을 어떻게 구축해야 하는지도 살펴볼 예정이다. 이 과정을 통해 독자들은 AI 투자의 성과를 구체적으로 증명하는 전략을 체계화할 수 있다.

1) KPI와 AI 혁신의 정렬

기술보다 비즈니스가 먼저

DX가 한창이던 때에도 기업이 흔히 범하던 실수는 멋진 기술을 사다 놓고 실제 비즈니스 어느 부분에서 어떻게 쓰일지를 명확히 정하지 않는 것이었다. 그래서 비싼 클라우드·빅데이터 솔루션을 도입했음에도 현업이 쓰지 않고 창고 속 장비처럼 방치되는 사례가 속출했다. AI 시대에도 같은 함정이 도사리고 있다. ChatGPT나 생성형 AI 서비스를 도입하면 뭔가 놀라운 일이 벌어지겠지라고 막연히 기대해서는 안 된다. 어떤 목표를 위한 AI 도입인지를 명확히 설정해야 한다.

기업이 3년 내 매출 20% 신장을 비즈니스 목표로 잡았다면 AI 도입이 목표에 어떤 식으로 기여하는지 구체적으로 생각해야 한다. 마케팅 측면에서 고객을 세분화해 초개인화 캠페인을 추진한다든가, 영업 측면에서 잠재 리드(Lead) 점수를 자동화해 영업 효율을 높인다든가, 신제품 R&D 측면에서 AI를 활용해 제품 설계 주기를 단축한다든가, 하는 식으로 연결 지어야 한다. 단순히 AI가 신기하니까 도입해 보자는 수준으로는 경영진뿐만 아니라 현업 부서도 협조하지 않을 확률이 높다.

현업 부서가 주체가 되어야

현업 부서가 자신의 과제로 인식하고 주인의식을 가지고 직접 실행해야 한다. 가장 좋은 방법은 AX 과제, 즉 AI 모델의 개발과 적용을 AI

팀이나 IT 조직이 아닌 현업 담당 임원의 조직에 미션으로 부여하고 KPI로 관리하는 방법이다.

CEO는 주요 임원들에게 일정 규모 이상의 KPI를 요구하고 과제를 발굴하고 이에 대한 진척과 결과를 보고해 달라고 요청해야 한다. 실질적인 구현은 AI팀이 진행하더라도 제대로 된 요구 사항과 AI 모델을 적용한 이후의 성과 등은 현업 조직(마케팅팀, 생산팀, HR팀 등)이 책임감을 가지고 진행한다. 이는 조직 전체를 변화하는데 아주 중요한 신호가 된다. 현업 조직이 AX의 주인공이라는 메시지를 이러한 과정을 통해 부여하게 된다.

DX 시절 실패한 원인을 분석해보면, 바로 이 단계로 나아가지 못했기 때문이라는 것을 여러 회사에서 목격할 수 있다. 처음부터 현업의 임원 조직에서 미션을 부여하고 필요하다면 직접 AI 모델과 이를 통한 성과에 대한 발표도 요청하고 이를 KPI에 반영한다면 AX의 추진 속도가 올라가고 성공의 확률 또한 높아진다.

명확한 KPI 설정

DX를 실행할 때에도 DX와 연결된 KPI(Key Performance Indicator)를 어떻게 잡느냐가 성공 여부를 가르는 열쇠였다. AX 시대에는 그 복잡성이 더욱 높아진다. 예컨대 회사 전체 목표는 영업이익률 15% 달성이라고 할 때, 구체적으로 어떤 지표를 책임지거나 개선해야 할지 협의해야 한다. 마케팅 쪽에서는 광고 효율(ROAS)을 20% 이상을 올리겠다를 KPI로 정하고, 생산 쪽에서는 불량률을 0.5%p 낮추겠다로 잡으며, HR 쪽에서는 채용 시간 30% 단축한다는 식으로 부서별 구체적 지표가 목표로 설정되어야 한다.

DX 때에는 정량화한 KPI 설정이 무척 어려웠다. 많은 경우 IT 백본이나 DX를 위한 기반 인프라를 만드는 것이 상당수였다. 그렇다 보니 시간이 지날수록 DX에 대한 성과가 무엇인가에 대한 의구심이 커졌고 이런 요소가 추진 동력을 상실하게 하는 원인이 되기도 했다.

KPI가 추상적이면 나중에 AI 프로젝트 성과 측정이 힘들고 현업도 동기부여가 안 된다. KPI가 명확해야 파일럿 프로젝트에서 성과를 확인하고 전사 확장으로 이어졌을 때 ROI를 검증할 수 있다. 그리고 현실성도 갖출 수 있다. 그렇지 않고, 200% 증가처럼 비현실적 수치를 설정하면 파일럿 프로젝트도 실패로 이어지고 AI에 대한 조직 불신이 커진다.

단기·중기·장기 지표의 구분

AI는 도입 초기(1~2년)에는 파일럿 프로젝트를 통해 빠른 성과를 낼 수도 있지만, 보다 큰 혁신(비즈니스 모델 전환 등)은 3~5년 이상의 장기 관점이 필요하다. 그러므로 단기·중기·장기로 지표를 나눠 설정하는 것이 좋다.

단기(6개월~1년)는 파일럿 성과(예: 재고 비용 5% 절감, 챗봇 만족도 10% 향상) 같은 지표에 집중하고, 중기(2~3년)는 전사 핵심 프로세스 AI 활용률 50% 달성이나 영업 효율(인당 매출) 30% 향상 같은 목표에 집중한다. 그리고 장기(3~5년 이상)에는 AI를 통한 신규 플랫폼 BM(비즈니스 모델) 매출 비중 20% 달성 등으로 큰 그림을 잡는다.

시간 축을 구분해 목표나 KPI를 단계별로 설정하면 단기 성과로 내부 동의를 얻고, 중기·장기로 확장하는 로드맵이 된다. AX는 DX보다 기술 변화가 더 빠르므로, 단기·중기·장기로의 구분이 필수적이다. 단기 성과가 없어 조직의 지지가 떨어지면 중장기 비전으로 가지 못하고, 반대로 단기에만 집중하다가 큰 그림을 놓치면 국내 또는 글로벌 경쟁에서 뒤처지는 역효과가 날 수 있다. 장단기 지표에 대해서는 뒤에서 다시 설명하겠다.

2) 재무적·비재무적 성과 지표

재무적·비재무적 관점이 필요한 이유

DX 시절부터 성과 측정에서 "재무적 지표 vs 비재무적 지표"의 균형을 고민해 왔다. 재무적 지표란 ROI(Return on Investment), 비용 절감, 매출 증대 등 숫자로 환산 가능한 항목을 말한다. 비재무적 지표는 조직 문화 개선, 직원 만족도, 고객 경험 향상, 의사결정 속도, 혁신 아이디어 증가 같은 정성적 요인을 말한다. AX 과정에서도 두 관점 모두를 놓치면 안 된다.

사실 AI 프로젝트가 당장 재무적 이익을 낳는 것도 많지만(예: 챗봇을 통한 콜 센터 인건비 절감), 장기적으로 더 큰 가치는 의사결정 속도 향상이나 창의적 업무를 위한 시간 확보, 직원 역량 강화 등 정성적 요소에서 나온다. 만약 회사가 재무적 성과만 강조해 단기 ROI 숫자만 집요하게 추적한다면, 파괴적 혁신을 위한 장기 AI 개발이나 조직 문화 개선 같은 부분은 포기하게 될 위험이 있다. 동시에 비재무적 요소만 강조하면, 구체적 비용 절감과 매출 증대가 보이지 않아 경영진은 AI는 돈만 먹는 공룡 아니냐고 의심할 수 있다.

결국 재무적 KPI와 비재무적 KPI를 조화가 필요하다. 특히 AI는 예측·생성 능력 덕에 기업의 수익 구조에 바로 기여할 수 있으므로, 재무적 성과 측정이 상대적으로 쉬운 면이 있다. 하지만 AI가 만들어 내는 조직의 혁신 문화나 직원 역량 변화 같은 비재무적 성과도 무시하면 안 된다.

재무적 지표 예시

- **ROI(Return on Investment; 투자 자본 대비 수익률):** 예컨대 챗봇 도입 비용 1억 원, 연간 콜 센터 비용 3천만 원 절감, 간접 매출 증가 5천만 원이면 대략 투자 회수 기간이 1.5년 정도임을 계산할 수 있다. IT 프로젝트도 ROI를 따졌지만 AI는 비용 절감뿐 아니라 추가 매출과 기회비용 절감까지 폭넓게 산정해야 한다.
- **비용 절감:** 지능형 RPA나 문서 분류 AI가 도입되면 이전에 사람이 하던 반복 작업 시간을 절감할 수 있다. 이전의 전통 RPA를 도입했을 때에도 그 효과를 정량적으로 환산한 것처럼, 지능형 RPA의 경우에도 목표하는 시간 단축에 맞춰 인건비 절감액이나 정확도 몇 퍼센트 향상으로 오류 비용 감소 등을 고려할 수 있다.

- **매출 증대:** 마케팅 AI로 고객 세분화가 정교해져 매출이 올라가거나 영업 예측 정확도로 인력의 효율이 높아지는 사례가 이에 해당한다. 특정 기간 대비 매출 증가량 중 얼마가 AI 덕인지 추정이 필요하다. AI 모델 활용으로 전환율이 3% 증가하고, 매출이 연 2억 원 늘었다면 그것을 성과로 계량화할 수 있다.
- **재고 비용과 운송 비용 절감:** 예측 모델로 적정 재고를 유지하고 물류 최적화 AI로 운송 경로를 개선하면 연간 재고 유지비·물류비가 줄어드는 직접 효과가 나타난다. 이전에도 SCM(Supply Chain Management) 일부를 자동화했지만, AI는 더 정밀한 예측이 가능해 절감 폭이 커질 수 있다.

비재무적 지표 예시

- **조직 문화·직원 만족도:** AI 덕분에 단순 반복 업무가 줄어들고 직원들이 창의적 전략적 과업에 집중하게 된다면, 직무 만족도나 이직률에 변화를 줄 수 있다. DX 시절 RPA 성공 사례가 이직률이나 야근 감소에 긍정적 영향을 준 것처럼 AI가 그것을 더 확장해 줄 수 있다.
- **의사결정 속도·정확도:** AI 예측·생성 모델이 실시간 시나리오를 제시해 임원이나 팀장의 의사결정 시간이 단축되거나 계획–실행 사이클이 빨라진다. 이는 정성적 지표지만 일정 정도 수치화가 가능하다. 예를 들면 "연간 20건의 임원회의 안건 중, 15건을 AI 분석으로 1주 단축했다" 등이다.

- **고객 만족도:** AI 챗봇이나 추천 시스템이 도입되면 고객이 제품이나 서비스를 이용하는 과정에서 편리함을 느낄 수 있다. 고객 만족도 영역은 NPS(Net Promoter Score)나 CSAT(Customer Satisfaction) 지표가 있다. AI가 들어오면 이 지표가 얼마나 개선됐는지 측정할 수 있다.

- **혁신 아이디어·프로세스 개선 횟수:** AI 모델이 현업에게 인사이트를 주어 새로운 아이디어나 프로세스 개선안을 얼마나 자주 발굴했는지도 평가할 수 있다. 예컨대 AI 도입 전에는 연간 혁신 제안이 10건이었는데 AI 도입 후에는 25건으로 늘었다면 그것을 비재무적 개선으로 볼 수 있다. 물론 측정 방식에 대해서는 합의가 필요하다.

3) 프로젝트 성과 측정

AI 성과 대시 보드

DX 시절에도 대시 보드를 통해 KPI를 실시간 모니터링하는 기업이 많았다. 예컨대 파워비아이(Power BI)나 태블로(Tableau) 등으로 실시간 매출, 앱 사용자 수, 재고 현황 등을 시각화했다. AI 시대에는 여기에 더 많은 지표가 추가된다. 예를 들면 모델 정확도, 예측 오류율, 자동화된 업무 건수, AI 챗봇 고객 대화 수, 지능형 RPA 성공 작업 건수 그리고 앞서 언급한 재무·비재무 KPI 등을 모두 모니터링해야 한다. 이를 "AI 성과 대시 보드"라 부를 수 있다. 그리고 기존의 전사 대시 보드에 AI 항목을 추가할 수도 있다.

중요한 것은 전사 관점에서 AI 프로젝트들의 주요 지표를 한눈에 볼 수 있는 체계를 만드는 것이다. 만약 부서별로 AI 성과를 따로 관리하면 전사적으로는 AI 투자 대비 전체 성과가 어떻게 나타나는지 파악하기가 어렵다. DX 시절에도 이런 사일로 문제는 많았지만 AI 시대에는 더욱 치명적이 될 수 있다.

AI 모델별 운영 성능 체크

AI 프로젝트는 단순 KPI 말고도 모델 자체의 운영 성능도 체크해야 한다. 예컨대 문서 분류 모델의 정확도, 챗봇의 사용자 만족도, 예측 모델 RMSE(Root Mean Squared Error; 평균 제곱근 오차), F1 스코어(F 점수; 예측 성능의 측정 값) 등 머신러닝 지표가 여기에 해당한다. DX 시절에는 대시 보드를 통해 결과만 봤다면, AI 시대에는 과정(모델 성능)을 주기적으로 모니터링해서 성능이 떨어지거나 편향이 생기면 재학습·개선해야 한다.

MLOps 툴(쿠베플로우, ML플로우 등)이 이런 모니터링 기능을 제공한다. 전사 대시 보드와 연동하게 되면 AI 모델별 최신 성능과 추세를 임원이나 프로젝트 리더가 쉽게 확인할 수 있다. 만약 부정적인 추세(정확도 하락)가 감지되면 즉시 알림을 주어 원인을 파악하고 개선 작업에 들어가야 한다. DX 시절 CI/CD(지속 통합, 지속 배포) 문화가 AI 시대에선 MLOps/AI 성능 모니터링으로 확장된다고 볼 수 있다.

정성적 판단도 필요

비재무적 지표나 정성적 요소(직원 만족도, 조직 문화, 의사결정 속도, 혁신 아이디어)는 수치화하기 어렵다. 하지만 무시하면 안 된다. 이전에도 사내 설문이나 인터뷰, HR 지표(이직률, 결근율) 등을 통해 간접적으로 측정하는 방식을 썼다.

AI 시대에는 그 범위를 더 확장해 AI 도입 전후 직원 인식 변화, AI 모델로 인한 의사결정 시간 단축 체감도 등을 조사한다. 분기마다 사내 설문을 돌려 우리 부서에 도입된 AI가 업무 효율을 높인다고 생각하는지, AI가 잘못된 판단을 내렸다고 생각하는지, 같은 질문에 5점 척도로 응답하도록 하고 그 추이를 대시 보드에서 함께 살펴본다. 물론 데이터는 주관적이지만 정성적 판단에도 근거가 필요한 법이다. DX 시절 현업 만족도 조사를 했듯 AI 시대에도 지속적 피드백 루프가 중요하다.

4) 단기·중기·장기로 성과 측정

단기(6~12개월): 빠른 파일럿 프로젝트 성과와 ROI

작고 빠른 파일럿 프로젝트나 지능형 RPA 도입으로 초기 결과를 확인할 때, 이때 추적하는 KPI나 ROI는 대개 단기적이다. 예를 들어, 문서 분류 AI로 월 50시간 업무 단축, 챗봇으로 콜 센터 통화량 20% 감소, 생성형 AI로 마케팅 카피 작성 시간 50% 감소 등의 결과가 여기에 해당한다.

　단기 성과는 임원이나 현업이 AI가 실제 효과를 준다고 깨닫게 하는 출발점이므로 정확하고 투명하게 계산·보고해야 한다. DX 시절에도 RPA 파일럿이 첫 달에 인건비 100만 원 절감했다고 하면 임원들이 환영했듯, AI 시대에도 비슷한 구조로 초반 성과를 좁은 범위에서라도 수치화하는 것이 중요하다. 이는 조직 내 불안과 저항을 줄이고 중장기 투자를 이어갈 명분을 세워 준다.

중기(1~3년): 전사 운영과 협업 문화 변화

전사 확장 국면(1~3년 차)에 들어가면 KPI는 단순 비용 절감을 넘어 조직 프로세스 전반을 혁신하는 수준으로 확대된다. 예컨대 의사결정 속도 30% 단축, 신제품 개발 리드타임 20% 감소, AI 기반 업무 자동화로 전사 인력 재배치 완료 같은 지표가 목표로 설정될 수 있다.

　이 시점에는 중간 관리자와 임원이 AI 성과 모니터링 대시 보드를 정기적으로 확인하며 큰 규모로 분산된 AI 모델의 집합적 효과를 분석한다. 재무적 관점에서 전사 이익률이 일정 정도 개선되었다면 그중 AI가 기여한 비중을 추정한다. 디지털 프로젝트 전체와 부서별 기여를 구분했듯 AI로 인한 매출 증가나 비용 절감 기여도를 가늠하는 작업이 필요하다.

　조직 문화 변화도 감지된다. AI가 자리 잡아 업무가 간소화된 부서는 직원들이 본연의 창의적 업무에 집중할 수 있다거나 보고서 작성 시간이 줄었다 등의 피드백을 한다. 이런 정성적·비재무적 성과를

KPI로 반영해 직원 만족도(4.0→4.3), 이직률(연 10%→7%), 프로세스 혁신 건수(연 5건→15건) 등을 측정해 볼 수 있다.

장기(3년 이상): 비즈니스 모델 전환과 혁신적 성과

3년 이상이 되면 비즈니스 모델 자체를 바꾸거나 새로운 플랫폼 사업을 시작하는 경우도 생긴다. DX 시절에도 내부 디지털 역량을 플랫폼화해 외부에 서비스하는 사례가 있었는데, AI 시대에는 예측·분류·생성 모델을 B2B로 판매하거나 생태계를 구축하는 전략을 훨씬 더 쉽게 시도해볼 수 있다. 이때 KPI는 새로운 AI 기반 사업 매출 비중, 외부 파트너사 수, 생태계 참여자 만족도 등으로 확장된다.

장기 성과 중에는 회사 이미지와 브랜드 가치도 포함된다. AI를 통해 고객 경험을 혁신한 유통사가 시장 점유율을 높이고 주가도 상승하는 식이다. AI가 기여한 부분이 어느 정도인지 정확히 계산하기는 어렵지만, DX 시절에도 동일한 문제가 있었다. 결국 여러 지표를 종합해 AI가 장기적으로 우리 회사 경쟁력을 한 단계 업그레이드했다고 판단해야 한다.

5) 성공 사례와 실패 사례

AI 챗봇 프로젝트(성공 사례)

유통 기업 A사는 콜 센터에 챗봇 AI를 도입해 일상 문의를 자동화하고, 긴급·복잡 문의는 전문 상담원에게 연결하는 하이브리드 방식을 파일럿 프로젝트로 시도했다. 파일럿 6개월 만에 월 평균 콜량이 20% 감소, 전화 대기시간이 30초 줄었고, 고객 만족도는 3.8점에서 4.2점으로 올라갔다.

이 성과를 명확히 측정·보고해 임원들은 챗봇이 연간 1억 원 인건비 절감 효과를 낼 것으로 판단해 전 지점 확장 결정을 내렸다. 전사 확장 후 1년 사이에 실제 인건비 절감액 1.5억 원, 고객 만족도 NPS도 5점 상승했다. A사는 AI 챗봇을 전사 AI 성과 대시 보드에서 모니터링하며, 상담 이력 데이터로 더 정교한 모델 학습을 진행했다.

이처럼 단기에서 중기로 넘어가는 성과가 수치로 입증되면서 경영진은 마케팅 캠페인 등 다른 분야로 AI 적용을 확장했고, 결과적으로 연간 5억 원 이상의 비용 절감 및 매출 향상을 기록했다. 이 모든 것이 초기에 측정 체계를 제대로 갖추어 AI가 얼마만큼 기여하고 있는가를 보여 줬기 때문이다.

RPA 프로젝트 (실패 사례)

제조기업 B사는 지능형 RPA로 문서 분류 자동화를 시작했으나 성과를 구체적으로 수치화하지 않았다. 그리고 현업 부서가 일하기 편하겠지 정도로만 막연히 생각했다. 파일럿 프로젝트가 끝났지만 정확히 얼마나 시간 절감이 되었는지 오류가 얼마나 줄었는지 기록이 없었다. 보고서를 작성하려 했으나 담당자가 중간에 바뀌고 현업도 별다른 보고를 하지 않아 임원들은 결론적으로 잘 됐는지 모르겠다는 반응을 보였다. 이후 전사 확대를 추진하려 했지만, 임원들이 "파일럿 과정에서 얻은 게 뭐지? 구체적인 성과가 안 보이는데?"라고 의문을 표했고, 결국 예산 승인도 하지 않았다. 마찬가지로 현업에서도 뭐가 개선됐는지 체감이 애매하다며 협력을 소홀히 했다.

결과적으로 지능형 RPA 프로젝트는 흐지부지되었고 회사 내부로는 "AI? 별로 효과 없는 기술"이라는 인식이 널리 퍼져 버렸다. 성과 측정에 실패해 혁신이 좌절된 사례다.

———

우리는 AX의 성공을 위해 KPI와 ROI를 어떻게 설정하고 모니터링해야 하는지를 구체적으로 논의했다. 결론은 단순하다. 측정되지 않으면 성과도 없고 혁신도 없다는 것이다. DX 시절에 이미 깨달았던 사실이지만 AI 시대에는 더 확고하게 적용된다.

재무적·비재무적 관점을 모두 살펴야 하며 프로젝트 성과 측정 툴과 데이터 대시 보드도 필수적이다. 이때 단기(6~12개월), 중기(1~3년), 장기(3년 이상)로 구분해 다른 차원의 성과 지표를 모니터링하면 파일럿 프로젝트 초기부터 전사 확장, 더 나아가 비즈니스 모델 전환까지 유기적인 로드맵을 그릴 수 있다.

그리고 조직 문화, 의사결정 속도, 혁신 아이디어 증가 같은 비정량적 요소도 함께 추적해야 한다. DX 시절 협업 툴 도입이 직원 만족도를 높이고 창의적 협업을 촉진했다면, AI 시대에는 그 효과가 더 크다. 이러한 정성적 지표를 무시하지 말고, 설문·인터뷰·NPS 등 다양한 방식으로 추적하고 대시 보드에 반영하는 것이 바람직하다.

한두 번의 성과 측정으로 끝내지 말고 지속적이고 정기적으로 KPI와 ROI를 재평가해야 한다. AI 모델은 학습·재학습·버전 업이 계속되는 존재다. 한 번의 파일럿 프로젝트가 성공했다고 해도 운영 과정에서 모델 정확도가 떨어질 수 있고 데이터 패턴이 바뀔 수도 있다. 반면 의외의 신규 통찰이 발견되어 ROI가 상승하기도 한다. 이런 동적 변화를 수용하려면 성과 측정 역시 고정된 관점이 아닌 유연한 관점에서 접근해야 한다.

이 모든 것을 종합하면, AX 성공의 열쇠는 조직이 공감할 수 있는 구체적인 지표를 통해 AI 프로젝트가 어떤 변화를 창출하는지 수시로 보여 주고, 필요하면 방향을 조정하는 능력에 있다고 말할 수 있다. DX 시절의 보여지는 성과가 없으면 디지털 전환이 흐지부지된다는 법칙이 AI 시대에도 그대로 적용된다는 사실을 명심하자.

4. AI팀과 거버넌스

AI 트랜스포메이션을 전사적으로 추진하려면 "누가 이 일을 이끌 것인가?"라는 질문을 하지 않을 수 없다. DX 시절에도 IT 부서를 넘어서는 DX 전담 조직(CoE)을 뒀듯, AX에서도 비슷한 수순이 예상된다. 다만 이번에는 기존 IT 조직과의 관계가 한층 더 복잡해진다. 기존 IT 조직이 ERP·인프라·RPA 등을 담당해 왔는데 AI팀이 새롭게 생기면 서로 중복되거나 경계가 모호해질 가능성이 있다. 이때 이 둘을 통합 운영해야 할까? 완전히 별도 조직으로 떼어내야 할까? 어느 정도 융합하는 것이 좋을까? 이 같은 질문을 하지 않을 수 없다.

조직 운영 다음으로 조직 전반을 관통하는 데이터 거버넌스와 윤리·보안 체계도 뒷받침 되어야 한다. 새로운 모델과 알고리듬 도입만이 능사는 아니다. AI가 고도화될수록 기업 내부의 핵심 문서, 데이터와 밀접히 결합하는 상황이 늘어난다. 이때 데이터를 누구에게 어디까지 허용할 것인지, 윤리적 기준과 편향 모니터링은 누가 책임지고 진행할 것인지 등 수많은 의문에 답도 찾아야 한다.

이 장에서는 기존 IT 조직과 AX 전담 조직인 AI팀의 통합 모델, 분리 모델, 혼합 모델의 장단점을 알아보고, CoE 구성을 어떻게 해야 할지 살펴볼 예정이다. 그리고 가상의 사례를 통해 조직 운영 방안과 의사결정 구조, 그리고 생성형 AI나 RAG 등을 활용할 때 지켜야 할 사내 규정과 권한 관리 원칙, AI 윤리위원회와 편향 모니터링의 중요성도 살펴본다. 마지막으로 ChatGPT 등 외부 API를 활용하는 과정에서는 어떤 지침이 필요한지도 정리해본다.

1) AI팀의 필요성

AI 활용과 운영을 위한 필수 조직

AI 기술의 본격적 활용과 안정적 운영을 위한 필수 조직 기업의 AI 도입이 확산됨에 따라 CEO의 지원, 현업 부서의 KPI 설정 등 다양한 준비 과정이 이루어진다. 하지만 이러한 준비가 완벽하다고 하더라도 가장 중요한 것은 AI 도입의 장기적 여정을 누가 책임지고 이끌어가는가 하는 점이다. 결론부터 이야기하면, 기업의 지속적인 성장과 경쟁력 확보를 위해서는 HR, 재무, 법무 조직과 마찬가지로 전담 AI 조직이 필수적이다.

간단히 외부 생성형 AI 서비스(ChatGPT 등)를 사용할 때는 크게 고민할 필요가 없었다. 그러나 RAG, 지능형 RPA, 머신러닝·딥러닝 모델과 같은 보다 복잡한 AI 시스템은 전담 조직을 필요로 한다. 만약 회사가 일상 업무에서 AI 예측 모델이나 지능형 RPA를 활용하고 있는데 갑자기 장애가 발생하면 어떻게 될까? 일반 IT 시스템 장애는 대부분 원인을 쉽게 찾아내 해결하지만, AI 시스템 장애는 원인과 해결책 찾기가 쉽지 않다. 외부 기업에 의존할 경우, 성능 저하나 운영의 문제가 생겼을 때 빠르고 효과적인 대응이 어렵고 큰 비용과 시간이 추가로 소모될 수밖에 없다. 따라서 기업은 내부적으로 AI 역량을 축적하고 내재화하는 것이 필수적이다.

AI 프로젝트는 개발 완료 시점이 진정한 시작점이며, 실제로 운영 단계에서 성패가 결정된다. 개발은 외부 도움을 받을 수 있지만, 운영 단계에서의 지속적 관리(MLOps, AIOps)는 전적으로 내부 역량에 달려 있다. AI가 기업의 매출 향상, 비용 절감, 생산성 제고 등 핵심적인 역할을 수행하는 상황에서 이 모든 운영을 외부에 맡기는 것은 위험한 결정이다. 즉 AI팀은 기업의 지속 가능한 AI 운영과 성장을 위해 반드시 구축되어야 하는 핵심 조직이다.

AI 모델의 성능 관리

AI팀이 필요한 또 다른 이유는 AI 모델의 성능 관리 때문이다. AI 모델은 시간이 지나면서 자연스럽게 성능이 저하된다. 시장 변화, 데이터 패턴 변화 등 AI 모델의 재학습은 필수적이다. 기업의 재고 예측 모델의 정확도가 갑자기 떨어지게 되면 잘못된 데이터로 보고서가 작성되고, 이 내용이 부서 전체로 확산될 위험성이 크다. 이와 같은 문제를 방지하기 위해 AI팀은 성능 저하 시 즉각적으로 모델을 재학습하거나 파라미터 조정을 진행하고 현업에 신속하게 상황을 공유하는 책임을 진다.

뿐만 아니라 AI의 안정성과 보안성, 품질 관리 역시 AI팀의 중요한 역할이다. AI 모델이 특정 질의에서 반복적으로 오류를 발생시키거나 잘못된 데이터를 생성하지 않도록 실시간으로 관리하고 대응해야 한다. 실제 AI를 도입한 기업 중 AI 모델이 장기간 오작동하는 것을 인지하지 못해 심각한 업무 혼란을 겪은 사례도 발생한 만큼, AX 전담 조직 없이 안정적인 AI 운영을 기대하는 것은 불가능하다.

AI팀을 구성하는 문제는 선택이 아니라 시기의 문제일 뿐이며, AI

를 핵심 경쟁력으로 삼는 기업이 반드시 갖춰야 하는 필수 조건이다.

2) 기존 IT 조직과의 협력

통합 vs 분리 vs 혼합 모델

통합 모델은 "IT 부서 + AI팀"을 하나로 합쳐 단일 부서로 운영하는 형태다. 즉 CIO나 CDO 아래 AI 전문가와 기존 시스템 담당자를 모두 소속시키고 DX와 AX를 통합해서 추진하는 모델이다. 장점으로 커뮤니케이션이 쉽고 예산·프로젝트 중복이 줄어든다는 점을 들 수 있다. 인프라 운영과 AI 개발이 밀접히 협조해야 하는 상황에서 조직이 하나면 내부 조율이 빠를 수밖에 없다. 반면 IT 부서의 전통적 문화(안정 운영, 비용 절감, 위험 최소화)가 AI 혁신 속도를 저해할 수도 있다는 단점이 있다. AI팀이 실험적 프로젝트를 추진하려고 할 때, 안정성 규정이라는 명목으로 발목을 잡을 수 있다는 뜻이다. 결론적으로 말해, IT 부서의 규모가 크지 않은 전통 기업의 경우라면 통합 모델을 선택하는 것이 가장 현실적이다.

분리 모델은 AI 팀을 완전히 독립 조직으로 두고, 기존의 IT 부서는 그동안 해왔던 업무(ERP, 인프라, 보안, RPA 등)에 전념하도록 하는 방식이다. 장점은 AI 혁신에 집중할 수 있다는 점을 들 수 있다. AI팀은 독립 예산·인력·조직 문화로 속도감 있게 움직이며 창의적 시도를 많이 할 수 있다. 또 CEO 직속이면 경영진 스폰서십도 바로 받을 수 있다. 하지만 단점은 기존 IT 조직과의 갈등이나 중복 투자에 대한 우려다. 예컨대 클라우드 인프라를 각 팀이 별도로 구매한다거나 서로 다른 개발 방법론·보안 체계를 가지고 충돌하는 식이다. 또 전사 시스템과 AI 연결이 필요할 때, IT 부서의 협조가 필수지만 소통이 원활하지 않을 수도 있다. IT 부서의 규모가 큰 금융권이나 IT 기업의 경우 분리 모델을 선택하는 것이 좋다. 이미 탄탄하게 운영되는 IT 시스템이 비즈니스의 핵심이기 때문에 조직 역량 등을 고려할 때 분리 운영이 적합하다.

혼합 모델은 AI팀을 별도로 두되, 몇몇 핵심 기능(데이터 인프라, 보안, 클라우드 운영 등)은 기존 IT와 공유하거나, 양 조직 간에 파트타임·겸직 인력을 두는 형태다. 일종의 매트릭스 조직으로 AI팀이 AI 프로젝트를 리드하지만, 인프라·보안·레거시 시스템 이슈에 대해서는 IT 부서가 동시에 책임지는 구조다. 협력 구조를 통해 중복 투자를 줄이고 DX·AX 역량을 효율적으로 배분할 수 있는 장점이 있다. 단점은 "우리 결정은 누구에게 허락받아야 하나?"같은 혼선 발생의 가능성이다. 다행히 CIO나 CDO가 한 사람이라면 이런 문제가 해소될 수 있다. 양쪽의 이해를 바탕으로 협업을 추진할 수 있고, 비효율을 제거할 수도 있기 때문이다. 그러나 조직의 임원이 별도로 존재한다면, CEO가 적극적으로 R&R을 조정하지 않는 한 혼합 모델은 정상적으로 작동하는데 어려움이 따를 수 있다.

세 가지 모델에 대해서 알아보았다. 결국 의사결정 속도, 기존 IT 자원 활용, 혁신 문화라는 세 변수를 고려해 최종적으로 결정해야 한다. 전통 제조 대기업은 보안 및 인프라 관리가 매우 까다롭기 때문에 분리 모델보다는 통합 모델 또는 혼합 모델을 선호할 가능성이 높다. 반면 스타트업이나 IT 중심 기업은 IT 부서가 존재하지 않는 경우도 많기 때문에 AI팀이 모든 것을 총괄하는 구조가 맞을 수 있다. 어느 방안을 택하든 AI팀이 있어야 한다는 점은 분명하다.

AI팀 구성(데이터 사이언티스트, AI/ML 엔지니어 등)

AI팀은 데이터 사이언티스트, AI/ML 엔지니어, AI 운영자, 프롬프트 엔지니어 그리고 도메인 전문가까지도 포함해야 한다. 최근에는 MLOps·AIOps에 대한 전문성도 필수로 꼽힌다.

- **데이터 사이언티스트:** 기업 내부 데이터를 어떻게 전처리하고 AI 학습에 적합하게 구성할지를 설계한다. 전통적인 머신러닝·딥러닝 모델을 개발하고 계속 업그레이드하며 성능을 모니터링한다. RAG, 버티컬 LLM처럼 데이터 기반 튜닝 작업을 주도하기도 한다.
- **AI/ML 엔지니어:** 머신러닝이나 딥러닝 모델을 튜닝하고 운영할 수 있는 역량을 갖고 있어야 한다. 특히 AI 에이전트 시대를 대비하려면 모델과 API, 외부 도구 연동까지 심도 깊게 이해하는 인력이어야 한다.
- **데이터 엔지니어:** 데이터 수집, 정제 및 전처리를 통해 데이터 파이프라인을 구축하는 역할을 수행한다. AI 모델을 위한 가장 기초 작업을 하는 데이터 엔지니어는 다양한 데이터 소스로부터 AI에

서 데이터를 활용할 수 있도록 개발, 운영의 역할을 담당한다.

- **MLOps/AIOps 엔지니어:** AI 모델은 시간이 지날수록 성능이 저하되는 특징을 띈다. 그래서 무엇보다 운영이 중요하며, 이들은 AI 모델의 라이프사이클(학습→배포→모니터링→재학습)을 자동화·표준화하는 과정을 다룬다. 만일 기업 내 최소로 내재화된 역량을 갖춰야 할 1순위를 꼽자면 바로 MLOps/AIOps 엔지니어 또는 이런 작업에 이해도가 높은 내부 구성원이라고 이야기할 정도로 중요하다.

- **프롬프트 엔지니어:** 생성형 AI 모델을 만들 때 프롬프트 작업의 전문성을 발휘한다. 전담 인력이 있어도 좋고, 데이터 사이언티스트나 AI/ML 엔지니어 중 일부가 해당 업무를 할 수도 있다. 혹은 외부 전문가의 자문을 받아도 된다. 조직 상황에 맞는 결과를 내도록 효과적인 프롬프트의 설계·가이드를 한다. 사용자 매뉴얼과 사례집을 만들고 현업 부서를 교육하기도 한다.

- **도메인 전문가:** AX가 실제 비즈니스와 연결되려면 해당 산업이나 업무의 전문 지식을 모델에 반영하고 결과를 검증할 인력이 필요하다. 금융 회사의 AI팀이라면 금융상품 전문가, 제조 회사라면 공정 엔지니어, 의료 회사라면 의사·의료행정 전문가가 함께 해야 한다. AI팀에 이런 인력이 없다면 확장에 어려움을 겪게 된다. 최소 프로젝트를 수행하는 기간만이라도 한시적으로나마 인력을 확보할 수 있게 TF 형식을 만드는 등의 준비가 필요하다. 회사 차원의 지원이 꼭 필요한 인력이다.

- **프로젝트 매니저:** 여러 현업 부서와 소통해 요구 사항을 정리하고

우선순위를 결정하며, AI팀의 리소스를 효율적으로 배분하는 일을 한다. 대규모 AI 프로젝트가 동시에 돌아갈 수 있으므로 일정 관리와 이슈 해결 역량이 중요하다.

- **윤리·규제 담당**: AI가 편향된 결과를 낳지는 않는지, 개인 정보·산업 규제를 위반하지 않는지 등을 감시하고 필요한 정책을 수립한다. 대기업 규모라면 별도의 AI 윤리 위원회를 꾸리고 이 인력이 상시적으로 AI팀과 협력한다. 거기까지 어렵다면, 도메인 전문가의 한 요소로 법무팀에서 인원을 할당해도 된다. 단 회사 내 여러 사람이 돌아가면서 담당하는 것보다 전담 인원을 지정하는 것을 추천한다.

이렇게 다양한 역량의 인력을 모아 놓으면, AI팀은 사실상 하나의 내부 스타트업 같은 모습을 하게 된다. 회사가 큰 규모라면 수십 명에서 백 명 이상이 참여할 수도 있다. 핵심은 AI팀이 단순히 기술만 잘 아는 인력 집단이 아니라 조직 전체를 변혁할 수 있는 권한과 책임을 가진, 실질적 파워 센터가 되어야 한다는 점이다. 그래야 현업 부서와 협업할 때도 CEO 직속 혹은 C레벨 임원 직속이라는 힘을 바탕으로 빠른 실행을 주도할 수 있다. 그렇지 않으면 AI 프로젝트가 내부 정치나 자원 부족에 부딪혀 지지부진해질 위험이 크다.

AI팀과 IT 조직 통합 사례

A사는 중견 제조업체로 DX 시절 ERP·MES·클라우드 전환을 완료했다. AI 시대를 맞아서는 "AI팀을 만들어 전사 AI 프로젝트를 추진하

자"는 결정이 내려졌다. 기존 IT 부서가 CIO 산하에 있고 개발·인프라·보안·ERP 운영 팀 등 100여 명의 인력이 있다. A사의 CEO는 "IT 부서가 워낙 운영에 치중하니 AI 혁신이 잘 안 될 것 같다"는 고민을 하고, CDO(Chief Digital Officer) 대신 CAIO(Chief AI Officer) 직책을 신설했다. 그런 다음 그 밑으로 AI팀을 두고 15명을 배치했다. 데이터 사이언티스트 5명, AI/ML 엔지니어 3명, 데이터 엔지니어 2명, 프로젝트 매니저 2명, AI 전략기획 2명, 행정 1명 등이다. 그리고 IT 부서와 AI팀 간 상호 긴밀한 협의를 위해 IT/AX 협의위원회를 주 1회 정기 운영했다.

B사는 기존 IT 조직과 신설되는 AI 조직을 통합이냐 독립이냐를 두고 고민하다 혼합 모델을 선택했다. AI팀은 CEO 직속 라인으로 독립성을 확보했지만, 인프라·보안·데이터 파이프라인 등은 여전히 IT 부서로부터 협조를 받아야 하는 방식이다. 그래서 파일럿 프로젝트나 전사 프로젝트 때 AI팀이 IT 부서와 협의해 GPU 클라우드 리소스, 보안 접근 권한 등을 조정한다. 협의에서 이견이 생기면 협의위원회가 1차 조정, 그래도 안 되면 CIO와 CAIO가 CEO에게 승인을 요청한다. 장점은 AI팀이 속도감 있는 혁신(PoC, 신기술 도입)을 주도할 수 있으며, 기존 레거시 시스템과 인프라를 IT 부서가 안정적으로 지원한다는 점이다. 대신 단점은 협의가 잦아 시간 소모가 클 수 있다는 것이다. CEO가 AI는 최우선 과제라고 강조하고 협의위원회에 권한을 부여해 민첩히 결정하도록 세팅해 두게 되면 중간 단계에서 과잉 견제는 발생하지 않는다.

AI 프로젝트 아이디어는 각 부서에서 자유롭게 제출할 수 있다. 포트폴리오 관리는 AI팀이 맡고 ROI, 전략적 중요도, 데이터 준비 상태 등을 종합 평가해 우선순위를 확정한다. 그리고 분기별 임원회의에서 AI팀과 CEO가 이번 분기 착수 프로젝트 목록을 최종 승인한다. 실무에서는 프로젝트별로 TF가 꾸려지고, IT 부서에서는 인프라 담당 1~2명, 현업 부서 담당자, AI팀 전문가가 함께 애자일 방식으로 진행한다.

데이터 거버넌스와 보안 체계도 이 구조 내에서 굴러간다. IT 부서 내 데이터 거버넌스 팀이 모범 기준을 세우고, 윤리·보안 담당이 AI 편향·윤리 사항을 체크한다. 만약 고위험 프로젝트(예: 인사 평가, 의료적 의사결정 등)라면, CIO·CAIO·법무 담당 임원이 합의해 추가 심의를 거친 후 CEO로부터 결재를 받도록 설계한다.

다시 한번 강조하지만, 조직 구조와 의사결정 체계가 명확해야 혼란을 줄일 수 있다.

3) 데이터 사용 거버넌스

사내 보유 데이터 사용시 규정

앞서 살펴봤던 AX 실행 전략을 다시 떠올려보자. 중기 단계에서 RAG를 도입하면 AI가 사내 문서나 DB를 검색해 답변을 생성한다. 이 과정은 기업 내부 데이터에 대한 광범위한 접근을 전제로 한다. AX 진행 과정에서 데이터 권한 관리는 매우 중요하다.

"모든 구성원이 모든 데이터에 다 접근 가능한가?"라는 질문에 대해 대개는 "아니다"라고 답을 한다. 부서별로 혹은 직급별로 열람 권한이 다르고 인사·재무 등 민감 정보는 특정인만 볼 수 있다는 것이 통상적인 기업 데이터 관리의 원칙이다. 그래서 RAG 기반 AI가 문서를 검색할 때 검색 가능한 범위를 어떻게 제한할 것인지 정교하게 설정해야 한다. 예컨대 인사 DB와 재무 DB는 특정 사용자 그룹에게만 열람이 허용되고, AI도 이들 문서는 가져올 수 없도록 해야 한다. 그렇지 않으면 일반 직원이 AI 챗봇에 "이번 달 임원 보너스 내역 알려 줘"라고 물었을 때 AI가 그 정보를 그대로 뱉어낼 수 있다.

문서별·테이블별 접근 권한 레벨을 부여하고 AI가 검색하기 전에 사용자 인증 정보를 확인하거나 검색 엔진이 자체적으로 사용자 권한을 체크해 해당 문서를 반환하지 않도록 하는 메커니즘도 필요하다. 기술적으로는 SSO(Single Sign-On)나 LDAP/AD(Lightweight Directory Access Protocol/Active Directory) 같은 인증 체계와 AI 검색 파이프라인을 연동한다. 이 작업을 소홀히 하면 RAG가 오히려 사내 정보 유출의 통로가 될 수 있다.

AI 모델이 어느 데이터로 어떻게 학습하는지 투명하게 기록하는 데이터 이력 관리도 필요하다. 의료 분야 LLM이라면 환자 진료기록을 학습했을 때 개인 정보를 비식별화했는지, M&A 자료나 해외 라이선스 계약 정보를 학습할 때 회사 기밀을 보호했는지 등을 명확히 해야 한다. 또한 모델이 학습한 후 특정 부분을 업데이트하거나 제거해야 할 경우(예: 개인 정보 삭제 요청) 이를 신속히 반영할 수 있는 재학습 프로세스도 필요하다. 모델 배포 후에는 손 못 댄다는 식이면 규제나 고객 클레임이 생겼을 때 곤란을 겪을 수 있다.

AI 서비스에서 사내 문서를 검색·인용할 때 출처 표기도 중요하다. 직원들은 AI가 생성한 결과물이 어디서 나온 정보인지 모르면 "이게 공신력 있는 문서인가? 최신 버전인가?"를 알 수 없어 신뢰하기가 어렵다. 그래서 일부 기업은 "AI가 최종 답변을 낼 때, 해당 정보를 가져온 문서를 인용 표기해야 한다"고 요구한다. "본 내용은 2023년 3월 10일 자 영업보고서(Ver.2.1)에서 발췌한 부분" 식이다. 이를 통해 데이터 책임 소재를 명확히 하고 사용자는 필요 시 원문을 확인해 에러를 교정할 수 있다.

요약하면, 생성형 AI·RAG 등의 사용 시 데이터 규정은 크게 세 개의 범주로 압축된다.

- **문서·데이터 접근 권한:** 누가 어떤 범위까지 조회 가능하며, AI는 이를 어떻게 준수하도록 할 것인가?
- **데이터 이력·재학습 절차:** 모델이 어떤 데이터를 언제 어떻게 학습하며, 필요 시 어떻게 업데이트·삭제할 것인가?
- **출처·버전 표기:** AI가 인용하는 문서나 정보의 출처를 사용자에게 어떻게 보여 줄 것인가?

이를 체계적으로 정리해 내부 규정화해 놓지 않으면 중후기 단계에서 AI가 기업 운영에 실질적으로 기여하는 과정이 늘 불안정해진다. 반면 명확한 규정을 갖추면 직원들이 이 정도까지는 안전하게 사용할 수 있구나, 라고 인식해 더 폭넓고 적극적인 AI 활용을 시도하는 선순환이 생긴다.

사내 보유 데이터의 자산화

AX를 준비하는 회사라면 회사가 보유하고 있는 모든 문서, 규정, 사규, 보고서, 회의록(비정형 데이터) 등이 AI 학습에 활용할 수 있다는 생각으로 자산화에 힘써야 한다. 데이터가 준비된 회사와 그렇지 않은 회사는 실제 AX 추진 과정에서의 속도와 결과에 엄청난 차이를 보인다. 그렇다면 회사에는 이런 비정형 데이터만 있는 것일까?

기업 내 IT 시스템이 도입된 이후 많은 회사들이 자체적으로 데이터베이스를 보유하고 쌓고 있다. 우리가 흔히 알고 있는 ERP, SCM, MES와 같은 전통적인 기업용 IT 시스템은 정형(숫자 같은) 데이터의 집합소이다. 생산 현장의 MES 등에서는 기기 설비에서 만들어지는 상당량의 설비 로그들을 모으는 경우도 많다. 이들 로그는 경우에 따라 해석하기 힘든 연속된 숫자들의 값으로 구성되어 있기 때문에 이 부분의 해석을 IT 시스템 내부의 알고리듬이 대신해줘야 한다. 이들 정형 데이터 또한 AX 시대에는 새롭게 주목해야 하는 데이터다.

다행스럽게도 IT 시스템을 개발하는 과정에서 이들 데이터 항목이 어떤 값을 담고 있는지, 값의 의미가 무엇인지 등이 잘 정리되어 있다면 큰 무리가 없다. 그러나 이 과정을 소홀히 했던 기업도 많다. 데이터 카탈로그, 메타 데이터 등 데이터 포털이 준비된 회사와 AI 모델을 만들 때마다 내부의 IT 시스템 데이터가 무엇이고 어떤 의미인지 해석하는 회사, 두 회사의 AX 속도는 불 보듯 뻔하다.

본격적으로 AX를 추진하기 전이라도 가능하다면 데이터 정비를 미리 해두면 좋다. 희망적인 상황은 생성형 AI를 활용하여 이들 데이터 정비를 역으로 해석해볼 수 있다는 것이다. IT 시스템을 만들 때 어떻게 보면 귀찮은 데이터 관련 활동을 AI가 대신해줄 수 있으니 준비가 되지 않았다면 이를 활용하는 것도 방법이다.

AI 모델을 개발하려고 하는데 회사에 쓸만한 데이터가 없다는 이야기가 남의 말이 아니라는 사실을 명심하자.

AI 윤리위원회의 편향 모니터링

AX 시대, 특히 AI 에이전트가 중요 업무 결정을 대폭 보조하거나 직접 실행하게 되면 윤리 문제는 매우 현실적인 이슈로 떠오른다. 이미 글로벌 테크 기업들은 AI 윤리위원회 혹은 "Responsible AI Office" 같은 조직을 운영하며 모델의 편향이나 차별, 불공정 의사결정을 감시 교정하고 있다. 하나씩 살펴보자.

첫 번째, 편향(bias) 문제다. AI 모델이 학습 데이터나 내재된 알고리듬 편향으로 인해 특정 인종·성별·연령·지역에 불합리한 불이익을 줄 수도 있다. 채용 지원서 자동 분류를 하는 AI가 여성을 더 낮게 평가하도록 학습되었거나 신용 평가에서 특정 지역 거주민을 과도하게 리스크로 판단하는 식이다. AI 윤리위원회는 이런 편향이 AI 모델 결과물에 나타나지 않는지 정기적으로 점검하고 모니터링해야 한다. 필요 시 데이터와 모델을 재학습하고 보완하는 프로세스를 넣어야 한다.

두 번째, 의사결정의 투명성 이슈다. AI가 왜 그런 결론을 내렸는지 사람이 납득할 수 있는 근거가 제시되어야 한다. 특히 금융·의료·공공 영역은 "Explainable AI"(설명이 가능한 AI)가 점점 강화되는 추세다. AI가 인사 평가, 성과 보상, 대출 심사, 마케팅 대상 선정 등 사람의 운명을 좌우하는 결정을 내린다면, 해당 당사자는 "왜 이런 점수가 나왔나?"를 알 권리가 있다. 윤리위원회는 이런 투명성과 설명성 가이드라인을 수립하고 이를 잘 지키도록 유도해야 한다.

세 번째, 책임 소재 문제다. AI가 잘못된 판단을 해서 심각한 피해가 발생했을 경우, 누구에게 책임을 물을 것인지가 명확해야 한다. 임원진, 모델 개발자, 데이터 사이언티스트, 현업 부서, 혹은 윤리위원회? 이들 중 하나가 전부 책임을 짊어질 수 없기에 각 의사결정 단계에서 어떤 수준의 책임이 분담되는지, 승인 절차는 어떻게 배분되는지 구체적으로 합의할 필요가 있다. 윤리위원회는 이런 프레임워크 설정에 중요한 역할을 한다.

ChatGPT 등 외부 API 사용 가이드

AI를 활용할 때 ChatGPT나 다른 외부 생성형 AI 서비스를 접속해서 사용하거나 개발에 익숙한 임직원들은 해당 서비스의 API까지 연결해서 쓸 수도 있다. 이러한 외부 서비스나 API 사용은 편리하고 빠르다는 장점이 있지만, 데이터·보안 측면의 리스크가 분명히 존재한다.

이러한 문제를 완화하기 위해, 회사가 외부 AI 서비스 및 API 사용 가이드를 만들어 배포할 수 있다. 예컨대 다음과 같다.

1. **민감 정보 입력 금지:** 법률, 인사, 재무, 영업 기밀 정보는 절대 외부 AI에게 전달하지 않는다. 필요한 경우에는 필수 정보를 익명화 혹은 축약한 형태로 가공해 최소한으로만 사용하는 규칙을 둔다.

2. **최종 검수 의무:** 외부 AI 결과물을 보고서나 고객 문서에 그대로 쓰지 말고, 담당자가 진위와 적절성을 확인한 뒤 사용한다. 내부 규정이나 상급자의 승인 없이 외부 AI가 생성한 텍스트를 공식 문서로 제출하지 않는다.

3. **사내 프록시·VPN:** 회사 네트워크에서 ChatGPT 등 외부 사이트에 접속할 때 로그를 남기거나 암호화해 보안 사고를 최소화한다. 필요한 경우 특정 도메인을 차단하거나 허용 리스트 방식으로 제한하기도 한다.

4. **사내 전용 API:** 회사가 ChatGPT API나 유사 모델을 기업 버전(Enterprise)으로 계약해 "사내 데이터는 학습에 사용되지 않는다"는 조항을 포함하고 보안을 강화된 환경에서만 쓰도록 하는 방법도 있다. 이렇게 하면 완전히 금지하는 대신 어느 정도 활용을 허용하면서도 위험을 통제할 수 있다.

회사가 구체적인 외부 서비스 사용이나 API 사용 가이드를 제정해 인사 평가에 반영될 정도로 엄격하게 운영해야 AX가 진전된 상황에서도 데이터 유출이나 사실 오류가 만연하는 사태를 막을 수 있다. DX 시절에도 클라우드나 외부 SaaS 이용 시 보안 정책이 있었지만, AX 시절에는 AI가 단순 스토리지나 협업 도구가 아니라 의사결정과 창의적 업무에 직접 사용되므로 한층 더 엄정한 대응이 필요하다.

———

정리해보자. AI 전담 조직인 AI팀은 AI 모델을 전문적으로 연구·개발·운영하고, 조직 전체가 이를 활용하도록 촉진하는 구심점의 역할을 수행한다. AI팀에는 데이터 사이언티스트, AI/ML 엔지니어, 데이터 엔지니어, 프롬프트 엔지니어, 도메인 전문가, 프로젝트 매니저, 기획자 등이 포함되며, 이들은 각종 AI 프로젝트를 이끌면서 인프라·거버넌스·윤리 문제를 종합적으로 해결해 나간다.

AI팀이 DX 시절의 IT 중심 조직과 충돌하지 않고 시너지를 낼 수 있도록 CEO와 임원진이 갈등을 조정하고 자원을 적절히 배분해야 한다. 이러한 리더십과 조직 설계가 제대로 작동한다면 AX는 기업 내 의사결정 문화를 근본적으로 재편할 수 있다. 장기적으로는 인공지능 에이전트가 회사의 주요 업무를 자율적으로 수행하는 파격적 변화까지도 안착시킬 수 있다. 그러나 경영진이 이 중요성을 인식하지 못하면 AI 프로젝트는 사내 정치나 보안·규제 등의 이슈에 막혀 속도를 잃게 될 위험이 크다. 결국 경영진의 열정과 리더십 그리고 AI팀을 중심으로 한 유연한 조직 운영이 AX 시대를 살아가는 필수 조건이 된다.

데이터 거버넌스와 윤리·보안 체계 또한 중요하다. 생성형 AI 모델과 RAG 등을 도입하면 사내 문서·데이터와 AI가 훨씬 긴밀히 결합하므로 문서 접근 권한과 재학습 절차 그리고 편향·윤리 문제에 대한 통합된 프로세스가 필요하다. 또한 외부 생성형 AI와 API를 사용할 때의 지침, AI 윤리위원회를 통한 편향 모니터링, 책임 소재 구분 등은 있으면 좋고 없으면 어쩔 수 없는 수준이 아니라 실제 비즈니스 리스크를 방지하기 위한 필수 장치가 된다.

모든 준비가 잘 이뤄진 기업은 AX를 안정적으로 진행하면서도 혁신의 속도를 잃지 않는다. AI가 민감 데이터를 안전하게 쓰고, 윤리적 문제없이 작동하며, 중간 관리자가 자발적으로 협력해 부서 간 데이터를 공유하고 AI를 활용한다. 그러면 회사는 위험은 최소화하면서 디지털 혁신을 극대화하는 이상적 상태에 도달할 수 있다.

이를 위해서는 경영진이 강력한 리더십을 보여 주어, 사내 모든 이해관계자가 AI 시대의 규범과 규칙에 공감하고 따르도록 하는 것이 우선 과제가 되어야 한다.

5. 인재 전략과 교육

단순히 기술 도입만으로는 부족하다. 사람이 어떻게 AI를 활용하고, 어떤 방식으로 협업하며, 직무와 역할이 어떻게 바뀌는지 새롭게 정의될 필요가 있다. 모든 현업 조직도 AI의 원리를 이해하고 적극적으로 활용할 수 있어야 하며, 전문 엔지니어들은 훨씬 깊은 수준의 AI 모델 개발·운영 역량을 갖춰야 한다. AI 역량 내재화는 시간 차이만 있을 뿐 모든 기업이 고민하고 갖춰야 하는 요소라는 것을 기억해야 한다. 더욱이 AI 시대에는 "프롬프트 엔지니어" "AI 매니저"처럼 이전에 없던 직무도 등장할 수 있어 기업은 항시 새로운 인재 전략도 고민해야 한다. 이번 장에서는 인재 전략과 교육을 중심으로 먼저 "외부 영입과 내부 육성 중 어느 쪽을 택할 것인가?"라는 고민을 다루고, 이어서 현업 담당자들도 알아 둬야 하는 프롬프트 엔지니어링 역량 그리고 앞으로 그 중요성이 높아질 AI 매니저/오퍼레이터 직무에 대해 상세히 살펴본다. 마지막으로 "이러한 인재들을 어떻게 성과평가보상해 줄 것인가?" 문제를 논의하며, 인재 평가를 위해서는 어떤 KPI와 ROI 기준을 적용해야 하는지 그리고 리텐션(이탈 방지) 보너스나 스톡 옵션과 같은 방안이 실제로 어떻게 쓰일 수 있는지도 구체적으로 살펴본다. 변화를 치밀하게 준비한 기업만이 중장기적으로 AI 활용을 안정적으로 확산시키고 인재 이탈을 막아 기업 경쟁력을 높일 수 있다.

1) AI 전문 인력의 수혈

AI 엔지니어

인공지능 분야의 인재 경쟁은 이미 2010년대 중반부터 불붙었지만, 최근 들어 생성형 AI 열풍이 글로벌로 확산하면서 상황은 더욱 치열해졌다. 글로벌 빅테크 기업과 유망 스타트업들은 AI/ML 엔지니어, 데이터 사이언티스트를 스카우트하기 위해 억대 연봉은 기본이고, 무제한 휴가, 주택 보조금, 스톡옵션 등 파격 제안을 아끼지 않는다. 이러한 현상은 한국도 예외는 아니다. 잠시 국내 경제 환경 때문에 주춤한 듯도 보이나 글로벌 관점에서는 여전히 진행 중이다.

기업 입장에서는 AI 엔지니어 한두 명 뽑고 싶어도 연봉·혜택 측면에서 빅테크나 유니콘 스타트업과 경쟁하기 어렵다는 고민을 토로한다. 중소·중견 기업이라면 이 어려움은 더 크다. 그래서 많은 회사가 "애초에 외부에서 A급 인재를 데려오는 것은 힘들다. 차라리 내부 인력을 재교육(Reskilling)해 AI 역량을 키우는 방향이 낫지 않을까?"를 심각하게 고민한다. 실제로 국내외 사례를 보면 숙련된 AI 인력 영입은 어렵더라도 AI를 전공한 신입 직원 채용으로 내부 인재를 길러 내거나 기존 IT·분석 담당자가 AI 역량을 학습하는 식으로 내부 육성을 시도해 성과를 낸 기업이 존재한다. 물론 단기간에 되는 일은 아니고, 사내 교육 프로그램부터 과감한 인사제도 개편까지, 다양한 지원책이 바탕이 될 때 가능하다.

그렇다고 외부 영입을 포기해서는 안 된다. AI 분야는 워낙 기술 변화가 빠르고 전문성이 깊어서 최소한 리더급(AI 아키텍트, 수석 머신러닝 엔지니어) 한두 명 정도는 검증된 베테랑으로 채워져야 한다. 그런 다음 그에게는 조타수 역할을 맡기면 된다. 그는 AI 실무 조직을 세팅하고 방향성을 잡아 주고 내부 인력을 가르칠 수 있다. 다만 그렇게 하기 위해서는 "우리 회사에 왜 AI가 필요한가, 그럼으로써 어떤 비전을 제시할 수 있는가"를 분명히 보여 주어야 한다. 그래야 인재가 움직일 동기가 마련된다.

사내 재교육, AI 부트캠프

사내에 이미 소프트웨어·IT 분야 인력이 있다면, 재교육을 통해 그들을 AI 전문 인력으로 성장시키는 방법이 가장 현실적이다. 이를 위해 조직은 다양한 형태의 AI 부트캠프나 사내 AI 아카데미를 운영할 수 있다.

해외 빅테크 기업을 예로 들면, 수개월 짜리 몰입형 교육 과정을 만들어 현업 엔지니어나 분석가를 선발해 집중적인 딥러닝·머신러닝·생성형 AI 기술을 가르치는 식이다. 그리고 교육 후에는 해당 인력들이 실제 AI 프로젝트에 투입되어 충분한 경험을 쌓게끔 한다. 사내 부트캠프를 이수하면 곧바로 AI팀에 6~12개월 정도 파견해 실제 AI 모델 개발이나 RAG 구축, 머신러닝 모델 개발 등을 담당하는 식으로 실무 경험을 갖도록 하는 게 좋다.

그리고 꼭 IT 전공자나 분석 부서 인력만으로 대상을 제한하지 말고 사무직·영업직·마케팅을 비롯한 현업 부서에서도 기술에 관심이 있고 논리적 사고력이 뛰어난 인원을 선발해 AI 부트캠프에 참여시켜도 된다. 이들은 AI의 기술적 모델 개발보다 현업의 경험을 바탕으로 한 RAG 구성이나 모델 운영, 프롬프트 엔지니어링 등에 특화해 교육하면, 향후 현업과 AI 개발을 잇는 브리지 역할을 훌륭히 수행할 수 있다. 인센티브나 보상 체계를 곁들이면 자발적으로 AI 교육을 받고 싶어 하는 직원이 늘어날 것이다.

기업의 중요한 프로세스로 AI가 들어온다면 최소한 기술적 관점에서 AI 모델을 해석하고, 긴급 상황 시 외부의 도움 없이 유지 보수할 수 있는 역량은 내부에 마련되어야 한다. 기업 내부에서 해야 할 일과 외부에서 조력을 받을 일이 분명 다르다는 점을 명심하자.

2) 프롬프트 엔지니어링

현업 담당자를 위한 교육

생성형 AI와 RAG, AI 에이전트가 회사 곳곳에서 쓰이기 시작하면 더 이상 AI는 IT 부서가 알아서 하는 것이라는 말이 성립하지 않는다. 모든 현업 부서 담당자도 기초적인 AI 활용법 그리고 기본적인 프롬프트 엔지니어링 역량을 익힐 필요가 생긴다. 마케터가 광고 문안 작성을 위해 생성형 AI를 활용한다거나, 회계 담당자가 재무 예측 모델 결과를 확인하고 추가 질의를 던져 이유를 파악한다거나, 영업 담당자가 고객별 맞춤 제안서를 AI로 생성·보완하는 시나리오가 일상화된다.

현업 담당자는 AI가 내놓는 결과를 무비판적으로 수용하지 않고 필요한 정보를 얻기 위해 어떤 식으로 질문하고, 결과물 품질이 좋지 않은 경우 어떻게 프롬프트를 수정할지를 배워야 한다. 프롬프트 엔지니어링이다. 간단히 말해 "이런 형식, 이런 스타일, 이런 맥락으로 문서를 생성해 줘"라고 명시하면 훨씬 나은 결과가 나오고, 그런 다음 "혹시 그 결정의 근거가 뭔지 설명해 줘"라고 물으면서 모델을 재차 검증한다.

회사 내부에서 이런 스킬을 익히려면 사내 교육 프로그램이나 워크숍을 통해 시연과 실습을 진행하는 것이 좋다. 임직원들이 한두 시간 정도 초급 프롬프트 엔지니어링 세션을 들어 보고 실제 사례(광고 문안, 영업 보고서, 회의록 요약 등)를 만들어 보는 식이다. 그러다 보면 자연스럽게 프롬프트를 어떻게 바꾸면 결과가 달라지는지 체감하게 된다.

HR 교육 팀이나 AI팀이 주기적으로 교육 시간을 운영하면 어느 정도 체계를 잡을 수 있다. 일각에서는 프롬프트 무용론이 나오기도 하지만, 기본적인 AI 리터러시를 높이기 위해 AI 기본 이론과 트랜드 그리고 프롬프트 엔지니어링은 일종의 교양 과목과도 같은 존재다.

조력자 AI 챔피언의 역할

현업 소속의 담당자 중에서도 AI를 아주 잘 다루는 이들이 나오기 마련이다. 예를 들어, 현업 프로젝트 매니저가 나만의 프롬프트 템플릿을 만들어 보고서 생성 업무를 반으로 줄였다든가, 마케팅팀 A가 AI로 SNS 운영을 자동화해 성과를 냈다는 식이다. 이들은 곧 부서 내 파워 유저 혹은 "AI 챔피언" 역할을 맡을 수 있다. 즉 같은 부서 동료들에게 프롬프트 작성 요령이나 모델 활용 팁을 전수해 주고, 현업 프로세스와 AI 기술을 이어 주는 조력자 역할을 한다. 그리고 이들은 AI 프로젝트를 기획할 때 현업 입장에서 필요한 부분이 무엇인지 IT·AI 조직에 전달하는 가교 역할도 할 수 있다. "우리 부서는 이러이러한 데이터를 자주 쓰는데, AI가 RAG로 검색해 주면 큰 도움이 된다"거나 "버티컬 LLM에 현장 노하우를 더 많이 반영했으면 좋겠다" "우리 부서의 AI 에이전트 핵심 태스크는 다음과 같다" 같은 요구사항을 잘 정리할 수 있다.

이런 인력을 회사가 장려하고 이들에게 직무상 권한이나 인센티브를 부여하면, 해당 부서 전반이 AI 활용도를 폭발적으로 끌어올릴 수 있다. DX 시절에도 비슷한 개념으로 "디지털 챔피언" 같은 용어가 쓰였지만 AX 시절에는 중요성이 더 커진다. AI 활용이 문서 작성 예측 수준을 넘어 의사결정 보조나 프로세스 자동화까지 포함하기 때문에 AI를 적극 끌어안는 현업의 파워 유저 한두 명이 부서 혁신의 스파크가 될 수 있다.

그런데 AI 챔피언이 조직 전반적으로 확보되지 않은 경우라면, 팀장과 신입사원 조합을 AI 챔피언으로 활용해 보는 것도 좋다. 신입사원에게 AI 리터러시 교육을 해 AI에 대한 이해를 높이고, 업에 대한 이해가 높은 팀장 또는 시니어급 직원과 짝을 이루게 하면 둘의 조합은 기대 이상으로 좋은 성과를 만들 수 있다.

3) AI 매니저·오퍼레이터

AI 에이전트 운용·감독·권한 설정

AI 에이전트 시대가 오면 기업은 AI가 스스로 서브 태스크를 분해하고 실행까지 해내는 상황을 마주하게 된다. 그렇다면 "사람은 도대체 무슨 일을 할까?"라는 의문을 갖게 된다. 일부 업무는 여전히 직접 처리하겠지만, 자동화된 부분이 늘어날수록 사람의 역할은 AI를 감독·조정·개입하는 쪽으로 이동할 가능성이 높다. 이때 등장하는 개념이 바로 "AI 매니저" 또는 "AI 오퍼레이터"다.

AI 매니저는 말 그대로 AI 에이전트가 제대로 일하고 있는지 모니터링하고 필요 시 승인을 내리거나 혹은 권한 범위를 재조정하는 일을 한다. 예를 들어, 마케팅 담당 AI 에이전트가 특정 광고 캠페인에 예산을 쏟아붓기로 결정하면, AI 매니저는 그 금액이 회사가 설정한 한도를 넘는지 체크한다. 넘으면 거부하거나 임원 승인을 요청한다. 만약 AI 에이전트의 잘못된 판단(예: 언어적 실수가 담긴 광고 문구)으로 고객 불만이 속출할 때에는 즉시 작동을 중단하고 오류를 수정하도록 담당자에게 지시한다.

AI 매니저는 기술적인 이해(에이전트가 어떤 논리를 쓰는지), 프로세스적 이해(우리 회사 업무 프로세스에서 어떤 승인 절차가 필요한지) 그리고 윤리·보안 상식(AI가 위법·차별·편향된 결론을 내리지 않는지)을 모두 필요로 한다. 그야말로 다면적인 역량이 요구된다. 그래서 AI 매니저는 전통적인 관리자와 조금 결이 다르다. "기술 + 비즈니스 + 윤리" 삼박자가 어우러지는 신종 직무라고 할 수 있다.

기술+윤리+프로세스 이해 필요

AI 매니저 직무가 실제로 자리 잡으려면 회사는 직무 정의부터 명확히 해야 한다. 대기업에서는 "과장~차장급 관리자로서 자신이 담당하는 에이전트의 모든 작동 상태와 결과물에 대한 1차 책임을 진다" "인사고과도 에이전트 성과와 연동된다"는 식으로 운영할 수 있다. 반면 중소기업은 규모가 작으니 IT 팀장이나 현업 팀장이 겸임 형태로 AI 매니저 역할을 맡을 수 있다.

이들이 AI 모델 내부 로직을 일일이 파헤치는 일을 하는 것은 아니다. 중요 의사결정 과정에서 AI가 어떤 근거와 절차를 거쳤는지를 질문하고 설명을 들으며, 필요 시 즉시 개입할 수 있어야 한다. 이 과정에서 윤리·보안팀과 협업하기도 하고, 현업 전문가와 함께 편향 여부를 점검하기도 한다. AI 매니저가 제대로 기능한다면 AI 에이전트가 아무리 자율적이라도 무책임하게 폭주하거나 큰 실수를 저지를 위험은 줄어든다.

물론 기업 내부에서 "그냥 팀장이 겸임하면 되지 않나?"라고 생각할 수도 있다. 실제로 초기에는 자연스럽게 그렇게 운영될 가능성이 높다. 하지만 에이전트가 담당하는 업무가 복잡해질수록 전담 역할이 필요하다. 특히 버티컬 LLM 또는 SLM과 같이 독립된 환경에 연결된 AI 에이전트가 핵심 프로세스를 주도하는 상황에서는 AI 매니저가 윤리·보안·기술 프로세스를 모두 이해해야 한다. 일반 팀장만으로는 역부족이다. 이 때문에 회사들은 AI 매니저에게 "AI Ops 인증" 같은 내부 자격을 부여하거나 사내외 교육을 통해 전문 역량을 지속해서 높이는 방안을 함께 고민해야 한다.

4) 성과 평가 보상 체계

장기적 평가 필요

AI 트랜스포메이션이 진전될수록 회사는 "AI 관련 업무를 하는 사람들을 어떻게 평가하고 보상할 것인가?"라는 현실적 숙제를 마주한다. DX 시절에도 비슷한 고민이 있었다. 하지만 AX 과정에서는 프로젝트 범위와 영향력이 훨씬 커지고 인공지능 모델 운영이 한두 달짜리 포인트 성과로 끝나지 않는 장기 과제도 많아서 평가에 난항을 겪는다.

AI 프로젝트 KPI를 설정할 때 단순히 "얼마만큼 자동화했고, 몇 시간 절감했는가?" 같은 양적 지표만으로는 따지기가 어렵다. AI 에이전트가 영업 프로세스를 자동화해 평균 영업 사이클을 며칠 단축하는 성과도 있을 수 있고, 새로운 신사업 아이디어를 얻는 질적인 효과도 있을 수 있다.

그리고 모델 구축 초기에는 비용 투자가 큰 편인데, ROI가 수년 뒤에나 나타나는 과제도 있다. 그래서 일부 기업은 AI 프로젝트를 장기적으로 따져 본 후 단계별로 평가한다. 예컨대 6개월 차에는 모델 시범 운영 성과, 1년 차에는 프로세스 정착률, 2년 차에는 매출 혹은 비용 절감 효과 등을 나누어 살펴보는 것이다.

이때 유의할 점은 AI 프로젝트가 예상보다 더디거나 모델 성능이 낮아도 무조건 당사자 탓을 하면서 단기 성과를 강요하게 되면 인재들이 금방 지치거나 퇴사할 수 있다는 것이다. 특히 AI 분야는 연구·개발 성격이 강하기 때문에 실패할 수도 있고, 재학습·고도화 과정에서 여러 번 시행착오를 겪을 수도 있다. 조직 문화 측면에서 성장 가능성과 장기적 혁신을 보고 평가하자는 유연한 태도가 필요하다.

적절한 보상 문화

AI 인력의 고연봉 트렌드와 이직 경쟁이 심해지면서 리텐션(이탈 방지)을 위한 보상 수단도 다양해졌다. 대표적으로 성과급 외에 리텐션 보너스를 설정해 일정 기간 근무하면 추가 보너스를 일시금으로 주거나 스톡옵션을 부여하기도 한다.

"AI팀에 들어온 시니어 AI/ML 엔지니어에게 3년 근무 조건으로 스톡옵션을 준다"거나, "프로젝트 성과가 일정 수준 이상이면 임원급 인센티브를 부여"한다면, 해당 인재는 다른 빅테크의 스카우트 제의를 쉽게 뿌리칠 수 있다. 물론 기업 입장에서는 재무적 부담이 될 수도 있으나 AI 트랜스포메이션이 회사의 미래를 결정하는 인재 한 명이 기업 운명을 바꾼다는 핵심 전략임을 고려한다면 충분히 생각해볼 수 있는 제도다. 결국 이런 보상 체계가 중장기적으로 ROI를 훨씬 높일 수 있다.

금전적 보상뿐 아니라 커리어 비전 측면도 놓칠 수 없다. AI 분야

인재들은 새로운 기술과 흥미로운 프로젝트를 원한다. "우리는 AX를 통해 공격적으로 신사업, 혁신 프로젝트를 펼칠 것이며 여기에서 기술적 주도권을 행사할 인재가 필요하다"는 비전을 제시하면 연봉이 다소 떨어지더라도 합류를 고민한다. 그리고 임직원 중에는 늘 같은 업무만 반복하는 것보다 AI 매니저나 AI 프로젝트 기획자가 되어 새로운 시도를 하고 싶어 하는 경우가 있다. 회사가 이들에게 기회를 주고 성취를 이뤘을 때 적절히 보상하는 문화를 마련한다면, 인재가 경쟁사로 이탈하는 일을 상당 부분 예방할 수 있다.

———

정리해보자. 인재 전략과 교육은 AX 시대 조직·문화 혁신의 핵심 기둥이다. 기업은 "외부 영입 vs 내부 육성, 둘 중 무엇이 나은가?"에서부터 "프롬프트 엔지니어링을 일반 직원에게까지 확산할 것인가?" "AI 매니저, AI 오퍼레이터라는 신종 직무를 어떻게 정착시키고 평가할 것인가?" "어떤 성과·보상 체계를 통해 인재를 유치·유지할 것인가?" 등 수많은 질문에 직면한다. 이때 얻을 수 있는 결론은 DX 시절에 익혔던 인력 전략만으로는 부족하다는 점이다. AI의 속도와 폭발력을 감안하면 부분적 교육이나 제한적 외부 영입만으로는 지속 가능한 혁신을 확보하기 어렵다. 회사는 보다 통합적인 전략—예컨대 AI 부트캠프나 사내 아카데미를 장기 운영해 내부 인력을 대거 재교육하고, 동시에 리더급 인재를 외부에서 스카우트해 지휘하도록 하고, 프롬프트 엔지니어링이나 AI 매니저 같은 직무도 공식화해 내부 승진 경로로 삼는 방식—을 시도해야 한다.

그리고 인재들이 AI 프로젝트에 기꺼이 뛰어들도록 하기 위해 단순 급여만이 아니라 도전적 과제를 맡을 기회, 명확한 성과·보상 연계, 장기적 커리어 비전을 함께 제시해야 한다. 이는 조직이 "우리 AX의 궁극적 목적은 무엇이고, 어떤 혁신을 노리는가?"를 명확히 보여줄 때 가능해진다. AI 매니저처럼 새로 생겨나는 직무가 처음에는 생소할 수 있지만, 제대로 자리 잡으면 인재들이 하고 싶어 하는 고유의 커리어 트랙이 될 수 있다.

요약하면 이렇다. 기술은 있지만 사람은 없다는 상황이 되어서는 AX가 지속 가능하지 않다. AI는 사람들이 잘 활용하고 결과를 재학습·개선하고 에이전트를 감독하며 윤리와 보안을 지키는 과정을 통해 회사에 가치를 안긴다. 따라서 AX 시대의 인재 전략이야말로 최전선의 이슈이고 교육부터 보상까지 유기적으로 맞물리도록 설계해야 한다.

이 작업을 건성으로 하게 되면 하드웨어·소프트웨어는 있어도 정작 쓸 줄 아는 인재가 없어서 회사는 더딘 걸음을 면치 못하게 된다. 반대로 인재 육성과 조직 문화를 선제적으로 준비한 기업은 빛의 속도로 변하는 AI 기술을 유연하게 소화해 시장에서 한발 앞선 경쟁 우위를 누리게 된다.

⦙ 6. 변화 관리와 조직 문화 혁신

AI 트랜스포메이션(AX)을 위한 조직적 준비와 인재 육성은 완성된 기술이나 제도를 곧바로 현장에 적용한다고 해도 순조롭게 이뤄지지 않는다. 디지털 트랜스포메이션(DX) 시절에도 "새로운 방식으로 일하자"는 구호를 내걸었지만 막상 사무실 곳곳에서는 거부감과 저항이 만만치 않았다. 하물며 의사결정과 창의적 업무까지 AI가 넘보는 시대라면 부정적 기류는 더 크게 발생할 수 있다. 이때 가장 핵심적인 과제 중 하나가 변화 관리와 조직 문화 혁신이다. 아무리 기술적 가능성이 있어도 사람들이 이를 수용하지 못하면 AX는 유명무실해진다. 특히 임원진과 전문 인력이 아무리 밀어붙여도 현업 부서와 중간 관리자들이 실질적으로 협력하지 않으면 프로젝트는 벽에 부딪히고 만다. 반대로 조금씩 성공 스토리를 만들어 내부 신뢰를 확보하고 보고·협업 방식을 바꾸며 우수사례를 포상해 전파하는 식으로 조직 문화를 바꾸어 간다면, AI 활용은 사내 전반으로 자연스럽게 확산할 가능성이 높다.

이번 장에서는 거부감을 해소하는 작은 프로젝트(포인트 PoC)부터 대시 보드 기반의 새로운 보고 체계 도입 그리고 성공 스토리 발굴과 포상을 통한 문화 혁신 방안까지, 조직의 변화와 나아가 습관을 바꾸는 구체적인 전략을 살펴보겠다. 이 과정을 통해 AI가 단지 새로운 툴이 아니라 조직 DNA를 변혁하는 촉매 역할을 할 수 있음을 재확인할 수 있다.

1) 작은 PoC로 신뢰 구축

AI 트랜스포메이션이 전사 규모로 전개되려면 필연적으로 현업 조직과 중간 관리자들의 협조가 필요하다. 하지만 처음부터 "오케이, 모든 업무를 AI에 맡겨 보자"라고 받아들이지는 않는다. 그 이유는 AI가 정말 업무 효율을 높이고 정확한 결과를 낼지 의심이 드는 것과 성과와 책임은 인간이 지게 되는데 만에 하나 AI가 실수하면 누가 책임질 것인가, 하는 불안감이 있기 때문이다. 이런 거부감은 DX 시절에도 종종 나타났다. "새 협업툴을 쓰자고 해서 도입했는데, 우리 부서는 이메일이 더 편한데요?" 식이었다. 그런데 AX는 파급력이 더 크기 때문에 거부감은 더 심할 수 있다.

이러한 거부감을 해소하기 위한 가장 효과적인 방법 중 하나는 "작고 빠른 PoC"(작고 빠른 파일럿 프로젝트) 몇 가지를 현업 부서와 함께 수행해 실제로 눈에 보이는 성과와 편익을 창출해 보는 것이다. 가령, 마케팅 부서를 설득하기 위해서 AI가 광고 문안을 만들어 주는 PoC를 2주간 시도해 볼 수 있다. ChatGPT나 사내 생성형 AI가 광고 아이디어를 5~6개씩 제시하고 마케터가 그중 괜찮은 것을 골라 채택해 SNS에 올리고 그 결과를 살피는 것이다. 만약 클릭률이 15%나 높아지는 성공 사례가 나오면 부서원들이 "와, 이거 쓸 만하네"라고 하며 태도를 바꾸게 된다. 재무나 회계 부서라면 AI가 각종 증빙 서류를 자동 분류 요약해 주는 PoC를 일주일 정도 시도해 보고, 평소보다 처리 속도가 30% 단축되는 결과를 보게 되면 태도가 바뀔 수 있다.

이렇게 작은 PoC에서 성공을 만들어 내면 부서원들은 AI가 굉장히 복잡하고 먼 미래 얘기가 아니고, 우리 일을 도와주는 유용한 도구임을 체감하게 된다. 그리고 이러한 성공은 조직 내 다른 부서에도 전파되어 "어, 마케팅팀에서 벌써 성과가 났다고?"라는 반응을 일으키고 궁극적으로 전사적 수용도를 높이도록 도와준다. AI가 위험하다던 회의론자들도 구체적 숫자와 사례를 보면 설득될 가능성이 높다.

핵심 포인트는 PoC를 기획할 때 현업 부서의 적극적 참여를 유도하고 그들이 직접 체감할 수 있는 성과 지표를 설정하는 것이다. 보고서 작성 시간의 매주 한 시간 감소라든가 SNS 광고 성과가 10% 상승같은 간단하지만 명확한 KPI를 잡는 것이 좋다. 그리고 달성에 성공하면 해당 부서 직원들에게 소정의 포상이나 인정을 해주는 식으로 운영하면 더 좋다. 이렇게 하면 PoC가 끝난 뒤에도 부서원들이 우리 부서가 AI를 잘 썼더니 칭찬받았다는 긍정적 기억을 가지게 된다.

2) 대시 보드 기반의 보고로 문서 최소화

DX 시절부터 일부 기업에서는 회계·영업 지표를 실시간 대시 보드로 CEO나 임원에게 보여 주었다. 그러면서 별도의 PPT 보고서 작성을 줄이자는 움직임이 있었다. 그럼에도 여전히 많은 회사가 CEO나 임원 보고를 위한 PPT 문서나 엑셀 자료 작성에 시간을 쓴다. AX 시대가 되면 이러한 보고서 작성이 자동 생성에 이른다. 하지만 이보다 더 효율적인 방식은 아예 대시 보드 기반의 보고를 정착시키는 것이다. PPT 보고를 완전히 없애자는 이야기가 아니라, 필요한 경우 최소로만 활용하고 일반적인 보고의 경우 상당 부분을 시스템화하자는 이야기다.

AI와 연결된 대시 보드를 보면서 임원은 핵심 지표(매출, 재고, 이탈 고객 수)를 실시간으로 확인할 수 있다. 필요하면 AI에게 "왜 이 수치가 떨어졌는지 설명해 줘"라고 묻고, 관련 문서와 예측 모델을 결합해 즉석에서 AI가 보고서를 만드는 것을 바로 확인할 수 있다. 이때 임원이 "추가로 이 지역 매출 추이를 1년 치로 비교해 볼 수 있어?"라고 요청하면 AI가 다시 대시 보드 필터를 적용하거나 차트를 수정해 실시간 응답한다.

이러한 과정을 거치게 되면 정기 보고를 위해 PPT를 새로 만들 필요가 거의 없어진다. 과거에는 팀장·과장·사원이 한 주 동안 자료를 취합하고 문서 디자인과 정리에 시간을 쏟았는데, 이제는 "대시 보드 + AI"가 데이터 기반 분석과 요약을 실시간으로 해준다. 이 방식이 문화적으로 정착하면 조직은 보고서 작성에 할애하던 인력·시간을 전략 업무로 돌릴 수 있다.

다만 이러한 전환 과정에서 임원이나 중간 관리자 혹은 CEO가 대시 보드나 AI 질의에 익숙해지지 않는다는 이유로 "그래도 PPT가 한눈에 보기 편하다"라고 말하며 이전 방식을 고수할 수도 있다. 이때에는 경영진이 직접 나서서 "우리 회사는 보고 문서를 최소화하고 대시 보드와 AI 질의 중심으로 의사결정 한다"는 메시지를 강조할 필요가 있다.

CEO가 직접 회의 석상에서 PPT가 아닌 대시 보드를 켜고, AI가 실시간으로 제공하는 결과를 보며 의사소통하는 모습을 직원에게 자주 보여 주는 것 자체가 조직 전체적으로 "이제는 이런 방식이 표준이구나"하는 인식을 만들게 된다. 그리고 현업 담당자에게도 "보고 문서 대신 대시 보드를 유지·관리하며, 필요한 경우 AI 질문(프롬프트)을 미리 준비해 두라"는 식으로 업무 지침을 바꿔서 지시할 수 있다. 이때 인프라(대시 보드 솔루션, AI와의 연동)는 IT/AI팀이 구축한다.

요약하면, 대시 보드 기반 보고 체계는 AI 시대에 맞춰 "실시간 데이터 + 자동화된 분석"을 활용하는 가장 효율적인 방식이며, CEO나 임원 보고용 PPT를 없애고 의사결정 속도를 높이는 동시에 보고서 작성이라는 불필요한 문서 작업을 획기적으로 줄일 수 있다는 장점을 얻을 수 있다. 문화적으로 안착하려면 경영진이 본보기를 보이고 실무자들에게 기존 보고 문서 양식을 줄여 주는 식의 제도 개선을 병행해야 한다.

3) 성공 스토리, 우수 사례 포상

변화를 장기적으로 정착시키는 데에는 성공 스토리와 우수 사례 포상만큼 효과적인 것이 없다. DX 시절에도 비슷한 이야기가 있었지만, AX 시대에는 한두 건의 성공 사례만으로도 훨씬 더 큰 파급력을 낳을 수 있다.

포상을 진행하는 방식에는 여러 가지가 있을 수 있다. 예를 들어, AI 혁신상이라는 분기 또는 반기 단위 시상 제도를 만들고 가장 혁신적이고 실질적인 성과를 낸 팀 혹은 개인에게 상금·휴가·포인트 등을 제공하는 식이다. 또 사내 행사나 협업 툴 상에서 AI 성공 사례를 발표하는 자리를 마련해 우수 사례 담당자가 직접 스토리를 전파하게 한다. 이때 발표 형태를 너무 딱딱하게 하기보다 "우리가 이런 시행착오를 거쳐 이렇게 성공했다"식의 에피소드 공유로 현업의 공감을 끌어내는 것이 좋다.

성공 사례를 직접 체험해 보는 기회도 의미가 있다. 마케팅 부서에서 AI 챗봇을 통해 광고 효율을 올린 사례가 있다면 이를 타 부서와 함께 시연해 보고, 실제로 모델에 질의응답을 해 보는 워크숍 형식으로 전파하면 보여 주기 이상의 체감이 가능하다. "아, 이렇게 AI를 썼더니 바로 성과가 나오는구나"라는 신뢰가 생기면서 회사 전체에 AI 활용 분위기가 확산한다.

성공 스토리와 우수 사례는 조직 내 거부감과 두려움을 줄이는 역할도 하지만 무엇보다 긍정적 열기를 높여 "우리도 하면 된다"는 자신감을 불어넣는다. 이는 변화 관리의 핵심 원리 중 하나다.

사람들은 위에서 아무리 하라고 해도 결과가 불투명하면 꺼린다. 그러나 동료 부서가 성과를 낸 사례를 보면 나도 해보겠다는 심리가 발생한다. 그리고 그렇게 시도한 부서에서 또 다른 성공 스토리가 나오면 선순환이 일어난다.

4) AI 해커톤, 아이디어톤

조직 문화가 AI 친화적으로 바뀌고, 작은 PoC, 대시 보드 보고, 성공 스토리 전파 등으로 변화를 체감하기 시작했다면, 그다음 단계로 사내 해커톤(Hackathon)이나 아이디어톤(Ideathon) 같은 행사를 기획해 볼 수 있다.

먼저 해커톤부터 살펴보자. 디지털 트랜스포메이션(DX) 시절에도 프로토타입 개발을 위해 해커톤을 진행하는 사례가 있었지만, AI 트랜스포메이션(AX) 시대에는 그 의미가 더 커진다. 왜냐하면 이제는 AI는 단순 개발자만의 전유물이 아니라 마케팅·영업·인사·제조·R&D 등 전 부서가 활용할 수 있는 기술이기 때문이다. 따라서 해커톤도 엔지니어만 참가하는 것이 아니라 비(非)기술 직무를 포함해 회사 전체가 AI를 활용해 아이디어를 자유롭게 제안하고, 시제품(혹은 PoC)을 만들어 보는 장이 되도록 기획한다.

먼저 하루 종일 "AI 해커톤"이라는 이름으로 행사를 열고 다양한 직무의 직원이 섞여 팀을 구성하도록 한다. 팀마다 AI 전문가를 배치해서 AI 모델과 연결해보고, 마케터는 시장 니즈를 분석해서 업무 프로세스와 데이터 세트를 AI에 제공하는 식의 협업 모델을 만든다. 핵심은 AI가 우리 회사 업무를 어떻게 개선할지를 직접 기획하고 간단히 구현해보는 과정에서 평소 만나지 못했던 동료들과 혁신 아이디어를 교류하는 것이다.

이 행사가 성공적으로 진행되면 참여자들은 AI 기술을 더욱 친숙하게 받아들이고, 우리 업무에도 이런 식으로 적용할 수 있겠다는 인사이트를 얻는다. 그리고 행사에서 탄생한 시제품이나 PoC가 향후 사내 프로젝트로 이어져, 실제 사업 가치로 연결된다. 또 기술 부서와 현업 부서 사이의 협업이 자연스럽게 일어난다.

다음으로 "아이디어톤"은 해커톤과 유사하지만 꼭 프로토타입 구현까지 가지 않고 아이디어 기획과 비즈니스 모델을 구체화하는 것에 중점을 둔다. AI를 이용해 고객 문의 80%를 자동화하는 아이디어를 팀이 구상해 그 가능성과 대략적인 프로세스와 예상 성과를 발표하는 식이다. 이를 통해 조직은 다양한 부서와 직원이 어떤 문제를 해결하려고 하는지, 그 아이디어 중 얼마나 AI가 실효성 있는 해법을 제시할 수 있는지를 폭넓게 파악할 기회를 갖는다.

행사가 끝난 다음에는 우수 팀이나 아이디어를 사장상 임원상 등으로 시상하고 사내 AI팀의 후속 프로젝트로 이어질 수 있게끔 지원한다. 이렇게 하면 한 번의 이벤트로 끝나는 것이 아니라 실제 혁신으로 연결되는 선순환 구조를 만들 수 있다. 참가자들 역시 우리 아이디어가 실제 프로젝트가 될 수도 있구나, 라는 동기부여를 얻고, 다음 해커톤·아이디어톤에 더 적극적으로 참여한다.

정리하면, "AI = 내 업무와 먼 얘기"라는 간극을 줄이고 협업형 조직 문화를 더욱 강화하는 데 핵심이 있다.

5) 실패 관용 문화

AX 실행의 초기 단계는 PoC만으로도 괜찮아 보일 수 있지만, 실제 현업에 활용하는 단계로 들어가게 되면 예기치 못한 문제가 터질 수 있다. 데이터 품질이 부족해 모델 정확도가 저조하다든가, 현업 부서와 협업이 되지 않아 프로젝트가 중단된다든가 하는 식이다.

이때 실패에 대한 관용 문화를 갖추는 것이 중요하다. DX 시절에도 반복됐던 악순환 중 하나가 프로젝트가 예상만큼 성과를 못 내면 담당자를 문책하거나 팀을 해체해 버리는 것이다. 그렇게 되면 어느 부서든 "우리도 AI를 시도했다가 괜히 욕먹는 것 아니야?"라고 불안해하며 적극적인 참여를 꺼린다. 따라서 AI 트랜스포메이션을 장기 프로젝트로 보고, 실패 관용 문화를 제도적으로 보장하는 것이 매우 중요하다. 구체적으로는 다음과 같은 방법을 쓸 수 있다.

- **학습 예산:** 신기술 시도나 R&D 성격의 AI 프로젝트에는 실패를 감안한 예산을 배정한다. 예컨대 1억 원 예산 중 20~30%는 파일럿 실패를 대비해도 괜찮다는 허용치로 미리 잡는다.
- **사내 공유:** 실패 사례를 은폐하지 말고 어떤 원인으로 실패했는지, 어떤 교훈을 얻었는지, 전사 게시판이나 세미나 자리에서 공유하도록 독려한다. 이런 공유가 잘 이뤄지면 같은 실수를 되풀이하지 않을 수 있고, 실패했던 부서나 담당자도 자신들의 실패 역시 가치를 인정받는다고 느낀다.

- **리워드:** 급진적 아이디어나 프로젝트라도 진정성 있게 추진했다면 실패했다 하더라도 팀원들에게 불이익을 주지 않도록 한다. 오히려 가장 혁신적 아이디어에 도전한 팀에게 보너스 포인트를 준다든가 차기 프로젝트 우선권을 부여하는 식의 보상을 제공한다.

이러한 문화를 제도화하려면 CEO와 임원들이 실패 관용을 공적으로 언급하고 현장에서도 그렇게 행동해야 설득력을 가진다. 가령 어떤 AI 프로젝트가 6개월 만에 실패로 판정됐더라도 CEO가 "좋은 시도였고 충분한 교훈을 남겼으니 다음에는 더 좋은 기회를 만들자"라는 메시지를 발표한다면 "아, 우리 회사는 실패해도 괜찮구나. 중요한 건 다음 단계로 학습하는 거구나."라고 직원들이 받아들일 수 있다.

실패 관용은 단순히 이상적 구호가 아니라 불확실성을 전제로 한다는 사실을 인식한 현실적 방안이다. AI 기술은 늘 빠르게 변하고 회사마다 데이터 환경과 조직 상황이 달라서 한 번에 성공을 보장받기 어렵다. 실패를 자연스러운 학습 과정으로 생각하고 직원들이 AI 활용에 더 과감해질 때, 그중 일부가 회사의 미래를 바꿀 파격적 성과를 만들어 낸다.

6) 사람+AI 협업 조직 문화

AI는 파트너라는 인식 정착

AI 트랜스포메이션이 어느 정도 자리를 잡으면, 기업 내부에서 "사람과 AI는 어떻게 협업해야 하는가?"라는 근본적인 질문이 더 뚜렷이 부상한다. 단순히 자동화 수준이었을 때는 기계가 보조를 하고, 사람은 통제한다 정도였지만, 이제는 AI가 의사결정과 창의적 영역까지 부분적으로 맡을 수 있다는 점에서 AI를 대하는 태도 역시 달라진다.

처음에는 AI를 경계하거나 도구 정도로만 여길 수 있다. "얘는 대답만 잘하는 챗봇이지"라고 단정 짓거나 "AI가 우리의 일자리를 대체하려고 든다"라면서 불안하게 볼 수도 있다. 그러나 조직이 한 단계 더 성숙해지려면 AI는 사람이 하지 못하는 방대한 연산과 기억을 담당하고, 사람은 전략·감성·윤리 판단을 맡아, 둘이 함께 최고의 시너지를 내는 것이라는 인식이 퍼져야 한다.

사내 코디네이터나 전담 조직이 연수·세미나를 열어, AI가 잘하는 건 뭔지, 못하는 건 뭔지, 사람은 어디에 더 집중할 수 있는지를 구체적인 사례로 설명해 주는 것도 좋다. 또 부서별로 AI와 인간이 협업해 성공한 사례(보고서 자동화, 캠페인 최적화, 예측 정확도 향상 등)를 널리 공유하는 것도 좋다.

조직 내 커뮤니케이션 문구나 슬로건으로도 이런 철학을 표현할 수 있다. 예를 들어 "AI is Your Partner for Growth" 같은 문구를 사내 인트라넷에 노출하거나 팀장이 AI와 협업을 팀 미션 중 하나로 설정하는 식이다. 그리고 임원진은 간담회에서 "AI가 여러분을 보조하는 수준을 넘어서, 여러분이 AI를 지휘하면서 새로운 가치를 창출하는 파트너 관계를 맺어야 한다"라고 공식적으로 언급하는 것도 좋다.

지속 가능한 경쟁력

RAG 기반 생성형 AI 모델이 문서 작성, 데이터 요약, 예측 모델 시뮬레이션 같은 반복적이면서 대량 데이터를 필요로 하는 일을 담당한다면, 사람은 그 결과를 검수해 실제 의사결정의 맥락을 보충하거나 고객과의 감성적 교섭·설득이 필요한 순간에 집중할 수 있다. 단순히 업무 효율성 향상이 아니라 업무 자체를 근본적으로 재설계하는 계기가 된다.

업무량이나 신규 과제는 회사가 성장할수록 끝없이 생겨난다. 단순 반복하는 일을 해결하고 더 혁신적인 문제 해결이나 신사업 아이디어 창출에 쓴다는 것은 개인의 성취감 향상은 물론이고 회사 경쟁력을 높이는 데에도 도움이 된다.

물론 이러한 전환이 저절로 이루어지지는 않는다. 기존 구성원들이 기존 프로세스가 아닌 창의적·전략적 분야로 옮겨 갈 수 있도록 지원하는 것이 필요하다. 광고의 세부 설정을 AI에게 맡긴 다음, 마케터는 더 고급 분석이나 브랜딩 전략에 시간을 투자할 수 있도록 회사는 재교육과 인센티브를 마련해야 한다.

이런 구조가 자리 잡으면 "사람 + AI 협업"이 단순한 효율성을 넘어 지속 가능한 경쟁력으로 자리매김할 수 있다.

정리해보자. 변화 관리와 조직 문화 혁신은 AX 시대를 맞이한 기업이 기술 도입만으로는 해결할 수 없는 근본 과제다. AI가 의사결정과 창의적 영역까지 침투한다는 점에서 변화 규모와 조직의 충격은 클 수밖에 없다. 그리고 변화 관리와 조직 문화 혁신의 마지막 키워드는 "사람 + AI 협업"이다. 해커톤·아이디어톤으로 AI 활용 아이디어를 공유하고 실패 관용 문화를 통해 도전적 시도를 장려했다면, 이제는 근본적으로 AI는 파트너라는 인식을 조직에 심고 창의·전략은 인간이 담당한다. 그리고 반복·대량 분석은 AI가 담당하는 식으로 업무 재설계를 추진한다.

성공적인 변화 관리와 조직 문화 혁신을 만드는 핵심 요소 다시 한 번 더 정리해보자.

- **거부감 해소:** 작은 PoC로 빠른 성과를 맛보게 해서 현업 부서가 AI를 "쓸 만하네"라고 긍정적인 인식을 갖게 만든다. 프로젝트 기획부터 현업 참여를 유도하고 성공하면 포상까지 연결해 준다.
- **대시 보드 기반 보고 체계:** 기존의 PPT 중심 보고 문화 대신 실시간 데이터와 AI 분석을 바로 확인하는 체계로 전환한다.
- **성공 스토리·우수 사례 포상:** 실제로 AI가 성과를 낸 경험을 적극 공유하고 이를 이끈 팀이나 개인을 포상함으로써, 다른 부서에서도 동기부여를 얻고 자발적으로 혁신 대열에 합류하도록 유도한다.
- **AI 친화적 태도:** AI가 인간보다 우월 혹은 AI가 인간을 대체 같은 극

단 논리가 아니라 AI는 우리 역량을 확대해 주는 파트너라는 균형 잡힌 시각을 갖추도록 한다.

- **프로세스 재설계:** 반복 작업을 줄이고 그 시간과 자원을 창의·전략 분야로 이동시킨다. 이를 위해 임원과 팀장 차원에서 업무 목표와 역할 배분을 체계적으로 제시한다.
- **지속적 학습·적응:** AI 기술이 계속 진화하므로 조직은 프로젝트 경험과 실무 적용을 통해 "사람 + AI 협업" 방식을 끊임없이 업데이트한다. 상황이 달라지면 프로세스를 유연하게 바꿀 수도 있어야 한다.

"작은 성공 → 확산"을 이루고 임원 보고와 협업 문화가 만들어지면, 비로소 조직 문화는 AI 친화적으로 바뀌기 시작한다. 이는 인재 전략, 데이터 거버넌스, 윤리 체계 등과 유기적으로 연결되어 AX가 조직 전반에 뿌리내리는 데 결정적 역할을 한다.

문화 혁신이 일어난 조직은 AI가 제공하는 강력한 자동화 의사결정 보조 기능을 가감 없이 흡수하여 경쟁사를 뛰어넘는 속도로 미래 시장의 변혁을 일으킬 수 있다. 나아가 향후 AI 에이전트 시대가 본격화된다 해도 갈등보다는 시너지를 더 크게 얻을 수 있다. 이미 작은 PoC부터 대시 보드 보고 체계, 해커톤 아이디어톤, 실패 관용 문화, AI는 파트너라는 믿음이 축적되었기 때문이다.

이처럼 "거부감 해소 → 보고 체계 혁신 → 성공 사례 공유 → 해커톤·아이디어톤 → 실패 관용 → 사람 + AI 협업"이라는 일련의 단계가 유기적으로 이어질 때 AX는 단순 기술 업그레이드가 아닌 조직 문화의 전면적 업그레이드로 자리매김한다.

4부
AI 트랜스포메이션
- 유형별·산업별 사례와
미래 전망

1. AX 유형별 적용 사례

기업들이 AI를 도입하고 활용하는 방식은 해를 거듭할수록 다채롭고 광범위해지고 있다. 한때는 단순히 빅데이터 분석이나 자동화 도구에 집중하던 AI 활용이 생성형 AI와 지능형 RPA 그리고 AI 에이전트 기술이 결합하면서 문서 작성부터 음성·영상 분석, 프로세스 자동화, 전문 챗봇, 코드 생성까지 폭넓게 확장되고 있다. 그러나 이러한 사례는 외부 공개가 제약되어 자세히 알기가 어려웠다. 지금부터 소개하는 AX 유형별 적용 사례는 여러 경로를 통해 수집한 것으로 회사와 조직에 꼭 필요한 AI 서비스나 어플리케이션(응용/적용)을 어떻게 만들어 가면 좋을지 고민해볼 수 있는 좋은 참고 자료가 된다.

앞에서 다뤘던 내용과 다소 반복이 있지만, 이 장이 단순히 "AI 활용이 이렇다"라는 걸 넘어 독자들에게 환경에 맞는 AI 활용 포인트를 발견하는 기회가 되었으면 한다. 어디선가는 문서 생성과 번역이 가장 시급할 수 있고, 또 다른 곳에서는 지능형 RPA로 사무 자동화부터 할 수 있다. 적절히 골라서 시도하고 성과가 확인되면 조직 차원에서 더욱 전폭적인 지원을 해준다. 그러면 AI 트랜스포메이션이 자연스레 자리 잡을 것이다. 그 결과 기업의 업무 프로세스는 전에 없던 속도로 효율화되고, 직원들은 반복 업무에서 해방되어 더 창의적이고 전략적인 과제에 몰입할 수 있다. 이것이 곧 AI가 가져다주는 진정한 가치라 할 수 있다.

AI가 기업 내에서 활용되는 업무별 사용 사례 등을 총정리하면서 실제 비즈니스가 어떤 식으로 변하고 있는지, 어떤 업무에 어떻게 활용하면 좋을지 구체적으로 살펴보는 기회로 만들면 좋겠다.

1) 생성(문서, 메일, 보고서 등)

생성형 AI 서비스를 기업 업무에 적용하면서 가장 빠르게 체감되는 AI 활용 유형 중 하나가 바로 문서, 메일, 보고서 등의 무언가를 생성해 주는 기능이다. 과거에도 로보 저널리즘처럼 일정한 데이터 패턴을 받아 기사 형태로 작성하는 프로그램은 존재했지만, 이는 특정 템플릿이나 규칙에 한정된 방식이었다. 하지만 최근의 생성형 AI는 보다 자연스러운 글 작성을 도와준다. 기업은 이 기능을 사내 보고서 작성, 영업 제안서 초안, 마케팅 카피 생성, 메일 작성 등에서 폭넓게 활용할 수 있다.

마케팅 팀이 "이 신제품의 장점을 몇 가지 키워드로 정리하고, 200자 분량의 광고 문구를 써 달라"고 AI에 지시하면 1분도 안 돼 완성도 높은 초안을 얻을 수 있다. 영업 팀도 "이번 주 고객 방문 기록을 요약해 보고서로 만들어 달라"고 지시할 수 있다. 그러면 AI가 CRM 데이터를 결합해 자동 보고서를 작성한다. 영업 사원의 입장에서는 영업 활동만 CRM에 기록하면 주간 보고서를 포함한 다양한 문서를 여러 데이터를 기반으로 AI가 자동으로 만들어주기 때문에 시간을 절약할 수 있고, 이를 관리하는 팀장의 입장에서는 일관성을 가진 형식과 내용의 보고서를 모든 직원들로부터 받을 수 있어 관리의 효율성도 증대된다.

문서 생성 기능을 도입할 때, 기업은 "AI가 만들어 낸 문서를 그대로 사용할 것인가?"라는 질문을 해봐야 한다. 생성형 AI가 간혹 할루시네이션(환각)을 일으키거나 사실 관계를 잘못 표현할 위험이 있기 때문에 검증 프로세스는 꼭 필요하다. 즉 영업 보고서를 AI가 작성해 줘도 영업 팀장이 최종 확인·수정을 거쳐야 한다. 또 민감한 기밀 문서를 외부 모델(ChatGPT)에 붙여넣기 하는 것은 보안 문제가 있을 수 있으니, 사내 전용 환경(Azure 오픈AI 등)을 구축하거나 익명화나 요약 형태로 AI에게 전달하는 것도 필요하다.

2) 요약(회의록 작성 등)

AI 활용 유형 중 문서 작성과 함께 가장 많이 볼 수 있는 것이 요약 기능이다. 대표적으로 외부 기사 내용을 요약해서 임직원들에게 배포하는 기능을 고려해볼 수 있다. 기존에는 홍보팀 담당자가 매일 요약 정리하는 일을 직접 했다면, 이제는 AI가 이를 대체해줄 수 있다.

매일 열리는 화상 회의나 사내 회의록, 주간 보고서 등도 AI에게 투입하면 핵심 내용만 뽑아 정리할 수 있다. 특히 팀 단위 회의 기록이 길게 늘어져도 AI가 결정 사항, 액션 아이템, 이슈 항목 등을 구분해서 알려 주면 참여자들은 일일이 타이핑하거나 다시 듣지 않아도 된다. 결과적으로 보고 품질과 의사소통 효율이 높아진다.

긴 분량의 매뉴얼이나 규정집(예: 인사 규정, 보안 정책)을 직원들이 읽기 귀찮아한다는 고질적 문제 또한 AI 요약 기능으로 해소할 수도 있다. 인사팀이 "신입 사원에게 필요한 규정만 골라 1,000자로 추려 달라"고 지시하면 AI는 문맥을 파악해 핵심 항목을 골라 준다.

요약 기능을 도입할 때도 생성과 마찬가지로 기업은 "AI가 만들어 낸 문서를 그대로 사용할 것인가?"라는 질문을 해봐야 한다. 생성형 AI가 간혹 할루시네이션(환각)을 일으키거나 중요한 사항을 빠뜨릴 수 있는 위험이 있기 때문에 검증 프로세스는 꼭 필요하다.

3) 언어 번역

언어 번역은 인공지능이 실무에서 가장 먼저 그리고 가장 널리 활용하고 있는 영역 중 하나다. 이미 DX 시절부터 구글 번역, 파파고 같은 서비스가 기계 번역의 정확도를 크게 끌어올렸고 많은 회사가 해외 사이트·문서·이메일을 간단히 기계 번역으로 돌려 보는 것이 일상이 되었다. 그럼에도 중요 문서는 결국 사람이 다시 검수해야 할 정도로 오류가 많았다.

최근 생성형 AI 모델은 언어적 뉘앙스와 문맥 파악 능력을 높여 기계 번역이 훨씬 자연스럽고 매끄럽다. 최근에는 여기에 RAG나 버티컬 LLM을 결합하면서, 전문 용어가 많은 산업 문서나 제품 매뉴얼도 높은 정확도로 번역할 수 있게 되었다. 항공 엔지니어링 매뉴얼처럼 복잡한 기술 용어가 잔뜩 들어간 문서도 AI가 범용 번역 엔진보다 더 정교하게 처리해 준다.

기업이 기계 번역을 좀 더 적극적으로 대규모로 활용하려면, 자사

용어집(Glossary)와 스타일 가이드를 반영하고 싶어하는 수요가 생긴다. 예컨대 "우리 제품명은 절대 번역하지 말고, 원문 그대로 표기해 달라"거나 "공식문서는 격식체로 번역해 달라" 같은 요구다. 왜냐면, 범용 번역 서비스를 쓰면 이런 부분이 제대로 반영되지 않아 엉뚱한 결과가 나타날 수 있기 때문이다. 그래서 LLM을 기반으로 커스텀 모델을 개발해서 사용하거나 혹은 딥엘(DeepL) 등에서 기업 전용 사전 기능을 세팅해 자사 용어를 우선 적용하도록 설정하는 식으로 활용할 필요가 있다.

그리고 단순히 텍스트를 붙여넣기 하여 번역하는 것뿐만 아니라, 회사에서 가지고 있는 문서를 그대로 레이아웃을 유지하면서 번역할 수도 있다. 외부 논문이나 회사 내부 문서 등의 PDF, 워드 파일을 다른 언어로 번역할 때 동일한 레이아웃이 유지된다면 그 생산성은 이루 말할 수 없다.

번역이 텍스트를 넘어 음성 통역으로 확장되는 흐름도 활발하다. 예컨대 줌(Zoom) 회의나 팀즈(Teams) 미팅에서 실시간 통역 자막을 제공하거나 아예 목소리 합성까지 해서 상대에게 원하는 언어로 전달하는 기능이 연구되고 있다. 마이크로소프트 팀즈는 2025년에 이 기능을 출시하겠다 밝혔다. 만약 대규모 컨퍼런스에서 AI 통역이 품질을 어느 정도 보장해 준다면, 사람 통역사의 업무 부담도 줄어들거나, 통역사 없이 AI로 진행 가능한 행사가 생길 수도 있다. 지금까지는 문서와 채팅 번역이 가장 많이 쓰이지만, 기업들이 글로벌 회의를 더 자주 하게 되면 실시간 AI 통역도 주목을 크게 받을 것이다.

4) 문법 및 맞춤법 교정

기업 문서에 문법과 맞춤법이 왜 중요할까? 사소해 보이지만 상당수 기업이 내부 보고서나 대외 문서, 광고 문구, 웹사이트 텍스트 등에서 문법이나 맞춤법 오류로 곤란함을 겪는다. 특히 홍보·마케팅 부서는 광고 카피를 깔끔하게 정제해야 하고, 해외 마케팅 시 영어 문법 오류를 최소화해야 한다. 사내 소통에서도 맞춤법이 어긋난 문서를 임원에게 제출하면 신뢰도에 악영향이 생긴다.

생성형 AI는 단어 하나 틀린 걸 고치는 수준을 넘어 문장 전체 톤을 다듬어 주고, 중복적이고 어색한 표현을 교정하는 능력을 보여준다. 점점 더 문법과 맞춤법 교정에 AI를 쓰는 회사가 늘고 있다. 간단하게는 생성형 AI 챗봇(ChatGPT 등)에 글을 붙여 넣고 "이 문단을 교정해 줘"라고 프롬프트 지시만 하면 된다. 그러나 사내에서 대규모로 쓰려면 민감한 내용이나 문서를 외부로 전송하는 것이 꺼려질 수 있다. 그래서 일각에서는 오픈소스 LLM을 도입하거나 사내 전용 클라우드를 활용해 교정 전용 모델을 돌리기도 한다. 또는 언어 교정 전문 서비스를 기업용으로 구독하기도 한다.

기업 전용의 문법 및 맞춤법 준수가 필요한 대표적인 산업군이 제약·바이오 분야이다. 연구나 생산 과정에서 수많은 문서를 작성하는데, 표준 업무 절차 규정에 맞춰 품질 조직에서 정확하게 작성되었는지 살펴본다. 이때 필요한 것이 해당 문서의 문법과 맞춤법이다. 예를 들어, 수식을 쓸 때 천 단위당 쉼표(,)를 써야 한다는 규정이 있다면, 숫자 형식 모두 이러한 규정이 잘 지켜졌는지 사람이 일일이 체크하던 일을 AI가 대신할 수 있다. 단순한 문법과 맞춤법은 AI가 빠르게 처리하고, 실제 의미 있는 품질 검사만 사람이 진행한다. 그러면 업무 시간이 상당수 줄어드는 효과가 나타난다.

사내 메일이나 인트라넷 게시글도 자동 교정을 거쳐 올리도록 하면, 구성원들의 가독성과 신뢰도가 올라간다. 다만 AI가 교정한 내용이 지나치게 딱딱하거나 맥락을 잘못 바꿀 수도 있다. 최종 검수에는 아직 사람이 필요하다는 것을 잊지 말자.

5) RAG 및 사내 챗봇

RAG(Retrieval-Augmented Generation)는 사내 문서나 데이터베이스를 AI 모델에 연결해 실시간 검색 결과를 답변 생성에 활용하도록 하는 기법이다. 챗봇 형태로 사용자와 대화하며 RAG가 찾아준 내용을 기반으로 문장을 만든다는 특징이 있다. 사내에서 "우리 회사의 제품 B에 관한 서비스 수리 매뉴얼이 뭐지?"라고 챗봇에게 묻게 되면, AI가 RAG로 해당 매뉴얼 파일을 검색해 요약본을 대화창에 보여 준다. 일종의 사내 데이터를 활용한 챗봇이다. 이렇게 되면, 근거가 되는 문서를 활용한 답변이기 때문에 범용 모델이 가진 환각 문제를 줄이고 정확도도 높일 수 있다. 그리고 사내 규정·FAQ·매뉴얼 등 제대로만 정리해 두면, 우리 회사만의 ChatGPT도 쉽게 가질 수 있다. 대표적으로

Azure 오픈AI + Cognitive Search, 구글 Vertex AI 등에서 이런 기능을 제공하며 많은 솔루션 업체가 RAG 챗봇을 상품화하고 있다.

기업이 이러한 기능을 활용하는 이유는 사내 지식과 전문 도메인 자료를 빠르게 뒤져 보고, 이를 이용해 인사이트를 얻고자 하기 때문이다. 예컨대 대기업 R&D 부서는 수십 년 치 연구 보고서가 산재해 있는데 새 프로젝트를 시작할 때마다 누가 어떤 유사 연구를 했는지 찾기가 어려웠다. 하지만 AI 검색을 구축하면 연구자가 질문하자마자 "2018년에 유사한 연구를 A팀이 했고 성공 요인은 이런 것이며 참조 문서는 여기다"라고 바로 답변받을 수 있다.

직원을 고객의 개념으로 상대하는 HR부서의 업무를 크게 효율화할 수도 있다. 각종 복리후생, 사내 규정을 비롯한 다양한 회사의 인사와 관련된 질문이 수시로 접수되고, 답변이 중요 업무 중 하나다. 이때 외부 고객용 콜 센터처럼 사내용 RAG 기반 챗봇을 만든다면 일반 직원들이 언제든 궁금한 걸 묻고 정보를 확인할 수 있어서 좋다. 더불어 대면으로는 질문하기 어려워하는 민감한 주제에 대해서도 편하게 물어볼 수 있다.

더 나아가 RAG 기반 챗봇은 궁극적으로 모든 팀에 하나씩 만들어 내는 것을 목표로 할 수도 있다. 모든 조직은 자신만의 노하우나 일하는 방식, 항상 참고해야 하는 정보가 존재한다. 생산 현장만 하더라도 수많은 매뉴얼, 선배들의 암묵지가 있다. 이런 부분을 RAG 기반 챗봇으로 잘 구성한다면, 시니어들의 은퇴 이후 노하우의 소실이나 신입사원이 빠르게 회사에서 기대하는 생산성을 만드는데 상당한 도움이 된다.

RAG를 구성할 때 문서 준비와 권한 관리는 필수다. 문서가 최신 버전이 아니라면 AI가 구버전을 인용할 테고, 민감 문서는 접근 권한이 없으면 검색 대상에서 제외된다. 그리고 챗봇이 내놓은 답변을 의사 결정에 쓸 때는 문제가 없는지 추가적인 검증이 필요하다. 기술적으로는 답변에 출처 링크를 표시해 사용자가 원본을 확인할 수 있게 한다.

RAG 문서를 준비할 때 해당 문서 또는 규정 등이 정비가 안 된 경우도 많다. 이때는 현행화 자체를 AI를 통해서 진행하는 것이 유용하다. 사내 인사 규정 전문을 AI에 올려놓고 상반되는 규정이 있는지 확인하거나, 해당 규정을 기반으로 AI를 이용해 FAQ를 자동으로 만들 수 있다. 이처럼 담당자가 짧은 시간 안에 규정을 정비하는 방법으로 실제로 많이 활용된다.

6) 지능형 RPA(외부 데이터 자동 수집·정리)

기업 사무직군의 업무 중에는 외부 웹사이트나 공개된 문서, 뉴스, SNS 등에서 데이터를 모아야 하는 경우가 많다. 경쟁사 웹사이트의 상품 가격 변동 정보를 모니터링한다든가, 시장 지표나 유가 변동 데이터를 정기적으로 수집해 리포트하는 경우이다. 지금까지는 이러한 업무를 직원이 일일이 해당 웹 사이트를 방문해 수작업으로 옮겨오거나 일부 웹 스크래핑 툴을 사용했다. 하지만 문제가 자주 발생했다. 최근에는 이를 대신해 RPA와 LLM을 결합한 지능형 RPA로 데이터를 수집하는 사례가 늘고 있다.

RPA 봇이 정해진 시간에 웹사이트나 API에 접속해 데이터를 가져오고, LLM이 노이즈(중복·불필요한 텍스트)를 제거하고 분류 작업을 수행해 깔끔한 형식으로 저장하는 방식이다. 예컨대 "매일 9시에 경쟁사 5곳의 신제품 정보와 가격을 가져와 임직원들께 자동으로 메일을 발송해라"는 프로세스를 반나절 만에 구성할 수 있다.

일부 기업은 뉴스 기사나 SNS 글을 대량으로 크롤링해 트렌드 파악에 활용하기도 한다. 식음료 회사가 이번 계절에 SNS에서 인기인 맛 조합을 추출해 신제품 아이디어를 얻는 식이다. 지능형 RPA는 크롤링된 글을 단순 열람하는 대신 의견 요약이나 감성 분석을 수행해 "여름철 음료 관련 키워드는 이런 게 주류이니 신제품 콘셉트에 반영하자"라고 제안할 수 있다.

우리 회사와 관련된 뉴스만 AI가 자동으로 선별해서 요약하는 사례도 있다. 이러한 사례가 좀 더 발전한다면 직원별 개인화된 뉴스레터 서비스도 가능해진다. 이와 유사한 유형에는 SNS나 뉴스 이외에도 IR(공시 등), 각 분야별 규제, 입찰 정보 등 아주 다양하다. 직원들이 정기적으로 특정 웹페이지를 방문해서 데이터를 활용하고 이를 수작업으로 정리하고 있다면, 이 모든 것이 자동화의 대상이 될 수 있다.

다만, 저작권이나 개인 정보 문제는 항상 따져봐야 한다. 공공 데이터나 공개 게시물이라 해도, 크롤링 규모가 크면 사이트 정책 위반일수 있고, SNS 글이 사적 영역일 때는 개인 정보 침해 소지가 있다. 그래서 많은 기업이 API 접근이나 정식 데이터 제공 계약을 맺고 안전하게 수집하는 편을 택한다. 그리고 AI가 텍스트를 분석할 때는 민감 정보 필터링 절차를 추가하는 식으로 리스크를 관리 한다.

7) 차트 만들기(Text-to-SQL)

많은 기업이 사업 현황을 한 눈에 볼 수 있고, 경영진들이 의사결정에 참고할 수 있도록 여러 차트가 포함된 대시 보드를 운영하고 있다. 이를 위해 기업에서는 BI(Business Intelligence) 툴로 데이터베이스에서 쿼리를 날리고 시각화 대시 보드를 구성하는 방법을 활용한다. 아니면 엑셀의 그래프 그리기를 활용하여 숫자로 된 것들을 이해하기 쉽게 차트로 만들고, 이를 보고서에 포함한다.

그동안은 기업 내부 시스템에 데이터가 있기 때문에 IT 부서나 데이터팀에게 이런 차트 만들어 달라고 요청하거나 데이터를 추출해 달라고 해야 했다. 하지만 앞으로는 어떻게 될까? Text-to-SQL 방식이라고 하는데, 쉽게 이야기해서 기업용 챗봇 같은 곳에 사용자가 자연어로 "상품별 월간 매출 추이를 라인 차트로 보여 줘"라고 말하면 AI가 자동으로 차트를 그려 준다. 물론 AI는 내부적으로 데이터를 확인하기 위해 SQL을 생성해 DB에서 해당 데이터를 조회한 뒤, 차트를 그린다.

최근에는 이를 위한 전문 솔루션이나 ChatGPT 등이 있어서 "영업 데이터에서 지역별 매출 상위 5개 품목을 파이차트로 보여 달라" 정도의 요구는 몇 초 안에 시각화할 수도 있다. 현업 입장에서는 기존 BI 툴의 드래그&드롭보다 더 직관적으로 말로 차트를 생성하니 더욱 편하고 의사결정 과정도 더욱 빠르게 진행할 수 있다. 더불어 재무, 마케팅, 영업 등 경영진의 질문은 이러한 숫자를 해석해서 차트로 보고하는 일들이 일상적이기 때문에 업무 속도 등은 더욱 빨라진다.

기업의 현업 부서에서는 "우리는 데이터 사이언티스트 없지만 SQL 질문을 AI가 해 주니 원하는 대시 보드를 실시간으로 얻을 수 있다"는 반응을 보인다. 예전에는 보고서 하나를 만들려면 IT 부서 요청 후 며칠을 기다려야 했지만, 이제는 대화형으로 바로 실행하고 보고하며 필요 시 실시간으로 경영진과 결과를 공유할 수 있다.

많은 기업이 재무, 영업 활동 등과 관련해서는 ERP를 주로 활용하고 있다. 즉 ERP에 포함된 내용을 AI가 쉽게 이해할 수 있도록 정리하는 과정은 생각보다 상당 기간이 걸릴 수 있다. 어차피 다가올 미래라면 재무 활동 전체와 관련된 데이터를 정비하고, AI를 활용해 이들 숫자를 더욱더 입체적으로 활용할 수 있도록 준비할 필요가 있다. 그러면 기대 이상의 생산성 향상 효과와 의사결정의 적시성을 얻을 수 있다.

8) 코딩

AI가 개발자를 대체할 수 있을지에 대한 논란은 옛날부터 있었지만, 최근 깃허브 코파일럿(GitHub Copilot)나 커서(CURSOR) 등 여러 AI 코딩 보조 서비스가 등장하면서 AI가 실질적으로 코드를 작성·리팩토링·디버깅해 준다는 개념이 본격화되었다. 개발자가 어떤 프로그램 코드를 만들겠다고 설명하거나 함수나 라이브러리 이름을 설명하면 AI가 자동으로 그에 맞는 코드 템플릿을 제안하는 식이다. 간단한 정적 분석이나 버그 체크, 주석이나 문서 작성도 AI가 자동 처리한다.

이러한 기능을 활용하면 주니어 개발자도 빠르게 코드를 짜고, 시니어 개발자는 AI가 생성한 코드를 검수하고 최적화하는 워크플로가 가능해진다. 지금까지와는 차원이 다른 빠른 프로토타이핑, 코드 양산이 가능해진다. 어떤 회사는 해커톤 등을 열어 "AI와 협업해 24시간 안에 MVP(최소 기능 제품)를 완성하자"는 시도를 하기도 한다.

독자 대부분은 우리 회사가 IT 회사가 아니기 때문에 코딩에 AI를 사용할 필요가 없다고 생각할지도 모르겠다. 하지만 일정 규모 이상의 회사라면 사내 IT 시스템이 구축되어 있고 이를 운용하기 위해 사내든 사외든 협력 인력을 두고 있다. 코딩 보조 AI 도구를 사용하면 이러한 인력을 줄일 수 있다.

코딩 보조 AI도 문서 생성형 AI와 마찬가지로 보안·저작권 이슈가 존재한다. 기업 비공개 코드를 외부 API에 전송하면 라이선스 침해나 정보 유출 우려가 생길 수 있기 때문이다. 또한 AI가 참고한 오픈소스 프로젝트가 복잡한 라이선스를 가진 것일 때, AI가 생성한 코드에 동일 라이선스 조건이 적용되는지 애매해질 수도 있다. 그래서 많은 기업이 사내 전용 코파일럿 서버(프라이빗 클라우드)나 인트라넷 AI 모델을 구축해 민감 코드를 방어하는 식의 전략을 택한다.

그리고 AI가 복잡한 로직을 완벽히 이해하지 못하는 경우라면 개발자가 최종 테스트를 한다. 간단한 API 호출이나 유틸 함수 수준은 문제가 없어도, 핵심 비즈니스 로직이나 보안 로직을 AI가 자동 작성하면 심각한 취약점이 생길 수 있다. 따라서 코딩 보조 AI를 전적으로 의존하기보다 개발자를 지원하는 보조자 역할로 인식하는 것이 바람직하다.

아직 부족한 점도 많고 문제점도 많지만, 다수의 전문가는 코딩 보조 AI가 개발 문화에 큰 혁신을 일으킬 것으로 예측한다. 회사별로 사내 표준 라이브러리와 설계 가이드를 AI에 학습시키면, AI가 표준을 준수한 코드를 자동 생성한다. 결과적으로 신입·주니어 개발자도 빠르게 성과를 내고, 시니어는 구조적·전략적 설계에 집중할 수 있다. 장기적으로는 비개발자도 AI를 통해 간단한 앱을 만들 수 있는 노코드·로우코드 트렌드와도 결합할 것으로 전망이 된다.

9) 예측 및 시뮬레이션

과거부터 기업들은 수요 예측, 재고 예측, 매출 예측, 인력 수급 예측 등 다양한 분야에서 머신러닝 또는 딥러닝 AI 모델을 써 왔다. 이들은 별도의 화면으로 구현되었고, 담당자 일부만 해당 화면에서 결과를 확인하였다. 그런데 여기에 LLM 기반의 AI가 결합되면서 회사 챗봇에서 기존 예측 결과를 손쉽게 불러서 사용할 수 있게 되었고, 결과 확인뿐만 아니라 결과에 대한 설명 또한 쉽게 가능해졌다.

예컨대, 수요 예측 모델은 "경기 침체 시나리오 vs 경기 호황 시나리오"를 각각 돌리고 생성형 AI가 재고가 몇 주치면 적절하며 판매 채널을 어떻게 조정해야 한다는 서술형 의견까지 덧붙일 수 있다. 과거에는 수요 예측 모델 담당 부서에서 시나리오별로 전용 화면을 통해서 상당한 입력을 하고 예측 결과를 도출하고 이를 해석하여 별도의 보고 문서로 정리해야 했지만, 지금은 AI가 해석 작업의 상당 부분을 대체한다.

예측이 복잡해질수록 많은 변수를 고려해야 한다. AI는 이런 복합 인풋을 입력받고 과거 패턴과 LLM 기반 추론으로 시뮬레이션 결과를 내놓을 수 있다. "경쟁사 A가 가격 인하를 10%로 했고, 환율이 이 수준을 유지하며, 우리 마케팅 예산은 X억 원이라면, 매출은 어느 정도가 예상되는가?"를 시나리오별로 제시하는 식이다. 결과적으로 경영진은 여러 가설을 빠르게 시험해 보고 적절한 전략을 수립할 수 있다. 물론 경제 모델 수준의 정교함을 AI가 완전히 대체하긴 이르지만 기초적인 시나리오별 예측 정도는 훌륭히 해낼 수 있다.

예측 모델이 틀리면 기업 손실이 클 수 있다. 그래서 AI가 내놓은 시뮬레이션은 어디까지나 보조 도구로 받아들이는 것이 안전하다. 또한 과거 데이터에만 기반하면 대전환적 이벤트(코로나처럼)는 포착이 어렵다. 그래서 많은 회사가 "AI 예측 + 임원 경험 + 외부 컨설팅"을 결합해 최종적인 결정을 한다. AI는 빠른 시뮬레이션을 제공해 의사 결정 속도를 높이지만 책임성과 최종 판단은 여전히 사람 몫이라는 균형감이 중요하다.

더불어 머신러닝·딥러닝 기술을 활용한 다양한 예측 모델은 시간이 지날수록 그 성능이 떨어진다. 그렇기 때문에 새로운 데이터로 재학습할 수 있는 기반을 갖춰야 하고 이를 지원할 수 있는 인력을 준비하는 것이 필수다.

10) AI 검색 및 딥 리서치

기존의 구글 검색은 키워드를 기반으로 웹 페이지를 찾고, 사용자가 링크를 열어 확인해야 했다. 반면 AI 검색은 LLM을 이용해 사용자가 묻는 의도를 이해하고, 필요한 부분을 추출·요약해 결과를 직접 보여 준다.

Perplexity를 시작으로 ChatGPT 등의 웹 검색 기능이 소개되면서 이제는 전통적인 검색 사이트 외에 AI 검색을 사용하는 일이 아주 자연스러워졌다. 강남역 맛집을 검색하더라도 기존에는 이를 소개하는 웹페이지나 블로그를 방문해서 사람이 판단하고 최종 정보를 취득하였다면, 이제는 AI를 활용해서 원하는 답을 바로 알려주는 모습으로 바뀌었다. 이를 "AI 검색"이라고 부른다. 단순 키워드 매칭이 아닌 문맥·의미 기반 탐색이 핵심이다.

ChatGPT를 포함해 구글 Gemini, Perplexity, Grok 등 상당수의 생성형 AI 서비스들도 이러한 딥 리서치(Deep Research) 기능을 선보였다. 딥 리서치는 인공지능이 단순히 즉각적인 답변을 제공하는 것을 넘어 웹 전반의 다양한 자료를 스스로 탐색하고 심층 분석하여 전문가 수준의 종합 보고서를 만들어내는 AI 도구다. 기존의 단일 질의 응답 방식과 달리, 딥 리서치는 수십 개의 웹페이지와 다양한 자료(텍스트, 이미지, PDF 등)를 검색하고 분석한다. 결과적으로 좀 더 깊이 있는 정보를 종합하여 리포트를 생성한다. 일반 AI가 몇 초 안에 응답하는 것과 달리, 딥 리서치는 5분에서 30분까지 걸리면서도 더 정밀한 분석과 결론 도출을 목표로 한다.

딥 리서치는 대학의 연구원들에게도 유용하지만, 기업의 사무직군이 특정 주제의 리포트를 작성할 때도 바로 활용할 수 있다. 특히 외부 데이터를 조사하는 경우라면 출처까지 표기되기 때문에 상당한 시간 절약을 할 수 있다. 기업의 비즈니스 인텔리전스 및 시장 조사 분야 주로 활용을 고려해 볼 수 있으며 경쟁사 분석, 트렌드 파악, 투자 리서치 등 복잡한 정보 분석을 자동화하여 의사결정 시간을 단축할 수 있다.

11) PC 기반 AI 에이전트

"내 로컬 PC를 기준으로 웹 브라우저나 로컬 PC에서 돌아가는 프로그램이나 업무까지 AI가 자동화를 해주면 어떨까?" 예컨대 특정 웹 페이지에서 매일 오전 9시마다 새로운 공지 사항을 확인한다거나 엑셀에서 복사하여 붙여넣기, 폴더 정리, PDF 변환, 이메일 파일 첨부 등 반복 업무가 개인 PC에서 이뤄진다. 그런데 AI가 이를 자율적으로 처리해 준다면 엄청 편리하지 않을까? 마치 개인 비서처럼 PC를 대신 조작하고, 파일을 옮기고, 웹 브라우저 작업도 해 준다는 구상이다.

웹 브라우저 기반의 자동화는 이미 주요 AI 서비스들이나 오픈소스 프로젝트로 AI 에이전트의 하나로 소개되고 있다. 대표적으로 오픈AI의 Operator, Convergence Proxy, 구글의 Project Mariner, 앤트로픽의 Computer Use, 마이크로소프트의 OmniParser 등이다. 대부분 웹 기반 자동화를 지원하고 있고, 앤트로픽의 Computer Use의 경우에는 컴퓨터의 사용성까지 자동화한다. 여러 기업의 경쟁 속도를 고려해볼 때 머지 않은 시기에 자동화는 누구나 쓰는 기본 서비스가 될 것이다.

이와 더불어 클라우드 워크플로 자동화 툴로 알려진 메이크(make.com), n8n 등과 생성형 AI를 결합하면, 사용자가 "메일에 첨부된 파일을 xx 폴더에 저장한 뒤, 요약해서 엑셀에 기록하고, 그 결과를 팀장에게 슬랙으로 보내 줘"와 같은 자동화도 할 수 있다.

AI 에이전트가 PC 환경을 제어하려면, OS와 어플리케이션에 대한 API 혹은 매크로 명령을 처리할 수 있어야 한다. 이 또한 최근에는 AI가 PC 화면을 스크린 캡쳐해서 직접 동작을 제어하는 방식을 활용하기도 한다. "PC에 저장된 이력서 파일에서 우리 회사의 직무 요구사항 등을 볼 때 후보자의 우선순위를 선정해 달라"라고 지시하면, 기업의 HR 담당자가 하는 것처럼 각각의 이력서 파일을 오픈하고, 이를 내부 기준에 맞도록 데이터를 추출하고, 기존에 정의된 직무 요구사항과 비교 평가하면서 서류 심사를 자동으로 진행하여 후보자들의 우선순위를 AI가 뽑아주는 것이다. 그리고 이러한 과정을 AI가 파이썬으로 스크립트를 짜고, 사용자의 피드백을 받아 계속 개선해나갈 수도 있다.

사용자는 목표만 주고 나머지는 AI가 스스로 판단해서 처리하는 일이 결코 먼 미래의 일이 아니다.

12) OCR 등 이미지 분석(이미지 이해와 생성)

OCR(광학문자판독)은 오래전부터 존재했다. 최근 LLM과 결합해 한층 더 유연한 텍스트 인식과 문맥 처리 능력을 갖추게 되었다.

그동안 기업들은 종이 서류, 영수증, 송장, 계약서를 스캔해 디지털화하고, AI가 텍스트를 추출해 분석했다. 예컨대 재무팀이 영수증 더미를 매일 수백 건씩 받아 처리했다. 이제는 AI-OCR이 영수증 금액, 날짜, 항목 등을 자동 분류하고 ERP에 자동으로 입력한다. 그리고 단순 문자인식에만 그치지 않고, 문서 레이아웃까지 이해한다. 게다가 각 필드의 항목을 인지하는 등 지능형 문서 처리도 가능해진다. AI가 PDF나 스캔 이미지에서 컬럼 구조를 파악하거나, 문맥을 해석해 계약서 핵심 조항을 찾아내는 방식이다. 기업은 종이 기반 업무를 획기적으로 줄이고, 프로세스를 자동화할 수 있다.

설비 사진이나 공정 점검표 사진에서 텍스트를 추출하거나, 반제품 라벨을 인식해 추적하는 것도 가능하다. 스마트 팩토리나 물류 자동화에서 AI가 영상과 OCR을 동시 처리해 "이 박스는 주문번호 XXX 이므로 Y 창고로 보내라"라는 결론을 내린다. 물론 해상도나 조명 상태가 나쁘면 여전히 인식률이 떨어지고, LLM이 문맥 해석을 할 때 오류가 나기도 한다. 그래서 파일럿을 거쳐 성능을 검증하는 과정이 필수다. 하지만 향후 현장의 이미지 품질·스캔 방식 등을 개선하게 되면 더 나은 효과를 얻을 수 있다.

13) 콜 센터 등 음성 분석(음성 이해와 생성)

초창기에는 IVR(자동 응답) 정도가 전부였다. 이제는 음성 인식(STT)과 자연어 이해(NLU) 그리고 생성형 AI가 결합해, 고객 전화를 실시간으로 분석·이해한 뒤 상담원에게 "이 고객은 이런 의도를 갖고 있으며, 다음 멘트를 추천한다"는 식으로 보조 업무를 수행하는 모델까지 등장했다. 이걸 "콜 센터 AI 어시스턴트"라고 부른다.

완전 자동 응대를 목표로 하는 음성 챗봇도 점차 발전 중이다. 고객이 "비밀번호를 잊었는데 어떻게 해야 하나요?"라고 질문하면, AI 가 "로그인 오류를 해결하려면 …" 같은 대화형 답변을 해 주고, 필요한 경우 RAG로 사내 지식을 조회해 구체적인 안내를 해준다. 다만 복잡한 케이스나 감정적 대응이 필요한 문의는 여전히 사람 상담원에게 넘겨야 한다.

콜 센터에 AI를 적용하면, 고객 대기 시간을 줄일 수 있고, 상담원은 단순 반복 질문에 지치지 않을 수 있다. 또한 통화를 실시간 분석해 상담 품질 지표나 이슈를 바로 측정할 수도 있어 관리자가 상담원이 어떤 어려움을 겪는지 파악하기도 쉽다. 그리고 다국어 처리 또한 쉬워진다. 한국에 있지만 영어를 비롯한 다양한 외국어로 콜 센터 운영이 가능해진다.

음성 인식은 아직 화자별 발음, 잡음 등 변수가 많아 정확도가 떨어지면서 고객 불만이 크다. 특정 솔루션 벤더를 통해 스튜디오 환경에서 언어 모델 훈련을 하거나, 다양한 악센트·방언·환경 잡음을 커버하도록 개발이 진행될 필요가 있다. 또 민감 정보(주민등록번호, 카드번호) 발화 시 AI가 자동 마스킹하는 기능도 필수다.

자동으로 뉴스를 읽어주거나 팟캐스트 같은 것들도 손쉽게 AI로 만들 수 있다. 그리고 회의 시간에 음성으로 녹음한 회의록 음성 파일이 있다면, 이를 손쉽게 글로 된 회의록으로 전환할 수도 있다.

14) CCTV 영상 분석(영상 이해와 분석)

영상 분석 AI를 통한 CCTV 감시 활용 사례를 살펴보자. 공장·창고나

오피스·매장 등에는 CCTV가 설치되어 있지만, 사람이 모니터링을 하려면 모든 장면을 하나씩 다 돌려봐야 하는 번거로움이 있다. 그러다 자칫 원하는 장면을 놓치기도 한다.

이제는 AI가 CCTV 영상을 24시간 분석해 도난이나 이상 행동, 화재 등 안전 사고 위험, 설비 이상을 감지하면 경보를 울린다. 매장에 의심스러운 동선을 밟는 사람이 있거나 공장 근로자가 헬멧을 미착용했을 때도 알림을 준다. 특히 제조 현장의 경우 화재 등 안전 사고에 민감할 수 있기 때문에 이 분야에 적용하면 기대 이상의 효과를 거둘 수 있다.

영상 분석을 이용해 생산 공정이나 물류 흐름을 추적하는 고급 시나리오도 가능하다. 사람이 컨테이너에 물건을 잘못 적재하는 장면을 AI가 포착해 알림을 전송한다. AI가 "정상 패턴 vs 이상 패턴"을 학습해 놓으면, 관리자 없이도 즉시 반응한다.

CCTV AI가 인물을 식별하거나, 직원 일거수일투족을 감시하면 프라이버시 침해 문제가 제기될 수 있다. 기업은 개인 정보보호법, 노동법상 근로자 감시 규정 등을 준수해야 한다. 일부 기업은 작업장 안전 목적으로만 AI를 쓰고, 개인 식별은 하지 않는 방식으로 제한하기도 한다. 보다 단순하게는 열 감지·움직임 패턴만 인식하고, 얼굴 인식은 비활성화는 방법을 쓰기도 한다.

영상을 이해하고 AI가 이에 대한 답을 구할 수 있는 기술적 기반이 만들어졌기 때문에 현장의 어떤 부분부터 개선할지 고민한다면 구현은 시간문제가 된다.

15) 버티컬 LLM(도메인 특화 AI)

앞서 알아본 것처럼 버티컬 LLM(도메인 특화 대규모 언어모델)은 특정 산업이나 업무 분야에 특화된 데이터를 바탕으로 학습된 AI 모델이다. 일반적인 범용 AI 모델이 광범위한 정보를 처리하도록 설계된 것과 달리, 버티컬 LLM은 특정 영역의 전문성과 정확성을 강화하여, 매우 구체적인 업무 환경에서 높은 효용성을 제공한다.

예를 들어 금융 분야의 버티컬 LLM은 금융 용어, 규제 사항, 시장 데이터 등을 학습하여 투자 전략 수립, 리스크 분석, 자산 관리 업무에서 신속하고 정확한 의사결정을 지원할 수 있다. 의료 분야에서는 환자의 병력, 의료 연구 결과, 임상 데이터를 기반으로 정확한 진단 지원 및 맞춤형 치료 계획 수립에 활용된다. 법률 분야의 경우에는 법률 용어, 판례, 법령 정보를 학습하여 변호사들의 법률 자문이나 문서 작성 작업을 효율적으로 지원할 수 있다.

버티컬 LLM은 해당 분야 전문가 수준의 전문성을 제공하여 업무의 정확도와 효율성을 크게 높인다. 예를 들어, 보험사에서는 사고 처리 과정에서 버티컬 LLM을 활용하여 보험 청구 내용을 분석하고 보상 여부 및 보상금액 산정 과정에서 발생할 수 있는 오류를 최소화한다. 또한 제조업에서는 설비 점검 보고서를 자동으로 분석하여 유지보수 시점을 예측하거나, 품질 관리에서 불량률 저감을 위한 분석을 수행할 수 있다.

이러한 도메인 특화 AI를 활용하면 기업은 다음과 같은 효용성을 기대할 수 있다. 첫째, 업무 처리 속도가 크게 향상되어 의사결정 과정이 단축된다. 둘째, 사람이 처리하기 어려운 방대한 양의 정보를 신속히 분석하고 요약하여 효율성을 높인다. 셋째, 인간의 실수를 최소화하여 업무 정확성을 제고할 수 있다. 마지막으로, 현업 부서의 AI 활용 접근성이 높아져 비전문가도 AI를 실질적인 업무에 쉽게 도입할 수 있다.

법률, 의료, 제조, 금융 등 각 도메인의 정보가 명확하고, 다른 회사의 노하우나 도메인 특화 지식을 그대로 우리 회사 서비스로 가져오고자 한다면 이 분야별로 소개되는 버티컬 LLM 도입을 검토하고, 적극적으로 활용해보자. 직접 파인튜닝을 거쳐 해당 도메인에 적합한 LLM 또는 생성형 AI 서비스를 만드는 것에 대비해서 기간 단축이라는 비용 대비 효과를 거둘 수 있다.

16) 아이디어 및 브레인스토밍

생성형 AI는 기업이 창의적인 아이디어를 도출하고, 브레인스토밍 프로세스를 효율적으로 관리하는 데 유용한 도구이다. 아이디어 생성 단계에서 AI를 활용하면 전통적인 브레인스토밍 방식에서 벗어나 다양한 관점과 혁신적인 사고를 신속하게 할 수 있다.

생성형 AI는 방대한 양의 데이터를 기반으로 새로운 아이디어와 창의적인 콘텐츠를 생성할 수 있다. 예를 들어, 신제품 개발 과정에서 AI

가 시장 트렌드, 소비자 피드백, 경쟁사 정보를 분석해 신속하게 다양한 제품 아이디어를 제안할 수 있다. 마케팅 전략 수립에서도 AI는 성공 사례, 소비자 선호도, 최신 트렌드를 분석하여 창의적이고 효과적인 캠페인 아이디어를 제공할 수 있다.

간단하게는 신규 프로젝트 이름부터 서비스 브랜드 네이밍을 AI와 함께 만들어갈 수도 있다. 더 나아가 하나의 사실에 대해서 다양한 질문을 부여하도록 해서 혹시나 놓쳤을 지점을 서로 확인하는 과정도 가능하다. 이러한 AI의 활용은 기업의 창의적 프로세스를 크게 강화한다. 우선 아이디어 생성 속도가 빨라져 초기 기획 단계를 단축할 수 있다. 그리고 인간의 편향에서 벗어난 객관적인 시각과 다채로운 관점을 제시하여 창의성을 증진할 수 있다. AI가 제공하는 아이디어를 사람이 검토 및 발전시키는 협력 과정을 통해 더 견고하고 현실적인 솔루션을 도출할 수 있다.

브레인스토밍 과정에서 AI를 사용하면 다양한 의견을 쉽게 정리하고 핵심 아이디어를 신속히 추출할 수도 있다. 예를 들어, AI는 회의 내용을 분석해 핵심 내용을 요약하거나 유사한 의견을 묶어주어 효율성을 높인다. 특히 원격 근무 환경에서 비대면 브레인스토밍 세션을 진행할 때 AI는 참여자 간 협업과 아이디어 통합에 중요한 역할을 한다.

기업은 AI가 제공한 아이디어를 지속적으로 평가하고 반영하여 모델을 점차적으로 발전시켜야 한다. 이러한 프로세스를 통해 AI는 점차 더 높은 정확도와 창의성을 갖추게 되고, 궁극적으로 기업의 혁신 역량과 시장 경쟁력을 강화할 수 있다.

이제 새로운 아이디어를 만들기 위해 맨바닥부터 하는 시대는 끝났다. AI와 함께 아이디어 만들기나 브레인스토밍을 지금 당장 시작해 보자.

⦂ 2. AX 산업별 적용 사례

기업들이 AI 트랜스포메이션(AX)을 현실로 만들어 나가는 과정은 결국 각 산업에서 "어떻게 AI를 현장에 적용하고 결과를 얻었는가?"라는 구체적 사례를 통해 가장 잘 드러난다. DX 때에도 업종별로 다양한 혁신 스토리가 존재했지만, AI의 역할이 현장 프로세스나 분석을 뛰어넘어 의사결정, 창의적 아이디어, 서비스·상품 기획 등에 깊숙이 들어오기 시작하면서 AX 사례도 업종마다 새로운 성공과 실패 사례로 빠르게 축적되고 있다.

본 장에서는 제조·물류, 금융·보험, 리테일·유통, 헬스케어, 에너지, 건설, 운송·물류, 호텔·외식, 공공·교육 분야를 차례로 살펴보고 현장에서 AI가 도입되면서 어떤 성공과 실패를 경험했는지 그리고 그 과정에서 드러난 이슈와 미래 전망은 무엇인지 상세히 살펴보고자 한다.

각 산업 사례가 제시하는 교훈과 통찰은 다른 업종에서도 충분히 응용할 수 있기 때문에 이 장이 독자들에게 실질적인 인사이트를 줄 수 있기를 기대한다. 그리고 생성형 AI를 활용한 사례도 일부 있지만 꽤 많은 사례는 전통적인 머신러닝·딥러닝을 활용한 사례이다. (주요 사례에 대해서는 참고 문헌을 통해서 출처를 밝혔다. 좀 더 내용을 알고 싶은 분은 참고 문헌을 참조하길 바란다.)

기업 사정에 따라 기업명이나 AI 서비스명을 정확하게 밝히지 못한 경우도 있다.

1) 제조·물류

AI가 제조·물류 산업에서 발휘하는 영향력은 디지털 혁신이 처음 논의되던 시절부터 꾸준히 주목받았다. 다만 그때는 생산 라인의 일정 부분 자동화나 예측 모델을 활용한 부품 재고 관리 정도가 주류였다. 하지만 요즘은 인공지능이 공정 최적화, 설비 예지 정비, 물류 SCM 등 전반으로 범위를 넓히고 있다. 더 나아가 사무직 자동화까지 결합해 현장·사무 모두를 크게 혁신하고 있다.

설비 예지 정비

과거 제조업 현장에서는 일정 주기로 기계를 분해 점검하고 고장이 발생하면 즉시 수리하는 방식이 일반적이었다. 그러나 이러한 점검에도 불구하고 가동 중단이 되면 수십~수백억 원의 손실로 이어지는 대형 공장도 적지 않다. 예를 들어, 반도체 공정이 한 번 멈추게 되면 손실이 어마어마하다. 자동차나 철강 등도 마찬가지다.

제조사들은 센서 데이터를 실시간으로 수집해 AI 모델로 분석하고 "곧 고장이 날 가능성"을 예측하여 미리 정비 시점을 안내하는 체계를 도입하기 시작했다. 그러면서 예기치 못한 가동 중단(downtime)은 크게 줄었다. 제너럴 일렉트릭(GE)은 AI 도입으로 설비 다운타임을 10~20% 감소시켰다[1]. 그리고 예지 보전을 통해 유지보수 비용 25% 절감, 고장의 30% 감소 효과를 거둘 수 있다는 분석도 내놓았다.

또 다른 사례로 글로벌 완성차 업체 GM은 로봇 장비에 부착된 카메라 영상을 AI로 분석해 이상 징후를 조기에 포착, 7천 대에 이르는 로봇에서 발생할 수 있는 72건의 고장도 사전에 방지했다[2]. 이는 조립 라인이 1분만 멈춰도 2만 달러 손실이 발생하는 자동차 공장에서 막대한 비용 절감을 의미한다. 이처럼 AI는 제조 현장의 예방 정비를 지원하여 운영 중단 시간을 최소화하고 비용을 절감하는 핵심 도구가 되었다.

예지 정비가 도입된 현장에서는 인력이 직접 모든 설비를 돌아다니며 상태를 점검하지 않아도 된다. 흔들림, 진동, 온도, 소음 등 여러 센서 데이터를 종합해 이상 징후를 포착하면, AI는 즉시 알람을 준다. 정비팀은 해당 설비만 집중적으로 살펴 문제를 해결하면 된다. 한 국내 자동차 부품 업체 사례를 보면, 예지 정비 도입 전에는 월평균 3회씩 장비 고장으로 라인이 멈췄는데, 지금은 분기 1회 미만으로 줄어 연간 10억 원 이상이 절감되었다고 한다.

품질 검사 및 생산성 향상

AI 기술로 제품 품질을 자동 검사하여 불량을 줄이고 있다. 인텔(Intel)은 제조 공정에 수천 개의 AI 모델을 배치해 결함 검출과 공정 제어를 자동화했으며, 이를 통해 생산 수율과 생산성을 크게 높였다[3]. 타이어 제조업체 브리지스톤은 AI 기반 제조 시스템(Examation)을 도입해 타이어 품질과 일관성 유지에 15% 향상을 이루었다. 일부 제조 기업에서는 생산 시간을 기존 대비 50%까지 단축하는 성과도 보고되고 있다.

SCM 최적화

제조 공정에서 원자재를 조달하고 재고를 관리한 뒤, 완제품을 물류망으로 보내는 일련의 사슬이 SCM인데 AI는 수요 예측, 생산 스케줄링, 물류 경로 최적화 등에 광범위하게 사용된다. 과거에는 ERP에서 추출한 수요 예측을 엑셀로 정리해 담당자가 결정을 내렸다면, 지금은 AI가 빅데이터를 분석해 "어느 지역에서 언제 얼마나 팔릴지"를 확률적으로 산출하고 공장 생산 계획과 물류 차량 배치까지 연동해 추천한다. 특히 코로나19 이후에는 수요 변동이 커져 기존 통계 기법보다 AI 모델이 더 정확한 추론을 하는 사례가 많아졌다. AI가 SCM을 최적화하면 재고를 불필요하게 쌓아 두지 않고도 구매자를 만족시키는 '적시 생산·공급'에 가까워진다.

머신러닝 기반의 수요 예측으로 재고 관리와 공급망 운영을 최적화하는 사례로 글로벌 식품기업 다농(Danone)을 들 수 있다. 회사는 예측 정확도가 20% 향상되고 판매 손실은 30% 감소되는 효과를 거뒀다[4]. 이를 통해 마케팅, 영업부터 공급망 관리와 재무까지 전 부문에 걸쳐 효율이 높아졌다. 재고 폐기 30% 감소, 수요 예측 업무량 50% 절감 등 공급망 전반으로 생산성이 크게 향상되었다.

지능형 RPA 결합

최근 사무 자동화 영역까지 확장되면서 제조 업체의 구매·재무·영업 지원 부서들도 큰 변화를 겪고 있다. RPA는 이미 문서 처리나 시스템 간 데이터 이관에 많이 도입되었다. 그렇지만 단순 반복 로직 이상으로는 한계가 있었다. 하지만 생성형 AI가 이런 RPA 프로세스에 들어오면서 사람을 대신해 "구매 요청서가 들어왔는데 이게 실제로 타당한지 혹은 예산 승인 기준을 어떻게 적용해야 하는지"를 판단하고 이를 임원에게 보고한다. 그러면 직원 입장에서는 AI가 번잡한 작업을 줄여 주어 좀 더 가치 있는 일(공급 업체 평가나 재무 전략 등)에 시간을 쏠 수 있다는 이점이 생긴다.

앞으로 펼쳐지게 될 AI 에이전트 시대에서는 이런 업무의 상당수를 AI가 자율적으로 진행할 것이다. 일정 규모 이상의 의사결정이나 최종 결정에만 사람이 개입하여 판단한다. 제조 현장에서 지금까지 특정 사람에 집중되던 업무가 상당히 감소하게 될 것이며, 업무의 지속가능성 또한 확대될 것이다.

디지털 트윈과 AI 에이전트의 결합

최근 한 걸음 더 나아간 개념은 디지털 트윈(Digital Twin)과 AI 에이전트의 결합이다. "디지털 트윈"이란 실제 공장이나 설비의 상태를 가상 공간에 그대로 복제해 시뮬레이션하는 기술이다. 제조 라인의 센서·장비에서 나오는 데이터를 실시간 반영해 가상의 "트윈" 공장에서 어떤 공정 조건을 바꾸면 생산성이 어떻게 변하고 품질 불량률이 얼마나 달라지는지 모의 실험을 할 수 있다.

여기에 AI 에이전트가 연결되면, 위 최적화를 스스로 실행하는 그림이 가능해진다. 실제 라인을 멈출 필요 없이 AI 에이전트가 디지털 트윈 상에서 "온도를 3도 높이면 불량률이 어떻게 되는지" 혹은 "로봇 속도를 10% 올리면 생산량이 얼마나 증가하는지"를 시험해 볼 수 있다. 그 결과 가장 좋은 시나리오를 찾아서 실제 설비에 적용하겠다는 결정을 내릴 수도 있다. 그리고 일정 범위 내 권한이 있다면 스스로 공장 장비 세팅을 바꾸기도 한다.

이런 방식은 일본의 한 대형 전자부품 공장에서 시범 운영되어 라인에서 불량률을 1%대 후반까지 낮추고, 6개월간 약 5억 엔 이상의 비용을 절감했다. 디지털 트윈 모델이 공장 상황을 정밀하게 반영해야 한다는 전제와 AI 에이전트가 사람 승인 없이 세팅을 바꾸는 것에 대한 리스크가 있지만, 시행착오를 거쳐 적용하게 되면 프로세스 효율을 크게 높일 수 있다.

굳이 AI 에이전트까지 확대되지 않더라도 AI 모델이 단순 참조를 넘어 실제 컨트롤에 연동되는 사례도 상당히 많아졌다. 어느 정도 AI 모델의 신뢰성이 확보된 기업 대부분은 AI가 추천하는 운전 조건을 공장의 PLC(Programmable Logic Controller; 자동화 제어 장비), DCS(Distributed Control System; 분산형 제어 시스템) 같은 공장제어 시스템에 직접 연동해 AI 모델의 판단을 그대로 활용한다. 공장의 자율 운전 초기 모습이지만 AX의 결과로 비즈니스 프로세스가 바뀌어 가고 있다는데 큰 의미가 있는 사례다.

2) 금융·보험

금융 산업(은행·보험 등)에서도 AI 활용이 보편화되며 업무 혁신이 이루어지고 있다. 방대한 거래 데이터와 복잡한 의사결정 프로세스에 AI를 접목하여 운영 효율화와 위험 관리 강화, 고객 서비스 개선을 하고 있다. 2025년까지 자산 1,000억 달러 이상의 대형 은행 중 75%가 AI 전략을 전면 통합할 것으로 전망된다. 그리고 AI 도입을 통해 2,000~3,400억 달러의 비용 절감과 4,500억 달러의 추가 매출 효과를 거둘 것으로 예측된다[5]. 금융권에서 AI가 활용되는 주요 분야와 그 영향은 다음과 같다.

업무 자동화 및 운영 효율

방대한 금융 데이터 처리를 자동화하여 업무 속도를 비약적으로 향상시켰다. AI 기반 툴은 금융 거래 처리 시간을 90% 단축하여 거의 실시간에 가깝게 만들어 주고, 중복 업무를 제거해 운영 비용을 절감한다.

JP모건체이스는 계약서 검토 AI(COIN)를 도입해 복잡한 대출 계약 검토를 몇 초만에 완료함으로써 연간 36만에 달하는 변호사 및 직원의 수작업 시간을 대체했다[6]. 이를 통해 휴먼 에러로 인한 실수 감소와 함께 막대한 인건비를 절감하고 프로세스를 효율화했다.

JP모건체이스 외에도 여러 많은 은행들이 AI 도입 후 연간 운영비 절감(94%)과 수익 증대(87%) 효과를 얻고 있다고 밝혔다[7].

리스크 관리 및 사기 탐지

금융 거래 데이터 분석에 특화된 AI 알고리듬은 이상 징후 탐지와 위험 관리에 혁신을 가져왔다. AI는 사이버 사기나 이상 거래를 사람보다 훨씬 빠르게 식별한다. 그 결과 금융 사기 탐지 시간이 90% 단축되었다는 보고가 있다. 보험 업계에서도 AI로 보험 청구 패턴을 분석해 부정 청구를 가려내고 리스크를 조기에 인지하는 등 위험 관리의 정확도와 속도를 높인다.

AI는 금융 서비스의 안정성을 높이고 규정 준수를 지원하여 대형 금융기관들이 대규모 데이터 속에서 놓치기 쉬운 위험 신호를 제때 포착하도록 돕고 있다.

개인화된 고객 서비스

AI 도입으로 은행 업무의 80%까지 자동화가 가능해져 2025년까지 전 세계적으로 1조 달러 이상의 비용 절감 잠재력이 있다는 전망도 있다. 또한 맞춤형 추천 엔진으로 개개인의 거래 패턴에 맞춘 금융 상품이나 투자 포트폴리오를 제안함으로써 고객당 수익을 높이는 사례도 늘고 있다. 이러한 AI 기반 개인화 서비스는 궁극적으로 고객 충성도를 높이고 인간 직원은 보다 복잡한 상담이나 자문 업무에 집중하도록 역할을 재편한다.

뱅크오브아메리카의 챗봇 에리카(Erica)는 음성·텍스트로 상담하는 AI 비서로 수백만 고객의 문의를 처리하며, 계좌 조회부터 금융 조언까지 개인 맞춤형 서비스를 제공한다. 챗봇과 가상 비서 형태의 AI는

24시간 고객 응대를 가능케 하여 고객 만족도를 높인다.[8]

금융 분야에서 AI는 백오피스 자동화부터 프런트엔드 고객 대응까지 폭넓게 활용되며 비용 절감, 의사결정 고도화, 서비스 혁신을 이끌고 있다. 앞으로도 많은 금융기관이 AI 투자를 늘릴 계획이며 2030년경에는 AI가 금융업 전반의 업무 표준으로 자리 잡아 거대한 부가가치를 창출할 것으로 기대된다.

3) 리테일·유통

AI를 통해 고객 경험 개인화와 물류 최적화를 이루면서 전통적인 유통 기업들의 경쟁력이 강화되고 있다. 오프라인 소매부터 이커머스까지 폭넓게 AI가 활용되며 재고 관리 자동화, 추천 시스템, 가격 최적화 등에 변화를 주고 있다.

최근 설문에 따르면 전 세계 소매 기업의 90%가 이미 AI를 파일럿 또는 일부 운영에 도입했으며, AI 투자를 앞으로 더욱 늘리겠다고 응답한 비율도 97%에 달해[9], 유통 업계의 AI 도입은 이제 선택이 아닌 필수가 되어가고 있다. 리테일 분야에서 AI가 구현하는 주요 혁신은 다음과 같다.

개인화 마케팅 및 고객 서비스

고객의 구매 이력, 관심사 데이터를 실시간 분석하여 맞춤형 제품 추천과 개인화 마케팅을 가능하게 한다. 월마트는 AI 기반 개인화 엔진 도입 후 온라인 구매 전환율을 더 크게 향상시켰다[10]. 또한 AI 챗봇을 고객 응대에 투입해 24시간 문의 대응과 쇼핑 상담을 제공함으로써 고객 만족도를 높이고 인간 직원은 복잡한 요청이나 대면 서비스에 집중하도록 역할을 재편했다.

한 조사에서 리테일 기업의 89%가 AI로 고객경험을 개선할 계획이라고 응답했을 정도로 개인화된 서비스는 현대 유통의 핵심 경쟁력으로 떠오르고 있다[11].

재고 및 공급망 관리 최적화

수요 예측 AI와 재고 관리 자동화로 적정 재고 유지와 납기 단축이 가능해졌다. 머신러닝 모델이 판매 데이터를 분석해 수요를 예측함으로써 품절과 재고 과잉을 막고, 자동 발주 및 재고 보충 시스템을 구현하는 소매 유통 회사가 늘고 있다. 월마트는 AI 기반 재고 관리 시스템으로 매장별 수요에 맞춰 재고를 최적화하고, 식품 폐기물 감소 등 지속가능성 측면에서도 성과를 올리고 있다. 더불어 물류 경로 최적화에도 AI가 활용되어 비용을 절감하고 배송을 신속하게 한다[12].

월마트는 물류 차량 경로 계획에 AI를 도입해 3천만 마일에 달하는 불필요한 주행을 감축했고, 이를 통해 물류비 절감과 탄소 배출 저감이라는 두 마리 토끼를 잡았다. 나아가 이 기술을 SaaS 형태로 외부 기업에도 제공하여 새로운 서비스 모델도 만들고 있다. 그 결과 공급망 운영 효율 향상은 AI 도입 소매사의 58%가 실감하는 효과로 나타

낮고 45%는 공급망 비용 절감을 보고했다.

매장 운영 자동화

오프라인 매장에서도 AI 로봇과 컴퓨터 비전 기술이 도입되어 운영 효율을 높이고 있다. 대형마트들은 선반 스캔 로봇으로 상품 진열 상태를 점검하고 재고를 파악하며, 청소 로봇이 바닥 청소를 수행하는 등 사람 직원의 반복 업무를 대체하고 있다.

월마트는 매장 자동화 AI를 도입해 직원들의 단순 업무 부담을 줄이고 고객 서비스에 집중하도록 했다. 그 결과 전반적인 매장 운영 수준과 고객 만족이 향상되었다. 전사적 AI 전략으로 공급망부터 고객 접점까지 변모시킴으로써 "유통 기업에서 테크 기업"으로 거듭나는 변혁을 보여주고 있다.

가격 결정 AI는 경쟁사 가격, 재고 수준, 수요 탄력성 등을 실시간 고려해 동적 가격 조정을 실행함으로써 매출과 마진을 최적화한다. 한 글로벌 패션 소매 업체는 AI 가격 분석으로 시즌 종료 시 재고 소진율을 크게 개선한 사례도 있다.

이처럼 매장 운영부터 마케팅, 물류까지 유통 전 영역에 걸쳐 AI 활용이 확산되고 있다. 리테일 기업들은 매출 증대(엔비디아 연례 설문 조사에 따르면 87% 응답)와 운영비 절감(94% 응답)[13] 등의 뚜렷한 성과를 얻고 있다. 향후 생성형 AI를 활용한 마케팅 콘텐츠 제작, 수요 예측 고도화, 옴니 채널 고객 데이터 통합 분석 등 새로운 활용이 추가되면서 리테일 산업의 AI 트랜스포메이션은 더욱 심화될 전망이다.

4) 의료 및 헬스케어

의료 및 헬스케어 산업에서도 AI 도입이 가속화되면서 진료 품질과 운영 효율 측면에서 큰 변화를 만들고 있다. 병원, 보험사, 제약사 등 보건 의료 조직의 98%가 AI 도입 전략을 수립했거나 계획 중이며 절반 가까이는 이미 구현을 시작한 것으로 조사되었다[14].

그리고 AI를 통해 의료진의 업무 부담을 줄이고 환자 진료를 지원함으로써 더 나은 환자 결과와 비용 절감 효과를 동시에 추구하고 있다. 주요 적용 분야와 그 사례는 다음과 같다.

진단 및 임상 의사결정 지원

의료 영상 분석 AI는 방대한 영상 데이터를 빠르게 판독하여 의사의 진단을 돕고 정확도를 높인다. 딥러닝 알고리즘은 암 조직이나 당뇨병성 망막병증을 사람보다 더 미세한 수준에서 식별해내어 진단 오류를 줄인다[15]. 그리고 일부 질환에서는 전문의 수준의 판독 정확도를 보여준다. 그리고 환자 데이터와 최신 의학 연구를 종합 분석하는 임상 결정 지원 AI는 의료진이 최적의 치료법을 선택하는 데에도 기여한다.

설문에 따르면 의료 리더들의 40%는 AI의 가장 큰 혜택으로 진단 및 치료 결과 예측을 꼽았고, 36%는 의료 영상 판독 개선을 기대하고 있다. 이런 AI 도구들은 특히 복잡한 중증 환자 케어에서 사람의 인지 부담을 줄이고, 중요한 임상 통찰을 제공해 궁극적으로 환자 생존율 향상과 진료 품질 제고로 연결되고 있다.

행정 업무 자동화

많은 의료 기관들이 AI를 행정 및 기록 업무에 활용하여, 의사와 간호사가 환자 돌봄에 더 많은 시간을 할애할 수 있도록 한다. 예를 들어, 자연어 처리 기술을 통한 음성 인식 차트 작성은 의사의 문서 작업 시간을 크게 줄인다.

한 보고서에 따르면 "음성→텍스트 자동 기록" 도입으로 의사는 업무 시간의 17%, 간호사는 51%까지 절약했다고 한다. 또한 의무기록 데이터를 AI가 자동으로 분석해 필요한 정보를 추출하거나 코드화함으로써 의료진이 일일이 서류를 찾는 시간을 덜어주었다.

간호 분야에서는 AI 도구 활용으로 생산성이 30~50% 향상되었다는 연구 결과도 있다[16]. 이는 만성 인력 부족에 시달리는 의료 현장에서 매우 중요한 개선이다.

실제 설문 조사에서도 의료 경영진의 72%가 AI를 행정업무 지원 도구로 신뢰하고 있다고 응답했다. 이처럼 진료 지원 AI와 업무 자동화 AI를 도입한 병원은 환자 대기 시간 감소, 운영 비용 절감, 의료진 번 아웃 완화 등의 효과를 누리고 있다.

개인 맞춤 건강 관리와 원격 의료

AI는 개인 건강 데이터 분석을 통해 예방 의학과 맞춤 의료 분야도 발전시키고 있다. 웨어러블 기기와 건강 앱에서 수집되는 방대한 생체 데이터를 AI가 분석하여, 각 개인의 위험 요인을 예측하거나 생활 습관 개선을 조언하는 헬스케어 코칭 서비스도 등장했다. AI가 심박, 수면 패턴 등을 모니터링해 이상 신호가 감지되면 의료진에게 경고하여 조기에 개입하게 함으로써 응급 상황 예방에 기여한다. 또 챗봇 형태의 증상 감별 상담 AI는 환자의 증상 정보를 토대로 가능한 질병을 추려내어 적절한 조치를 안내하고, 필요 시 의료진과의 연계를 돕는다.

코로나19 유행 시기에는 원격 모니터링과 비대면 진료에 AI가 활용되어 대량의 환자 발생 상황에서도 의료 체계가 효율적으로 작동했다. 의료 경영진들이 AI의 잠재력 중 하나로 가상 환자 케어(41%)를 꼽은 것처럼 향후 원격 의료와 재택 모니터링 영역에서 AI 활용이 더욱 확대될 전망이다.

진단의 정확성과 속도 향상, 의료진의 업무 부담 경감, 환자 모니터링 강화 등 향후 5년 내 현재 이용 가능한 기술만 활용해도 의료비 지출의 5~10% 절감(2천3천6백억 달러 규모)[17]이 가능하다는 분석이 있으며, 의료 비용 절감과 서비스 질 제고도 동시에 실현될 것으로 기대된다.

다만 생명과 직결된 분야인 만큼 신뢰성과 윤리적 사용에 대한 고려가 필요하다. 의료계도 책임감 있는 AI 활용을 위한 노력을 다해야 한다.

5) 에너지 산업

에너지 산업(전력, 석유·가스 등)에서도 AI 활용이 설비 운영 효율화, 에너지 수요 예측, 신재생 에너지 통합 등에 핵심 역할을 하고 있다.

발전소, 송배전망, 정유 시설 등 물리적 자산 중심의 전통 산업이었던 에너지 분야는 AI 도입으로 데이터 기반 산업으로 전환을 모색하고 있다. 많은 에너지 기업들이 백오피스에서의 데이터 분석 자동화뿐 아니라 현장 운영과 프로세스 최적화에 AI를 적용하여 비용 절감과 안정성 향상 효과를 거두고 있다[18]. 주요 사례와 효과는 다음과 같다.

스마트 그리드 및 수요 예측

구글은 자사 풍력 발전 단지(700MW 규모)의 출력 예측에 딥마인드의 머신러닝을 적용하여, 36시간 전에 발전량을 예측하는 모델을 개발했다[19]. 이를 통해 풍력 발전량 예측 정확도를 크게 높였고, 발전 전력을 실시간이 아닌 사전 판매할 수 있게 하여 풍력 전력의 경제적 가치를 20% 증가시켰다. 이처럼 AI를 활용하면 재생 에너지의 간헐성을 극복하고 발전량 예측 향상으로 수익 극대화와 전력망 안정화에 기여할 수 있다.

또한 AI 기반 에너지 수요 예측 솔루션도 등장했는데, ABB사가 개발한 상업용 건물의 AI 수요예측 시스템은 전력 피크 시간을 예측해 피크 요금 회피 및 시간대별 요금제 활용을 가능하게 했다. 이러한 수요공급 예측 AI는 에너지 효율화와 비용 절감은 물론이고, 탄소배출 저감과 에너지 절약 측면에서도 중요해지고 있다.

설비 상태 모니터링 및 예측 정비

광범위한 에너지 인프라 설비를 센서와 AI로 실시간 모니터링하여 고장을 사전에 예측하는 노력이 확대되고 있다.

전력회사 이온(E.ON)은 기계 학습 알고리즘을 활용해 전력망 중전압 케이블의 교체 시점을 예측하는 시스템을 개발했으며, 이를 통해 예방 정비로 정전 발생을 최대 30%까지 감소시킬 수 있을 것으로 보고했다.

이탈리아의 전력회사 에넬(Enel)도 송전선에 IoT 센서를 부착하고 AI로 진동 데이터를 분석하여 문제 소지를 조기 탐지함으로써, 해당 송전선의 정전 횟수를 15% 줄이는 데 성공했다.

중국 국영 전력망 회사는 스마트 미터(일종의 계량기)로 수집한 방대한 소비자 전력 데이터를 AI로 분석해 고객 측 장비 이상을 찾아내는 등 전력망 전반으로 이상 탐지와 자율 복구를 시도 중이다. 그 결과 AI 기반 예측 정비는 정전 사고 예방, 설비 수명 연장, 유지보수 비용 절감으로 이어져 에너지 공급의 신뢰성과 효율성을 높이고 있다.

석유·가스 탐사 및 생산 최적화

석유천연가스(O&G) 분야에서는 지질 데이터 해석, 시추 및 생산 공정에 AI를 적용하여 생산성 향상과 운영 비용 절감을 달성하고 있다. 지하 암반 탐사에 AI를 활용하면, 방대한 지진파 자료에서 유망한 유정 위치를 식별하는 속도가 빨라지고 성공률도 높아진다. 시추 현장에서는 드릴링 데이터를 AI가 실시간 분석하여 굴착 속도와 장비 상태를 최적으로 제어해 시추 효율을 극대화한다. 그리고 이상 징후 발생 시 자동으로 중지하여 사고를 예방한다.

석유 기업들은 또 생성형 AI를 사내 보고서 작성 등에 활용해 업무 생산성을 높이고 있으며 AI 기반 공정 제어 시스템으로 정유 화학 플랜트의 에너지 사용 최적화와 수율 향상을 이루고 있다.

보스턴컨설팅그룹(BCG)은 이러한 혁신을 가속화하려면 에너지 기업들이 조직 문화와 인력 기술을 AI 중심으로 재편하고 애자일(Agile)하게(기민하고 민첩하게) AI를 수용해야 지속적인 성과를 낼 수 있다고 강조한다.

에너지 분야에서 AI 도입은 발전량 예측 정밀도 향상, 설비 가동시간 극대화, 운영 비용 절감뿐 아니라 안전 개선과 환경 목표 달성 지원으로까지 이어지고 있다.

국제에너지기구(IEA)는 AI가 복잡해지는 에너지 시스템을 관리하여 에너지 전환(Energy Transition)을 가속화할 큰 잠재력이 있다고 분석하며[20], 향후 에너지 산업의 디지털 혁신을 주도할 기술로 AI를 주목하고 있다.

6) 건설

건설 산업은 전통적으로 디지털화가 더뎠다. 하지만 최근 AI와 데이터 분석을 통해 생산성 혁신을 모색하고 있다. 프로젝트 관리, 현장 안전, 품질 검사 등에서 AI의 도움을 받으면서 비용을 절감하고 공사를 효율화하려는 시도가 늘고 있다. 다만 다른 업종에 비해 도입 속도는 아직 더딘 편이며, 이는 건설 업계의 특성과 위험 관리 문화 때문이라고 볼 수 있다.

프로젝트 기획 및 일정 관리

AI는 프로젝트 관리의 반복 작업을 자동화하고 최적화해 준다. 예를 들어, 공정 계획 수립 시 수천 가지 공정 시나리오를 AI가 시뮬레이션하여 최적 공정표를 제안하거나 예산 집행 데이터를 실시간 분석해 비용 초과[21]를 조기에 경고한다. 이를 통해 일정 지연과 예산 초과를 예방하고 관리자는 더 중요한 의사결정에 집중할 수 있다.

실제 한 건설사는 AI 도입 후 프로젝트 일정 지연이 50% 감소하고 관리 비용이 크게 절감된 사례를 보고한 바 있다.

현장 안전 모니터링

건설 현장에 설치된 CCTV 카메라와 컴퓨터 비전 기술을 활용해 작업자들의 안전모·안전벨트 착용 여부, 위험 지역 출입 등을 자동 감지하는 시스템이 도입되고 있다. AI가 영상 속 위험 행동이나 안전 위반 사례를 실시간으로 인지하여 관리자의 스마트폰으로 알림을 보내는 방식이다. 인적 실수로 인한 사고를 사전에 방지하고 현장 안전 사고율을 낮추는 효과를 거둘 수 있다.

미국의 한 건설 현장에서는 AI 영상 분석을 통해 안전모 미착용을 즉시 포착해 경고함으로써 안전 규정 준수율을 크게 높였다.

하자 발견

드론으로 촬영한 건축물 이미지를 AI가 분석하여 균열, 누수, 시공 불량 등을 찾아낸다. 사람이 놓칠 수 있는 미세한 결함까지 딥러닝이 식별해내기 때문에 하자 발견율이 향상된다. 또한 건설 장비의 센서 데이터를 AI가 모니터링하여 장비 고장 시점을 예측하고 사전에 정비함으로써 현장 가동률을 높이는 예방 정비도 가능하다.

설계 및 엔지니어링

생성형 AI는 건축 설계 초기 단계에서 수많은 설계 옵션을 생성하고, 구조적 안정성이나 비용 측면에서 최적안을 제시하는 데 활용된다. AI가 수백 개의 빌딩 디자인을 생성하고 구조해석 모듈과 연동해 가장 안전하고 경제적인 설계를 추천할 수 있다. AI 기반 생성 디자인은 건축가의 창의적인 결정을 보조하며 나아가 BIM(Building Information Modeling)과 결합해 설계와 시공 사이의 간극을 줄여준다.

기타

국내의 한 대형 건설사는 자재 물류 관리에 AI를 도입해 현장에 필요한 자재를 정확한 시점에 공급함으로써 자재 대기 시간을 30% 단축했다. 미국의 건설사들은 AI로 프로젝트 서류 작업 자동화를 구현해 회계 검증과 보고서 작성에 드는 시간을 절반 이하로 줄였다. AI 활용을 통해 반복 업무를 자동화하고 의사결정의 속도와 정확성을 높인 덕분이다.

이러한 성공 사례에도 불구하고, 업계 전반의 AI 도입률은 아직 낮은 편이다. 2023년 말 조사에서 건설 기업 중 실제 AI를 활용 중인 곳은 약 1.5%에 불과하고, 가까운 시일 내 도입을 계획하는 곳도 2.3%에 그쳤다. 이는 건설업계가 아직 AI 활용에 신중하며 파일럿 단계에 머물러 있음을 보여준다. 하지만 동시에 AI를 먼저 도입한 기업들은 경쟁 우위를 확보할 가능성이 높아, 업계 관심이 점차 높아지고 있다.

7) 운송·물류

운송 및 물류 산업에서는 AI가 공급망 최적화와 운영 비용 절감의 핵심 수단으로 떠오르고 있다. 물류센터(창고)부터 운송 차량, 배송 경로에 이르기까지 AI가 도입되면서 신속하고 효율적인 물류가 가능해졌다. 특히 전자상거래 확대로 물동량이 급증하면서 여러 가지 현장의 문제를 AI로 해결하고 있다.

물류 센터 자동화

창고 내 로봇과 AI 시스템이 결합되어 주문 처리 속도를 높이고 운영 효율을 극대화한다. 자율 이동 로봇(AGV)이나 드론이 AI 지능을 탑재하고 선반 사이를 누비며 상품을 찾고 포장 작업대로 운반한다[23]. AI 비전으로 상품을 인식하고 정확히 집어내는 피킹 로봇도 도입되어 사람보다 빠르고 오류 없이 주문 상품을 출고할 수 있다. 이처럼 창고 작업의 자동화로 노동 강도가 높은 작업을 기계가 대체하는 등 AI는 작업자 안전 확보와 인력 부족 문제를 해결하는 중이다.

AI는 실시간 재고 수준 모니터링과 판매 추세 분석을 통해 적정 재고 유지도 돕는다. AI 예측에 따라 공급을 조절해 비용 절감과 공간 활용 극대화 효과를 보고 있다. 이러한 혁신 덕분에 전 세계 AI 물류 창고 시장 규모는 2024년 약 114억 달러에서 2030년 429억 달러 이상으로 성장할 것으로 전망된다.

운송 경로 최적화

택배 차량, 화물 트럭 등의 운행 경로를 AI가 최적으로 설계하여 배송 시간 단축과 연료비 절감을 실현하고 있다. AI 알고리즘은 배송지들의 지리적 위치, 도로 교통 상황, 고객 요청 시간대 등을 모두 고려해 최소 이동 거리로 모든 배송을 완료할 경로를 찾아낸다.

세계적 물류기업 유피에스(UPS)는 AI 기반 경로 최적화 시스템(ORION)을 도입한 이후, 연간 주행거리 1억 마일 감소, 연료 1천만 갤런 절약, 3~4억 달러 비용 절감이라는 성과를 올렸다[23].

또한 차량 운행 데이터에 대한 AI 분석을 통해 운전자 운행 습관을 개선하고 예방 정비를 시행하여 차량 수명을 연장하고 사고 위험을 줄이는 효과도 보고되고 있다.

수요 예측과 적재 최적화

AI는 주문 패턴과 계절성을 분석하여 배송 수요를 예측하고, 이에 맞취 차량과 인력 배치를 최적화한다. 예를 들어, 연말 쇼핑 시즌에는 AI 예측을 기반으로 미리 차량을 임대하거나 임시 인력을 확보해 배송 지연을 최소화한다.

또한 화물 적재에도 AI를 활용해 각 화물의 목적지와 크기, 무게를 고려한 최적의 적재 알고리즘으로 트럭의 공간 활용도를 극대화하고 연료 효율도 높인다.

실시간 추적과 고객 서비스

물류 AI 플랫폼은 수송 중인 화물의 실시간 위치와 상태 데이터를 수집하여 이상 상황을 감지한다. 냉장 화물차 내부 온도가 기준을 벗어나면 즉시 경고를 보내 화물 손상을 막을 수 있다. 이러한 추적 정보를 고객과 공유함으로써 정시 배송률을 높이고 고객 신뢰도를 향상한다.

이외에도 아마존은 물류 자동화의 대표적인 사례로 수만 대의 키바 (Kiva) 로봇이 움직이는 첨단 물류센터를 구축해 주문 처리 시간을 크게 단축했다.

DHL 등 글로벌 물류사도 AI 기반 물류 최적화 플랫폼을 도입해 공급망 효율을 개선하고 있다. 유피에스의 사례처럼 AI 경로 최적화를 통한 비용 절감과 탄소 배출 감축은 물류 업계의 큰 성과로 꼽힌다.

페덱스(FedEx)는 AI로 허브 터미널 운영을 개선하여 택배 소포 분류 정확도를 높이고 터미널 체류 시간을 줄였다. 물류센터 자동화 측면에서는 일본의 한 기업이 AI 로봇 창고 도입 후 주문 처리 용량을 두 배로 늘리고, 오배송률을 90% 감소시켰다.

신속한 배송과 낮은 오류율은 AI 물류의 가장 큰 성과로 평가받고 있다. 더불어 AI는 재고 회전일수 단축과 물류 네트워크 최적화를 통해 자본 효율을 높여 기업의 ROI를 높인다.

중소 물류 업체도 클라우드 기반의 최적 경로 API나 재고 예측 SaaS를 활용해 부분적으로나마 AI 혜택을 누리고 있다.

8) 호텔·외식

서비스업 특성상 사람의 경험과 접점이 중요하지만 AI를 통해 고객 맞춤 서비스를 제공하고 운영 효율을 높이는 노력이 이루어지고 있다. 특히 팬데믹 이후 인건비 상승과 인력난을 겪으면서 AI와 로봇 기술이 새로운 해결책으로 떠오르고 있다.

개인화된 고객 경험

대형 호텔 체인들은 AI로 고객 데이터(이전 투숙 기록, 선호도)를 분석해 맞춤형 서비스를 제공하고 있다.

아코르(Accor) 호텔은 고객의 예약 이력과 소셜 미디어 반응을 AI가 분석하여, 도착 전에 객실 온도나 베개 종류 등을 선호에 맞게 세팅하는 등 개인 맞춤형 객실 환경을 제공한다.

메리엇(Marriott) 호텔은 페이스북 메신저에 AI 챗봇을 도입해 투숙객 문의와 예약 요청을 자동 처리하고 있다. 그리고 이 챗봇은 지역 관광지 추천까지 해주는 가상 컨시어지 역할도 한다. 이러한 AI 가상 비서는 24시간 신속한 응대로 고객 만족도를 높이고 직원들은 보다 고차원적인 고객 응대에 집중할 수 있도록 도와준다.

동적 가격 책정도 호텔 업계에서 AI로 최적화되고 있다. 항공사처럼 AI가 수요 예측을 통해 객실 요금을 실시간 조정해 객실 점유율과 수익을 극대화하고 있다.

호텔 운영 효율화

예측 유지보수 분야에서도 AI가 활약하고 있다. 호텔 시설(예: 엘리베이터, 냉난방기)의 IoT 센서 데이터를 분석해 고장 나기 전에 수리 시점을 알려주는 예지 정비를 시행함으로써 서비스 중단을 방지하고 비용을 절감한다.

그리고 AI 기반 수요 예측을 활용해 호텔의 식음료 재고나 하우스키핑 인력 배치를 최적화하여 운영 낭비를 줄이는 등 백오피스 업무 효율화에도 기여하고 있다.

주문 및 조리 자동화

패스트푸드점을 중심으로 AI 키오스크나 음성 주문 시스템이 확산하고 있다. 고객이 키오스크에서 메뉴를 선택하면 추천 AI가 구매 이력을 분석해 추가 사이드 메뉴를 제안한다. 드라이브 스루 코너에서는 음성 AI가 주문을 받아 직원 없이도 주문 처리를 진행한다.

피자 체인 도미노(Domino's)는 "DOM 피자 체커"라는 AI 비전 시스템을 도입해 매장에서 구운 피자를 박스에 담기 전에 카메라로 스캔하여 토핑 분포나 구움 상태가 표준에 부합하는지 검사한다[24]. 이를 통해 품질 불량 피자를 바로 감지해 재조리하면서 고객 불만을 줄이고 품질 일관성을 확보했다. 주방 자동화 측면에서는 AI 로봇 팔이 햄버거를 뒤집거나 튀김을 조리하는 실험을 진행하고 있으며 일부 매장에서는 AI 주방 보조가 실제 직원처럼 일하고 있다.

레스토랑 운영 관리와 고객 분석

AI는 레스토랑의 매출 데이터와 외부 요인(날씨, 지역 이벤트)을 결합 분석해 일별 예상 고객 수를 예측하여 식자재 발주와 직원 스케줄을 최적화한다. 재료 낭비를 줄이고 인력 과부족을 방지할 수 있다. 또한 음식점 리뷰나 SNS 언급을 AI로 분석해 고객 만족도와 선호 메뉴를 파악하고 메뉴 개발이나 서비스 개선에 활용하는 사례도 있다. 일부 레스토랑에서는 AI 영상 인식을 활용해 주방에서 조리된 음식의 비주얼 품질을 검사하거나 홀 내 CCTV로 대기열과 테이블 회전율을 모니터링하는 등 세부 운영 관리에도 활용한다.

힐튼(Hilton) 호텔은 AI 챗봇 도입 이후 고객 문의 응답 시간이 획기적으로 단축되고, 프런트 데스크 업무 부담이 줄었다고 밝혔다. 일본의 헨나(Henn-na) 호텔은 인간 직원 대신 로봇과 AI로 대부분 서비스를 제공하는 실험을 진행해 화제가 되기도 했다.

외식 업계에서는 맥도날드가 드라이브스루 AI 주문을 시험했고, 스타벅스는 딥브루(Deep Brew)라는 AI 플랫폼을 도입해 매장별 판매 데이터를 분석하여 재고와 생산 계획을 최적화하고 있다. 제품의 품절을 줄이고 고객 대기 시간을 단축하는 효과를 얻고 있다.

또한 미슐랭 스타 레스토랑들도 AI를 활용하고 있는데, 일부 레스토랑에서는 AI로 새로운 레시피를 개발하거나 와인 페어링을 추천하는 데에도 사용한다.

종합적으로 호텔·외식업 업계의 AI 도입은 서비스 속도 및 품질 향상, 운영비 절감, 고객 맞춤화라는 측면에서 성과를 내고 있다. 앞으로도 AI와 로봇 기술이 더 발전하면서, 고객 경험을 더욱 개인화하고 운영의 효율성을 높이는 방향으로 확대될 전망이다.

9) 공공·교육

공공과 교육 분야도 AI의 잠재력이 상당하다. 과거에는 행정 디지털화나 전자정부 시스템으로 업무효율을 개선했다면, 이제는 AI를 활용해 민원 자동화·행정 효율을 한층 높이고, 교육 현장에서는 학습 분석과 맞춤형 교육 등 새로운 지평을 열 수 있다. 다만 이 영역은 대부분 국가와 지자체 규제가 엄격하고 예산 편성 과정이 복잡해 민간보다 도입 속도가 느리다는 인상이 있다. 그러나 일부 국가나 지자체가 앞장서 시범 사업을 추진하면서 점차 성공 사례가 생겨나고 있다[25].

민원 자동화와 행정 효율화

공공기관에서 가장 많은 업무 중 하나가 민원 처리다. 서류 발급, 신청, 민원 문의, 상담 등 하루에도 수천~수만 건씩 쏟아지는 곳도 존재한다. 과거에는 직원이 전화나 창구에서 일일이 응대해야 했지만, 최근 들어 AI 챗봇이 도입되어 민원 안내를 도맡는 사례가 생겨나고 있다. 어떤 서류가 필요한지, 온라인 신청 가능 여부, 수수료와 처리 기간 등을 AI가 자동으로 답변하면, 주민들의 대기 시간이 줄어들고 직원들은 반복되는 질문에서 해방될 수 있다.

게다가 요즘은 생성형 AI가 행정규정과 지자체 조례 등을 RAG로 검색해 다양한 민원에 맞춤형 답변을 생성할 수 있다. "노인 의료비 지원을 받고 싶으면 어떤 절차를 거쳐야 하는가?"라는 질문에 AI가 "해당 시·도의 조례 제 XX조를 참고하면 65세 이상 시민은 소득수준에 따라 의료비 일부를 지원받을 수 있다. 구비 서류는 …"처럼 구체적 정보를 전달한다. 기존 FAQ 기반 챗봇보다 훨씬 세밀하고 대화형이라 민원인의 만족도가 높다.

행정 효율 면에서도 AI가 활약할 수 있다. 지자체가 각 동·면·읍 사무소에서 발생하는 예산 요구, 인력 배치 요청 등을 종합해 어느 지역에 우선적으로 자원을 투입해야 할지를 결정할 때, AI가 데이터 분석을 지원한다. "청년 실업률이 높은 지역은 A, 교통사고 다발 지역은 B, 어린이집 대기자가 많은 지역은 C" 등 변수를 종합해 시급도를 계산하고 예산 분배안을 추론해 주는 식이다. 물론 의사결정권자는 공무원이지만 AI가 여러 시나리오를 빠르게 시뮬레이션해 주면 공무원은 그

중 합리적 대안을 고르기만 하면 된다.

맞춤형 교육

교육 분야에서도 AI가 교사·학생 모두에게 도움을 줄 잠재력이 크다. 이미 온라인 교육 플랫폼에서 학습자 데이터를 기반으로 맞춤형 문제를 추천하는 "적응형 학습 시스템"이 존재하지만, 생성형 AI는 한 단계 더 나아가 "학생이 제출한 글이나 수학 풀이 과정을 분석해 구체적인 피드백을 제공"한다.

교사 입장에서는 수십 명의 학생 과제를 일일이 세세하게 볼 시간이 부족한데, AI가 초안을 먼저 검토해 "이 학생은 문장 구조가 약하다" "이 학생은 2차 방정식 풀이 로직을 잘못 이해했다" 등을 지적해 주면, 교사는 그 핵심 부분에 집중해 인간적인 지도·코칭을 할 수 있다. 더 나아가 AI가 학생의 장기 학습 이력을 분석해 "이 학생은 시각적 학습에 강점이 있으니, 동영상 위주의 자료를 추천한다" 혹은 "이 학생은 소음이 있는 환경에서 집중도가 크게 떨어진다" 같은 인사이트를 줄 수도 있다.

교사에게는 대시 보드 형태로 각 학생 상태가 요약되고 학생에게 필요한 예비 교재나 추가 과제 등도 교사를 대신해 제시한다. 이런 개인 맞춤 교육 시나리오는 일부 선진국에서 시범 도입 중이며 효과가 검증된다면 향후 더 확산될 전망이다.

10) 1인 기업

AI 트랜스포메이션은 꼭 대기업만의 이야기는 아니다. 프리랜서, 자영업자, 1인 스타트업 같은 소규모 사업자들도 AI 도구를 활용해 업무효율과 사업 경쟁력을 높이고 있다. 클라우드 기반의 AI 서비스와 사용이 쉬운 앱들이 등장하면서 기술 전문 지식이 없는 개인 사업자도 손쉽게 AI를 도입할 수 있게 되었으며 이를 이용해 마케팅, 고객 응대, 업무 자동화 등 여러 측면에서 혁신을 만들고 있다.

가상 비서 및 일정 관리

소규모 사업자는 AI 가상 비서 서비스를 이용해 일정 관리, 이메일 정리, 약속 잡기 등을 자동화할 수 있다. 마이크로소프트의 코파일럿 같은 도구는 간단한 지시만으로 회의 일정을 잡고 일일 업무 목록을 정리해준다. 캘린더 조율, 리마인더 설정 같은 잡무를 AI가 대신해주기 때문에 사업자는 본업에 더 집중할 수 있다.

챗봇을 통한 고객 응대

소상공인 웹사이트나 SNS에 AI 챗봇을 연동해 고객 문의에 24시간 자동 응대하는 사례가 늘어나고 있다. 작은 온라인 쇼핑몰 사업자는 챗봇을 도입해 상품 재고 문의나 배송 추적 질문에 실시간으로 답변하면서 고객 만족도를 높인다. 이렇게 하면 사업주가 자리를 비운 동안에도 실시간 고객 서비스를 제공할 수 있어 신뢰도 향상과 매출 증대로 이어질 수 있다.

콘텐츠 제작과 마케팅

블로그 포스팅, 상품 설명, 광고 카피 등 마케팅 콘텐츠 작성에 생성형 AI가 큰 도움을 준다. 1인 기업가는 ChatGPT를 활용해 제품 설명문 초안을 얻고 이를 약간 수정해 시간을 절약한다. 또한 캔바(Canva) 같은 디자인 툴에 내장된 AI를 활용해 소셜미디어용 이미지나 동영상을 자동 생성함으로써 마케팅 비용을 절감하기도 한다. 소셜미디어 관리 툴에도 AI가 결합되어 최적 게시 시간이나 해시태그를 추천해 주는 기능이 제공된다. 보다 전략적인 콘텐츠 운영이 가능해졌다.

데이터 분석 및 의사결정 지원

개인 사업자도 엑셀 데이터나 판매 기록을 AI 도구로 분석해 비즈니스 인사이트를 얻을 수 있다. 예를 들어, 음식점 사장님이 지난 1년간의 매출 데이터를 AI 기반 서비스에 업로드하면 요일별 매출 패턴, 인기 메뉴, 고객 재방문율 같은 분석 결과를 쉽게 얻을 수 있다. 이를 활용해 메뉴 구성을 조정하거나 영업 시간을 최적화하는 등 데이터 기반의 의사결정이 가능하다. 이전에는 컨설턴트를 고용해야 가능했던 분석이 이제는 저렴한 AI SaaS 서비스를 통해 누구나 이용할 수 있게 된 것이다.

시간과 비용 절약

이미 소규모 사업자의 77%가 일상적으로 AI 도구를 사용하고 있다고 응답했을 만큼, 개인 사업자의 업무에 깊숙이 들어와 있다.

1인 전자상거래 판매자는 재고 예측 AI를 활용해 품절과 재고 과잉을 줄이고 가격 최적화 툴을 사용해 매출을 높인다. 또 다른 사례로 유튜버나 인스타그램 인플루언서 같은 1인 크리에이터들은 영상 편집 AI와 자동 자막 생성 툴을 활용해 콘텐츠 제작 시간을 단축한다. 세무 회계에 익숙하지 않은 자영업자는 AI 기능이 있는 회계 소프트웨어를 사용해 영수증 정리와 부가세 신고를 손쉽게 처리한다. 실제로 한 카페 업주는 POS 데이터 분석 AI를 도입한 후 음료 재료 폐기량을 20% 줄였고, 이를 통해 비용 절감 효과를 실감했다고 한다.

AI 도입의 가장 큰 성과는 시간과 비용 절약이다. 작은 조직일수록 AI 자동화를 통해 줄어든 업무 시간이 곧바로 본업 강화나 여가로 연결되기 때문에 만족도가 높다. 물론 모든 개인 사업자가 AI를 적극적으로 수용하는 것은 아니다. 일부는 기술 장벽이나 필요성에 대한 오해로 인해 아직 AI를 활용하지 않거나 계획이 없는 경우도 있다. 하지만 대체로 저비용으로 쉽게 도입할 수 있는 AI 툴들이 쏟아지면서 1인 기업의 AI 활용도는 지속적으로 증가하는 추세다. 앞으로 더 많은 소규모 사업자가 AI를 활용해 업무 효율을 높이고, 고객 경험을 개선하며 경쟁력을 강화할 것으로 보인다.

맺음. AI 에이전트 시대와 그 이후

AI 매니저의 중요성 부각

지금까지 AI는 주로 예측과 분석, 문서 작성 등을 통해 사람의 의사결정을 보조하는 역할이었다. 그러나 최근의 기술 흐름을 보면 사람이 해야 할 의사결정을 AI 스스로 자율적으로 내리고 곧바로 시스템을 조작해 업무를 실행해 버리는 시나리오가 각종 연구·시범 사업에서 시도되고 있음을 볼 수 있다. 재고 관리나 마케팅 캠페인 운영, 고객 상담과 금융 포트폴리오 조정까지 AI 에이전트가 목표를 입력받으면 구체적 단계(서브 태스크)를 나눠서 알아서 처리하고 문제가 생기면 대안을 찾고 일정 범위 내 예산도 집행한다는 그림이다.

이렇게 AI가 본격적으로 자율 의사결정과 실행에 관여하기 시작하면, 당연히 기존 업무 프로세스와 사람의 역할이 흔들릴 수밖에 없다. 사무직·중간 관리자는 AI가 결정한 내용을 확인하거나 승인만 하는 구조가 되고, 또 어떤 기업에서는 AI가 승인 없이도 할 수 있는 권한을 많이 부여해 사실상 반(半)자동 경영 모델을 실험해 볼 수도 있다.

물론 지금의 기술 수준으로는 모든 업무를 AI에게 맡기는 것은 비현실적이다. 하지만 속도감 있게 따라오는 변화를 보면 3~5년 후에는 꽤 넓은 영역에서 AI가 자율로 목표를 달성해 가는 장면이 전혀 낯설지 않을 것 같다.

AI가 자율 의사결정·실행을 한다면 "그럼 나(사무직)는 뭘 하지?"라는 근본적인 질문을 하지 않을 수 없다. DX 시대에도 자동화가 늘어나면서 사무직이 반복 업무 부담을 덜어 내고, 조금 더 전략적 과제를 맡게 될 것이라는 예측이 있었지만, AX 시대에는 그 폭이 훨씬 더 커질 것으로 예상된다. AI 에이전트가 서류 결재, 보고서 작성, 메일 전송 등 루틴한 작업을 맡아서 한다면, 내가 해야 하는 일은 AI가 내놓은 결과를 검수하거나 더 높은 수준의 기획·창의적 협업 정도로 좁혀질 수 있다.

이런 변화를 부정적으로 보면, 사무직 일자리가 크게 축소되겠다는 우려로 이어질 수 있지만 긍정적으로 보면 반복 업무를 벗어나, 더 높은 가치 활동에 집중할 수 있다고 해석해도 된다. 현실에서는 두 시나리오가 혼재할 가능성이 높다. 기업마다 인력 정책과 문화가 달라, 어떤 곳은 사무직을 대거 감축하려 할 수도 있고, 다른 곳은 해방된 인력을 혁신 태스크포스로 돌려 새로운 성장 엔진을 만드는 식의 전략을 취할 수도 있다.

어느 시나리오가 됐든 내가 단순 작업자가 아니라, AI를 지휘하고 성과를 극대화하는 코디네이터로 변신해야 한다는 점은 명확하다. 이를 위해 각 개인들은 AI 리터러시, 생성형 AI의 이해, 프롬프트 엔지니어링, 데이터 리터러시, AI 윤리·보안에 대한 이해를 넓혀야 한다. 회사도 사무직군에게 AI 기반 업무를 공식 과제로 부여하고 평가·보상 구조를 마련해야 한다. 사무직이 엑셀·PPT를 어느 정도 잘 다루느냐가 커리어의 기본이었던 것처럼 앞으로는 AI와 협업 능력이 기본 스킬이 된다.

AI 에이전트 시대에는 AI 매니저 혹은 AI 오퍼레이터 같은 신종 직무가 필수가 될 것이다. 이미 앞서 언급했지만 에이전트가 목표를 입력받고 서브 태스크를 자율적으로 결정·실행한다고 해도 완벽하게 사람의 승인 없이 모든 걸 처리하도록 놔두면 법적·윤리적 리스크가 크고 예측 불가능한 결과가 나올 위험이 있다. 이때 AI 매니저가 중간에서 권한을 조정하고 AI 에이전트가 계획이나 실행 시나리오를 검토한다. 이 직무가 필수화된다는 건, 회사가 AI 운영을 핵심 업무로 인정한다는 것을 의미한다.

AI 매니저는 "기술 + 프로세스 + 윤리" 삼박자를 고루 이해해야 한다. 기술적으로는 모델의 동작 원리와 한계를 알아야 하고, 사내 프로세스(ERP, SCM 등)를 숙지해야 하며, 윤리적으로도 AI가 사고 치지 않도록 검증·감독해야 한다. 따라서 이 직무가 일종의 고난도 관리직이 될 가능성이 크다. 즉 개발자만 주목받는 게 아니라, AI 매니저라는 새로운 관리 역량도 중요해진다는 사실을 기억해야 한다.

새로운 밸류 체인 등장

AI가 자율 의사결정과 실행으로 한 단계 올라서면, 기업 내부만 달라지는 게 아니라 산업 생태계(밸류 체인) 전체가 재편될 가능성이 높다. 왜냐하면 AI를 운영하기 위해서는 엄청난 데이터를 실시간으로 주고받고, 클라우드 인프라에서 GPU 자원을 대량으로 활용해야 하며, 외부 파트너와의 협력이 필수이기 때문이다. 이전에는 독립적으로 구축한 서버 환경만으로도 IT 시스템 운영에 문제가 없었지만, AX 시대에는 빠른 확장과 글로벌 연결성이 요구돼 클라우드 활용은 한층 더 폭발적으로 성장할 것으로 보인다.

특히 LLM(대규모 언어 모델)을 직접 개발하지 않더라도, 머신러닝·딥러닝을 자율적·실시간으로 돌리려면 GPU 등 고성능 하드웨어가 반드시 필요하다. 이때 대부분의 전통 기업은 퍼블릭 클라우드 혹은 하이브리드 클라우드에서 GPU 자원을 빌려 쓰는 방식을 택할 것이다. 즉 아마존 AWS, 마이크로소프트 Azure, 구글 GCP 같은 빅테크가 제공하는 AI 특화 인스턴스를 활용한다. 장기적으로는 클라우드 업체가 데이터센터 확장을 대대적으로 진행해 전 세계 GPU·AI 클라우드 시장 규모가 폭발적으로 증가할 것으로 전망된다.

클라우드를 활용하면 매번 물리적 서버와 GPU 카드를 구매·관리하지 않고 필요할 때마다 클라우드로 접속해 원하는 만큼의 자원을 확장(Scale-out)할 수 있다. 반면 비용이 만만치 않다는 단점이 있다. LLM 파인 튜닝이나 실시간 에이전트가 자주 호출될수록 클라우드 요금은 기하급수적으로 올라간다. 그래서 일부 대기업은 자체 GPU 팜(Farm)을 구축하기도 한다. 어느 쪽이든 AI용 컴퓨팅 자원이 폭증한다는 흐름은 변함없다.

AI가 고도화될수록 데이터는 화폐 이상의 가치를 지니게 된다. 어느 기업이 어떤 데이터를 얼마나 갖고 있느냐에 따라 AI 모델 성능이 결정될 수 있다. 수많은 중소기업이나 스타트업이 자체 데이터를 많이 갖지 못해 AI 경쟁에서 뒤처질 위험이 커지는 상황을 막고자 일부 국가나 민간에서는 데이터 마켓플레이스를 추진할 수도 있다. 이전에도 이러한 시도가 없었던 것은 아니나 실제 비즈니스로 연결되지는 못했다. 하지만 AI 시대에는 조금 더 진지하게 이 시장을 평가해볼 필요가 있다.

데이터 마켓플레이스란 기업들이 자신의 비(非)개인 정보나 익명화된 데이터를 등록해 두면 필요로 하는 다른 기업이나 연구기관이 일정 비용을 지불하고 다운로드해 AI 모델 학습에 쓰는 개념이다. 예컨대 자동차 주행 영상, 매장 POS 기록, 농업 환경 센서 데이터 등 다양한 형태의 데이터 세트가 거래될 수 있다.

전통 기업의 AX가 심화될수록 특정 회사에서 만들어져 검증된 AI 모델은 점점 더 다양해지고, 이는 그 자체로 새로운 가치가 된다. 예를 들어, 바이오 공장에서 생산 수율을 높이는 AI 모델을 완성했다면, 이는 다른 유사 회사에 이 모델을 세일즈 할 기회가 만들어진다. 이를 사고자 하는 기업에서는 그만큼 검증된 AI를 도입할 수 있으니 여러 측면에서 비용을 아낄 수 있다. 그동안은 이러한 영역이 AI 전문 기업의 영역이었지만, 이제는 일반 기업도 AI팀을 갖고 있다면 이러한 새로운 BM이 얼마든지 가능해진다.

이 또한 새로운 밸류 체인의 등장이다.

AI 전환의 3년 뒤 모습

가까운 미래인 3년 뒤를 가정해 보자. 흔히 기술 발전을 과대평가하는 의견도 있지만, 생성형 AI가 가져온 파격적 변화를 보면, 3년 뒤에는 지금보다 훨씬 더 많은 기업이 AI 에이전트를 운영하고 있을 가능성이 크다. 각 조직에서 사람과 AI가 협업하는 장면이 일상이 되고, 의사결정 일부는 자동화된 대시 보드와 AI 에이전트가 수행한다.

DX 시절에는 디지털 전환 프로젝트가 한 번 끝나면 어느 정도 안정화에 접어드는 느낌이 있었다. 하지만 AX 과정에서는 AI 모델과 데이터가 끊임없이 바뀌고 업그레이드된다. 즉 매일 AI 모델을 재학습하거나 새로운 RAG 소스와 결합하고 AI 에이전트가 실행한 결과를 검토해 피드백을 주는 작업이 계속된다. 경영진 입장에서도 AI 프로젝트를 한 번의 도입이 아닌 항상 운영하고 개선하는 사이클로 본다.

상시적 운영에 익숙해지면 기업은 의사결정·전략 수립·사내 커뮤니케이션에 이르기까지 AI를 떼어놓고 생각하기 어려워진다. 더 이상 AI 부서라는 말이 무색할 정도다. AI가 ERP·메일·메신저처럼 비즈니스 인프라의 일부로 편입되며 구성원 누구나 "오늘 AI한테 물어보고 조정하자"라는 식으로 자연스럽게 대화한다. 바로 "AI의 상시적 경영 활동"이다.

조직 문화도 달라진다. 회의에서 AI가 실시간으로 데이터나 관련 문서를 띄워 주고 세 가지 옵션을 시뮬레이션한 결과를 요약해 발표하고, 임직원들은 그 즉시 토론으로 결정한다. 보고서를 만들기 위해 영업팀과 재무팀이 일주일간 자료를 주고받던 풍경은 사라지고, AI가 종합 문서를 즉석에서 작성해 사람들은 전략적·창의적 대화에만 집중한다.

이러한 문화 속에서 AI와 어떻게 대화하느냐가 개인 역량으로 이어질 수 있다. 프롬프트 엔지니어링이나 모델 활용 노하우가 뛰어난 직원은 빠르게 성과를 내고 AI 매니저 같은 직무로 승진한다. 따라서 3년 뒤에는 조직 내 교육 프로그램이 신입·경력 모두에게 AI 협업 스킬을 가르치는 장면이 된다.

개인 차원에서도 "AI가 내 업무 상당 부분을 대체할 수도 있다"는 위협을 넘어 "오히려 AI를 활용해 더 높은 역량을 발휘하고 커리어를 키우자"라는 마인드를 필요로 한다. "내 일을 AI가 대체한다"는 소극적 공포감을 갖기보다는 "AI와 함께 일하되, AI가 못하는 부분에서 내 경쟁력을 발휘한다"는 전략적 시각으로 전환할 필요가 있다.

요약하자면, 3년 뒤 AI 전환의 모습은 "상시적 경영 활동으로서의

AI, 사람과 AI 협업의 일상화 그리고 경영자와 개인 모두의 인식 전환이 필수"라는 세 개의 키워드로 정리할 수 있다. 이는 아직 불확실한 부분이 많고 규제·윤리 문제가 해소돼야 한다는 전제도 붙지만, 기술 발전 속도와 산업 사례의 가파른 증가세를 볼 때 상상 이상으로 빨리 현실화될 가능성이 크다.

AI가 가져올 근본적 재편

끝으로 이 모든 전망을 종합해 보면, AI 트랜스포메이션이 향후 몇 년간 각 산업과 사회 전반에 불러올 변화는 100배의 경영 성과에 버금가는 "근본적인 재편"에 가깝다는 결론을 내릴 수 있다. 이는 단순히 일부 업무를 자동화하거나, 빅데이터 분석 정확도를 높이는 수준을 넘어, 기업의 의사결정 구조, 직무 설계, 협업 문화, 산업 생태계, 개인의 경력까지 새롭게 정의하는 과정이 될 공산이 크다.

AI는 한 번 도입해 고착화되는 기술이 아니다. 계속 발전하고 새 기능이 추가되며 시장 트렌드도 빠르게 바뀐다. 따라서 기업 입장에서는 AI를 한번 도입했다고 끝이 난 게 아니라 지속적으로 학습하고 재투자해야 한다.

AI가 가져올 기회는 말하지 않아도 될 정도다. 현장에서 업무 효율을 크게 높이고 새로운 비즈니스 모델을 창출하며 업계 선도기업으로 자리매김할 수 있는 잠재력이 존재한다. 반면 위험 역시 만만치 않다.

윤리 보안 실패, 사회적 반발, 내부 갈등, 기술 리스크 등을 제대로 관리하지 못하면 대형 사고나 기업 이미지 추락이 생길 수 있고 프로젝트가 무산되어 거액을 날릴 수도 있다.

이 두 가지—기회와 위험—를 동시에 관리해야 한다는 게 AI 트랜스포메이션의 핵심이다. 너무 보수적으로 접근해 기회를 놓치면 시장 경쟁에서 뒤처지고, 너무 과감하게 도입해 리스크 관리를 소홀히 하면 실패 확률이 높아진다. 여러 차례 강조했듯이 경영진의 강력한 리더십과 현업 부서의 협력 그리고 AX 추진을 위한 전문가 조직이 한 몸처럼 유기적으로 작동해야 한다. 그래야 기회와 위험을 균형 있게 다뤄 성공 궤도에 오를 수 있다.

AI가 가져올 근본적 재편은 더 이상 먼 미래의 공상이 아니라 서서히 다가오는 현실이다. 많은 기업이 아직도 "우리 회사는 준비가 부족하다"거나 "좀 더 지켜보자"라고 말하지만, 빠른 조직은 2~3년 만에 이미 AI 문화를 전사에 안착시키고 중대한 성과를 낼 것이다. 결국, 누가 먼저 시작해 시행착오를 겪으면서도 조직을 혁신하느냐가 승부를 가른다. 100% 완벽함을 추구하기보다 작은 파일럿 프로젝트부터 꾸준히 성과를 쌓아 나가면서 인재·조직·문화·윤리 등의 기반을 다지는 것이 현명한 접근이다.

이 책에서 소개한 많은 사례와 로드맵은 완벽한 정답은 아니어도 충분히 참고할 만한 가이드는 된다. 이제는 각자 업종 특성과 조직 상태를 파악해 AI 트랜스포메이션을 어떻게 구체적으로 설계할지 고민해야 한다. 그것이 곧 AI 에이전트 시대와 그 이후를 현명하게 대비하는 실질적 출발점이다. 변화는 중립적이다. 내가 준비되어 있으면 기회이고 그렇지 못하면 위기다.

여러분 혹은 여러분의 기업은 어떤 변화에 올라탈 것인가?

부록. AX에 성공한 스타트업(사례)

Q1. 회사, 주력 서비스, 대표님, 직원 수 등 회사의 전반적인 소개를 부탁합니다.

저희는 여행용 모빌리티의 통합 유통 솔루션인 로이쿠(LOYQU)를 운영하고 있습니다. 로이쿠는 개별 여행자부터 기업 고객까지 맞춤형 프라이빗 이동 서비스를 제공하는 모빌리티 플랫폼으로 채널별 특성에 최적화된 솔루션을 제공합니다.

- **개별 여행자를 위한 투어용 차량 중개 플랫폼:** 누구나 쉽고 빠르게 원하는 이동 서비스를 예약할 수 있도록 지원합니다.
- **파트너 여행사를 위한 SaaS 솔루션:** 여행사 상품에 필요한 모빌리티 서비스를 손쉽게 이용할 수 있도록 돕습니다.
- **철도 및 항공 이용객을 위한 B2B2C 서비스:** 대중교통과 연계된 원스톱

이동 솔루션을 제공합니다.

여행용 프라이빗 이동 서비스가 필요한 모든 고객이 신속하고 편리하게 이용할 수 있도록 유통망을 최적화하고 모빌리티 서비스 혁신을 해나가고 있습니다.

Q2. 스타트업의 특성상 리소스가 제한된 환경에서 생성형 AI를 처음 활용한 구체적인 사례와 성과를 설명해 주실 수 있을까요? 실제 어떤 수준으로 활용 중인지요? (단순 생성형 AI 활용, RAG 확장, RPA 활용, AI 에이전트 활용 등)

저희는 여행용 서비스인 만큼 여행지 정보 제공을 위한 디지털 콘텐츠 생산에 많은 리소스를 투입합니다. 사업 극 초반에는 실제 인력이 투입되어 여행지 관련 정보를 검색해 수집하고 원고를 작성하는 단계를 거쳐 콘텐츠를 생산했습니다.

실제 사람 인력이 투입되다 보니 1인이 생산할 수 있는 콘텐츠의 양은 매우 제한적이었고, 담당자의 취향과 글쓰기 역량에 따라 콘텐츠별 품질에 차이가 나는 문제가 있었습니다.

이런 문제를 해결하기 위해 RAG를 활용하여 콘텐츠 제작 프로세스를 자동화하고, 일관된 품질의 대량 콘텐츠를 효율적으로 생산할 수 있도록 개선했습니다. AI를 활용한 검색 및 데이터 검증을 통해 신뢰도를 높였으며, 이를 기반으로 최신 여행 정보를 빠르게 제공할 수 있는 시스템을 구축했습니다.

결과적으로, 단기간에 방대한 양의 콘텐츠를 생산할 수 있게 되었으며, 품질 편차를 최소화하여 사용자 경험을 향상하는 성과를 거두었습니다.

Q3. AI 트랜스포메이션(AX)을 시작하게 된 결정적 계기는 무엇이었으며, 초기 목표를 어떻게 설정하셨나요?

AX 도입으로 시간과 비용 측면에서 압도적인 효율성을 확보할 수 있는 만큼, 하지 않을 이유는 단 하나도 없었습니다. 도입 초기에 인적 리소스 투입률을 절반으로 줄이는 것을 목표로 설정하였으나, 실제 결과는 기대를 훨씬 뛰어넘었고, 특정 분야에서 80% 이상의 업무 자동화가 이루어졌습니다. 덕분에 핵심 인력이 보다 다른 고부가 가치 업무에 집중할 수 있었습니다.

Q4. 조직 내 AI 도입과정에서 어려움은 무엇이었고, 이를 어떻게 극복하셨나요?

AI 도입을 위해서는 전문적인 연구소의 지원이 필수적인데 연구 인력을 별도로 투입하여 관련 기술을 개발하는 것 자체가 상당한 부담으로 작용했습니다. 그러나 다행히도 AI 도입의 효과에 대해 구성원 모두가 충분히 납득할 수 있었고, 이를 바탕으로 전체 업무를 재조정하여(연구소 인력 중심으로) 현재의 시스템을 성공적으로 구축할 수 있었습니다.

Q5. AI 도입 후 조직 문화나 구성원들의 업무 방식에서 일어난 가장 큰 변화는 무엇이며, 직원들의 저항감이 없었는지요? 있었다면 어떻게 관리하고 계신가요?

트렌드 검색, 자료 조사 등 콘텐츠를 생산하기 위한 과정, 원고를 작성하는 과정 등 전체적인 업무가 크게 줄면서 업무 효율도 그만큼 향상되었습니다. 콘텐츠를 생산하는 업무가 다소 반복적인 업무이다 보니 주도성과 동기 부여를 약화시키는 등의 문제점이 있었습니다. AI 도입으로 이런 부분이 해소되니 직원들의 만족도는 더 높았습니다.

Q6. AI 트랜스포메이션(AX) 성과 측정을 위해서 가장 중요하게 보는 KPI는 무엇이며, 이를 조직 내에서 어떻게 관리하고 있습니까? KPI가 아니더라도 기존과 대비하였을 때 생산성에 어떤 변화가 있었는지요?

업무 처리 시간과 인적 자원 투입률을 핵심 지표로 중점적으로 관리하고 있습니다. 업무 처리 시간을 지속해서 모니터링하면서 자동화의 실질적 효과를 정량적으로 평가하고 있습니다. 인적 자원 투입률의 경우 고부가 가치의 업무에 인적 자원이 재배치될 수 있도록 인사 전략을 조정합니다. 이를 통해 생산성을 최대로 끌어올리기 위한 노력을 하고 있습니다.

Q7. 직원들의 AI 리터러시(이해도)를 높이기 위해 별도의 교육이나 프로그램을 진행했습니까? 했다면 어떤 것을 했으며 지금의 성과를 만들었는지요?

자체 교육을 진행하였습니다. AI 도입을 하게 된 배경, 목표, 활용 방안, 관리 지표 등에 대한 내용을 전체적으로 공유하고 관련 이해도를 높이기 위한 교육을 수시로 진행했습니다. 결과적으로 전체 직원들의 AI 활용도를 끌어올렸습니다.

Q8. AI 트랜스포메이션(AX) 과정에서 CEO로서 가장 중요하게 생각했던 역할과 스스로 발전시켜온 AI 리터러시 및 리더십은 어떤 것이 있나요?

대표로서 AX 과정에서 중요하다고 생각하는 부분은 궁극적인 목표를 명확히 설정하고 이를 조직 전반에 일관되게 공유하는 것이라고 생각합니다. 비즈니스와 AI의 접점을 명확히 정의하고 조직이 AI를 어떻게 활용해야 할지 구체적인 방향을 제시하여 조직의 성장에 기여할 수 있도록 관리하는 것. 이를 통해 구성원들이 AI가 단순한 도구가 아니라 업무 혁신의 핵심 요소로 받아들이도록 하는 데 집중했습니다.

개인적으로는 창업 전, 엘지전자 인공지능개발실에서 근무했던 경험 덕분에 꾸준히 AI 기술 트렌드에 대해 관심 갖고 스터디를 하고 있었습니다. 단순히 기술적인 이해를 넘어 AI가 비즈니스에 어떻게 적용될 수 있는지 전략적 관점에서 사고하는 역량을 키우는 데 집중했습니다. 특히 우리 사업에 실질적인 활용 방안에 대해 연구하고 조직이 AI 친화적인 문화를 조성할 수 있도록 노력을 했던 것 같습니다.

Q9. 앞으로 AI 시대에서 기업 간 경쟁의 핵심은 무엇이 될 것으로 전망하시나요? 특히 스타트업으로서의 경쟁 우위 전략은 무엇입니까?

모든 기업이 AI를 활용하는 것이 필연적인 시대가 될 것이라는 전제하에 스타트업의 경쟁 우위는 결국 "고유한 데이터 자산"에서 비롯된 다고 생각합니다. 대규모 AI 모델이 범용적으로 보급되면서 기술적 진입 장벽이 낮아지고 있는 상황에서 차별화의 핵심은 스타트업이 독 점적으로 확보할 수 있는 데이터와 그 데이터를 활용하는 방식에 달 려 있다고 생각합니다.

저희는 여행자들의 실제 이동 경로 데이터를 확보하고 있습니다. 이를 지속적으로 학습하여 개인 맞춤형 여행지 추천, 여행지 간 연관 성 분석, 사용자 특성별 선호도 예측 등의 기능을 고도화하고 있습니 다. 이러한 데이터 기반 접근 방식은 단순한 AI 기능 구현을 넘어, 사 용자 경험을 극대화하고 고객 맞춤형 서비스를 제공할 수 있는 핵심 경쟁력으로 작용합니다.

결국, AI 시대에서 스타트업의 경쟁력은 남들이 쉽게 모을 수 없는 독점적 데이터와 이를 고도화하는 능력에서 결정될 것으로 생각합니다.

Q10. AI 에이전트 시대가 도래하는 앞으로 3~5년 후를 바라봤을 때, 스타트 업 CEO로서 가장 기대하거나 준비하는 것은 무엇인가요?

AI 에이전트 시대가 본격화될 3~5년 뒤를 바라보며, 우리는 사용자 중심의 초개인화된 여행 경험을 혁신하는 데 집중하고 있습니다. 사용 자가 단순히 '어디를 갈지' 고민하는 것이 아니라 AI가 상황, 기분, 목 적, 니즈 등을 이해하고 이를 기반으로 최적의 일정을 자동 생성하는 것입니다. 필요한 숙소 및 티켓 예약도 AI가 자동으로 진행하며, 우리 는 여기에 꼭 필요한 이동 서비스를 제공하는 역할을 수행하는 것입니다.

궁극적으로 우리는 여행자가 '계획'에 시간을 쓰는 것이 아니라, 오롯이 '경험'에만 집중할 수 있도록 하기 위해 장기적인 전략을 세우고 준비하고 있습니다. AI가 단순히 정보를 제공하는 단계를 넘어, '완전한 여행 큐레이션과 실행까지 담당하는 역할'을 수행하는 미래를 만들어가고자 합니다.

부록. AX를 위한 솔루션·
서비스 추천

기업용 생성형 AI 개발의 시작 – 마이크로소프트의 "Azure AI Foundry"

외부 생성형 AI 서비스를 경험한 기업은 자신들만의 AI 서비스를 직접 도입하고자 하는 고민을 시작한다. 이럴 때 다양한 선택지가 있을 수 있으나 기업 관점에서 솔루션을 추천한다면, 마이크로소프트의 "Azure AI Foundry"를 추천한다. 이 중 Azure(애저) 오픈AI 서비스는 오픈AI의 초거대 언어 모델(LLM)과 Azure의 클라우드 인프라를 결합하여 제공한다. 보안성, 확장성, 비용 효율성 면에서 다음과 같은 강점을 가진다.

①엔터프라이즈급 보안 및 개인 정보 보호

Azure 오픈AI 서비스는 마이크로소프트의 강력한 보안 통제 및 규정 준수 체계와 통합되어 기업 데이터의 기밀성을 보호한다. 기업 입장에서 생성형 AI에 입력한 데이터가 외부에 유출되거나 AI 학습에 활용되는 것이 아닌지에 대한 걱정이 많은데, 마이크로소프트는 기업 사용자가 입력하는 프롬프트와 AI가 생성한 응답 데이터를 외부에 유출하거나 오픈AI 모델 개선에 활용하지 않는다. 사용자가 지정한 용도로만 활용한다. 즉 안전한 AI 개발이 가능하다.

모든 데이터는 암호화되어 전송 및 저장되고 기업은 데이터가 저장되는 지역을 직접 지정하여 규제 준수도 보장할 수 있다. Azure의 철저한 보안 설계는 금융, 의료 등 민감한 산업 분야의 기업에서도 안심하고 AI를 활용할 수 있는 장점이 있다.

②뛰어난 확장성과 성능

Azure의 글로벌 인프라를 통해 전 세계 25개 이상 지역에 AI 서비스를 제공하며 필요에 따라 유연하게 확장 가능한 클라우드 리소스를 활용한다. 예를 들어, 미국의 자동차 유통 기업 카맥스(CarMax)는 Azure 오픈AI 서비스 기반 AI 솔루션을 도입해 5천 개 자동차 상품 페이지의 고객 리뷰 요약 작업을 수개월 만에 완료했는데, 이는 기존에는 수작업으로 11년이 걸릴 분량을 처리한 사례이다. 이처럼 Azure 오픈AI 서비스는 방대한 데이터와 트랜잭션도 원활히 처리하여, 서비스 응답 시간을 획기적으로 단축하고 비즈니스 규모가 성장하더라도 안정적인 성능을 유지하는 장점이 있다.

③비용 효율성과 경제적 효과

Azure 오픈 AI 서비스는 필요한 만큼 사용하고 그에 따라 지불하는 Pay-as-you-go 모델을 활용하여, 초기 인프라 투자 비용 없이 손쉽게 시작할 수 있다. 더불어 LLM을 제공하는 오픈AI의 API 자체의 과금이 지속적으로 하락하고 있어 Azure 또한 이러한 영향을 같이 받을 것으로 전망된다. 다른 퍼블릭 클라우드 서비스도 유사하겠지만 동일 모델의 AI를 개발 운영하는 기업 입장에서 비용 부담은 시간이 지날수록 줄어들 것으로 기대된다.

④통합된 플랫폼과 개발 생산성

Azure 오픈AI 서비스는 Azure의 광범위한 클라우드 서비스와 원활하게 연계된다. 기존의 데이터 자산과 애플리케이션(Azure 데이터베이스, Azure AI Search 등)과 통합하여 기업 내부 데이터에 기반한 맞춤형 AI 응용을 만들 수 있고, Azure 머신러닝 및 DevOps 도구와 연동해 MLOps 파이프라인을 구축함으로써 모델 개발부터 배포, 모니터링까지 일관된 워크플로우를 구현할 수 있다. 그리고 Azure 오픈AI 서비스는 컨텐츠 안전 필터링과 사용자 권한 관리(Entra ID 기반) 등이 기본으로 탑재되어 있어 기업 내에서 AI 사용에 대한 거버넌스를 수립하기에도 용이하다.

아마존 AWS 등의 클라우드 또한 앤트로픽의 클로드, 메타의 라마 기반의 베드락(Bedrock)이라는 유사한 서비스도 고려해볼 수 있지만 개인적으로 기업 입장에서 "오픈AI"라는 생성형 AI를 활용하는 부분이 가장 큰 선택지가 될 수 있는 만큼, 마이크로소프트 Azure AI Foundry 내 Azure 오픈AI 서비스의 활용을 적극 추천한다.

생성형 AI 서비스 개발과 운영을 위한 – 포지큐브의 "robi G"

기업이 자체적으로 AI 기반 서비스를 구축하고자 하는 수요가 증가하고 있다. 하지만 대부분의 기업이 데이터 관리, 모델 선택, 안전성 검증 등의 다양한 어려움을 겪는다. 따라서 이러한 문제를 효율적이고 전문적으로 해결할 수 있는 전문 솔루션을 도입하는 것이 매우 중요하다.

포지큐브(Posicube)는 생성형 AI 기술의 선도 주자로서 기업의 다양한 요구를 충족시킬 수 있는 멀티에이전트 기반의 생성형 AI 솔루션인 robi G Max를 출시했다. robi G 솔루션은 기업이 AI 서비스 구축과 운영 시 직면할 수 있는 복잡성과 어려움을 완화하고, 효율적이고 효과적인 AI 서비스 운영 환경을 구축할 수 있도록 전 과정에 걸친 통합 지원을 제공한다.

특히 RAG 기반의 강력한 문서 처리와 검색 성능을 자랑하며, 데이터 전처리부터 AI 서비스의 안전한 운영까지, 전 과정을 체계적이고 통합적으로 관리할 수 있도록 도와준다. 이를 통해 기업은 신속한 AI

서비스 배포와 안정적인 운영이 가능하다.

robi G 솔루션의 주요 구성 요소는 다음과 같다.

①데이터 전처리 및 통합

자체 개발한 문서 분석기(ML)와 OCR 솔루션을 활용하여 PDF, HTML, 워드, 이미지, 영상, 음성 파일 등 다양한 형식의 기업 내부 데이터를 변환하고 관리하는 자동화 된 파이프라인을 지원한다. 이를 통해 기업은 생성형 AI 모델 학습에 적합한 최적의 데이터 환경을 구축할 수 있다.

②지식 검색 및 활용(RAG)

RAG 기술을 활용해 기업 내부의 방대한 데이터를 기반으로 최적의 답변을 제공한다. 기업 고유의 데이터와 지식을 외부의 생성형 AI 모델과 연결하여 맞춤형 답변을 제공한다. 문서와 데이터를 조건에 따라 효율적으로 검색할 수 있는 다양한 방식을 지원한다.

③모델 선택과 최적화

ChatGPT-4, ChatGPT-4o, Claude, Gemini 등 다양한 LLM 모델을 기업의 필요에 따라 선택할 수 있도록 지원하며, 필요한 경우 자체 소형 언어 모델(SLM)을 함께 통합 활용할 수 있게 도와준다. 기업의 비즈니스 변화에 따라 모델을 쉽게 변경할 수 있어 유연성이 뛰어나다.

④ 맞춤형 AI 에이전트 개발

Multi-Agent System 기술을 활용하여 복잡한 업무 처리를 효과적으로 지원한다. 여러 에이전트가 협력하여 복잡한 문제를 해결할 수 있으며, 에이전트의 역할과 흐름을 쉽게 수정하고 관리할 수 있다. 특히 에이전트 스튜디오를 통해 사용자의 요구에 맞는 맞춤형 AI 에이전트를 쉽고 빠르게 개발할 수 있다.

⑤ 안전성 및 성능 평가

민감 정보 탐지와 Input/Output Guard 기능을 통해 AI 서비스의 안전성을 보장한다. 실시간으로 AI의 성능과 응답 품질을 평가하고 관리할 수 있는 체계를 구축하여 신뢰할 수 있는 서비스 운영을 돕는다.

⑥ 운영 모니터링 및 관리

강력한 어드민 기능을 활용하여 사용 현황, 토큰 사용량, 비용 관리, 응답 품질 등 다양한 지표를 실시간으로 모니터링할 수 있다. 이를 통해 지속적인 성능 최적화와 비용 효율적인 운영이 가능하다.

robi G 솔루션은 생성형 AI 도입 과정에서 발생할 수 있는 데이터 관리, 모델 선택, 서비스 안전성 등의 복잡한 문제를 한 번에 해결할 수 있는 종합적인 플랫폼이다. 특히 기업의 다양한 비즈니스 요구 사항을 반영하여 유연하고 확장 가능한 서비스 환경을 제공함으로써, 기업이 빠르게 변화하는 시장 환경에 능동적으로 대응할 수 있도록 돕는다.

앞으로 생성형 AI 기술 도입을 고민하고 있다면 처음부터 SI 형식으로 개발을 시작할 수 있겠지만 중장기적 효율적 개발과 관리를 기대한다면 robi G와 같은 기반이 되는 솔루션을 선택해 보는 것을 추천한다. AI의 기술이 빠르게 변화하는 만큼 기술 변화 대응과 빠른 개발에 분명 많은 도움을 줄 것이다.

생성형 AI 서비스 개발과 운영을 위한 – 크라우드웍스의 "Alpy AI"

직접 생성형 AI 서비스를 개발할 때에는 앞서 추천한 마이크로소프트 Azure의 오픈 AI 스택을 활용할 수 있지만, 많은 경우 이를 대신해 줄 전문 기업의 도움을 받는 것이 일반적이다. 가능하다면 향후 일관된 개발과 관리를 위해 표준 기반의 개발이 중요한데, 개인적으로 데이터 수집부터 모델 개발 및 운영에 이르는 모든 단계를 아우르는 체계적인 프레임워크가 돋보이는 코스닥 상장사 크라우드웍스(Crowdworks)에서 발표한 에이전트 AI 도입 솔루션 Alpy(알피)를 추천한다.

알피는 기업이 AI 에이전트를 도입하면서 마주하는 어려움을 해결하기 위해 여섯 가지 핵심 요소를 하나의 워크플로우로 제공하는 것이 특징이다. 실제 기업에서 성공적인 AI 개발을 위한 주요 구성 요소 또한 동일한 성격이니 참고하면 좋겠다.

①데이터 전처리 및 통합

기업 내 다양한 비정형 데이터를 AI가 활용할 수 있도록 손쉽게 전처리하고 통합하는 과정이 필요하다. 알피는 이들 비정형 데이터에 포함된 텍스트, 표 등의 데이터까지 변환해 준다. 결과적으로 AI 모델 학습에 최적화된 양질의 데이터 확보할 수 있도록 도와준다.

②지식 검색 및 활용(RAG)

RAG 기법을 통해 기업의 AI 과제와 실행이 중요하다고 여러 번 설명했다. 필요로 하는 정보를 기업의 지식 베이스로부터 자동으로 찾아 활용하는 것이다. 외부의 생성형 AI는 우리 회사에 대한 정보가 없다. 하지만 이를 내부 정보와 연계하고 우리 회사 상황에 맞도록 구성하는 역할을 알피가 도와준다.

③모델 선택과 최적화

생성형 AI 서비스 개발에서 중요한 요소가 우리 회사 서비스에 가장 잘 맞는 LLM 모델로 무엇을 선정하는가 이다. 알피는 GPT-4, 라마, 하이퍼클로바X 등 다양한 대형 언어 모델을 기업 니즈에 맞게 선택하도록 도와주고, 필요한 경우 알피의 소형 언어모델(SLM)도 통합해 활용하도록 도와준다.

기업 관점에서 비즈니스를 실행하다 보면 경우에 따라 AI 모델을 변경할 수도 있는데, 이런 변경을 쉽게 할 수 있는지도 AI 프로젝트 진행에 중요한 대목 중 하나다. 알피는 이런 점에서도 매우 뛰어나다.

④ 맞춤형 AI 에이전트 개발

최종 사용자와 상호작용하는 AI 에이전트를 기업 요구에 맞게 쉽게 개발할 수 있어야 한다. AI 모델을 단순 활용하는 것을 넘어 도메인 지식과 브랜드에 맞는 대화 스타일을 가진 에이전트로 만드는 것이 핵심이다. 알피의 Agent Studio는 기업이 원하는 대화 스타일, 페르소나를 설정하고 금지어 및 가이드라인과 같은 가드레일 데이터를 추가하는 등 맞춤형 AI 에이전트를 개발·관리할 수 있도록 돕는다.

⑤ 안전성 및 성능 평가

구축된 AI 솔루션이 의도대로 작동하는지, 위험 요인은 없는지 지속해서 검증해야 하다. 알피의 모델 평가(Evaluation) 단계를 통해 AI 서비스의 응답 품질과 안전성을 주기적으로 측정함으로써 이를 달성할 수 있다. 솔루션의 도움을 받아 의도하지 않은 부적절한 답변을 AI가 하지 않도록 통제하고 검증하는 등 서비스 안전성 확보와 신뢰성 평가 기능 확보가 매우 중요하다.

⑥ 운영 모니터링 및 관리

AI 서비스를 도입한 후에는 실시간 모니터링과 운영 관리가 필수다. 사용 현황(예: 요청 빈도, 토큰 사용량), 비용(API 호출 비용 등), 응답 속도와 품질 지표 등을 추적하여 최적의 성능을 유지해야 한다. 이를 위해 알피의 Admin 대시 보드와 같은 운영 관리 도구를 활용하면 LLM별 토큰 사용량, 서비스 이용 비용, 응답 품질, 사용자 권한 관리 등을 한눈에 파악할 수 있다.

문서 생성과 RAG를 위한 최적의 선택 – 노션의 "노션 AI"

기업의 AI 도입을 지원하는 도구 중 하나로 많은 관심과 글로벌 사용을 자랑하는 도구 중 하나가 노션이다.

AI 도입 과정에서 가장 실질적으로 가치를 느낄 수 있는 것이 RAG 기반의 챗봇류 서비스다. 이를 위해서는 데이터 수집이 중요하다. 직원들의 노트북에는 하나의 보고서의 다양한 버전 파일이 중복해서 존재하는 일이 비일비재하다. 그래서 이를 수집 정리하는 것은 꽤 어려운 일이다. 하지만 별도의 복잡한 시스템 구축 없이도 일상적인 업무 흐름에 AI를 자연스럽게 접목시킬 수 있도록 도와주는 도구가 노션 (Notion)이다. 전통의 워드나 파워포인트가 아니라 노션 서비스에 이러한 일상의 문서와 보고서를 축적한다면, 그 자체만으로도 기업 내 데이터 공유와 작성이 한층 속도감 있게 바뀐다.

노션 AI는 노션에 통합된 AI 기능으로써 문서 작성, 지식 관리, 업무 자동화 등을 지능적으로 지원해 기업의 AI 트랜스포메이션을 가속화하는 장점을 제공한다. 노션이 제공하는 작업 공간 안에서 업무를 진행하면서 곧바로 AI를 활용하기 때문에, 직원들은 AI 활용을 거부감 없이 받아들일 수 있다. 동시에 기업은 자연스럽게 비정형 데이터를 확보할 수도 있다.

①지능형 문서 생성 및 요약

노션 AI는 사용자의 지시에 따라 보고서나 제안서 등의 문서를 자동으로 작성하거나 요약해 준다. 회의록 정리나 업무 보고서 작성처럼 시간이 많이 소요되는 작업을 AI가 도와주므로 직원들은 더 부가가치 높은 일에 집중할 수 있다. 또한 자연어 처리(NLP) 기술로 맥락을 이해하여 문맥에 맞는 문장을 생성하고, 문법 교정과 어투 개선까지 지원하여 전문성과 일관성이 있는 문서를 손쉽게 만들도록 돕는다.

②지식 관리 및 스마트 검색

노션 AI는 회사 내에 분산된 정보를 연결하여 지식 허브를 구축하는 데 기여한다. 노션에 축적된 사내 위키, 문서, 데이터베이스는 물론이고 원한다면 슬랙, 구글 드라이브 등 여러 가지 지식 소스에서 정보를 찾아 답변을 제공할 수 있다.

"올해 2분기 판매 전략의 주요 포인트가 뭐지?"라고 질문하면, 노션 AI는 관련 회의록이나 보고서를 즉시 찾아 요점을 알려준다. 자연어 질의응답(Q&A) 방식으로 필요한 정보를 빠르게 얻을 수 있어, 직원의 검색 부담을 줄이고 의사결정 속도를 높여주는 효과가 있다.

특히 노션 AI는 오픈AI의 GPT-4, 앤트로픽의 Claude 등 최신 거대 언어 모델을 활용해 높은 정확도로 답변을 제공한다. 그러면서도 기업의 내부 지식 맥락에 맞춰 개인화된 응답을 생성한다.

③업무 자동화와 협업 향상

노션 AI는 기업의 반복적인 작업을 자동화하여 팀 협업을 향상시킨다. 프로젝트 관리 공간에서 업무 리스트를 만들면 AI가 내용을 요약해 담당자에게 공유하거나 회의 일지를 바탕으로 다음 할 일(Task)을 자동 생성해주는 식이다. 그리고 회의 중에 실시간으로 노트를 작성하고 요약해 주거나 브레인스토밍 시에 아이디어를 문장으로 정리해 제안하는 등 팀원들의 생각을 구체화하고 연결해주는 조력자 역할도 한다.

이러한 자동화 기능은 데이터 입력, 노트 필기, 일정 관리 등의 업무를 덜어준다. 콘텐츠 작성부터 일정 조율까지 한 곳에서 이루어지므로 협업 효율성이 대폭 높아진다.

④데이터 분석 및 인사이트 도출 지원

노션 AI는 정형화된 데이터보다는 비정형 텍스트 데이터 분석에 강점이 있지만, 이를 이용해서도 의사결정에 유용한 인사이트를 추출할 수 있다. 방대한 분량의 PDF 보고서나 이미지로 된 표를 첨부하면 AI가 핵심 내용을 요약하거나 데이터베이스에 저장된 수치 데이터를 분석하여 중요한 패턴이나 추이를 설명해준다.

"어떤 크기의 데이터베이스든 실행 가능한 통찰로 전환"하는 기능을 노션은 강조한다. 이는 전문 데이터 분석가가 아닌 현업 부서의 직원들도 AI의 도움을 받아 데이터에 숨은 의미를 포착하고 업무에 활용할 수 있음을 의미한다.

이외에도 노션 AI는 다국어 번역 기능을 제공하여 글로벌 비즈니스를 지원하고 문서 작성 스타일 개선 기능으로 전문 에디터의 도움을 받는 효과를 얻을 수 있다.

노션 AI는 하나의 도구 안에 문서 생성, 지식 탐색, 업무 자동화, 데이터 활용까지 아우르는 AI 비서라고 할 수 있다. "모든 것을 다 하는 하나의 도구"라는 노션 AI의 슬로건처럼 기업은 별도의 여러 AI 솔루션을 도입하지 않고도 노션 AI 하나로 광범위한 활용이 가능하다. 업무 현장에서 곧바로 AI를 활용하도록 지원하는 이러한 접근법은 AI에 익숙하지 않은 조직이라도 자연스럽게 AI 트랜스포메이션을 시작하고 정착시킬 수 있다.

RPA를 넘어 - Automation Anyway의 "APA"

Automation Anywhere(이하 "AA")의 Agentic Process Automation(이하 "APA") 솔루션은 기존 RPA 기술과 최신 AI 기술을 결합한 차세대 자동화 플랫폼이다. 앞서 설명한 "지능형 RPA"의 대표적인 솔루션이다.

AA사의 RPA는 DX 시절부터 많이 도입 활용되던 솔루션인데, 이제는 AI 기술의 발전 및 관련 기능의 적용이 보편화되면서 기업의 업무 자동화를 보다 더욱 지능적이고 효과적으로 지원하며, 기존의 단순 반복 작업뿐만 아니라 복잡도가 높은 업무 프로세스까지 효율적으로 처리한다.

특히, AA의 지능형 RPA 솔루션은 다음과 같은 기능을 포함한다.

①AI Skill(지능형 프로세스 최적화)

사용자의 의도를 자연어로 파악하여 정확한 데이터 분석과 의사결정을 수행한다. 예를 들면, 생산 현장에서 재고 부족 시 최적의 대체품을 찾아 제안하거나, 고객의 과거 구매 데이터를 분석하여 맞춤형 마케팅 전략 및 액티비티를 제안할 수 있다.

②AI Knowledge(RAG)(맥락 기반의 지식 관리)

기업 내 축적된 과거 트랜잭션 데이터와 베스트 프랙티스를 기반으로 최상의 결과를 도출한다. 내부 지식 데이터베이스를 효과적으로 활용하여 조직 구성원들의 업무 역량을 강화한다.

③Document Automation(문서 자동화)

온프레미스와 클라우드 환경에서 가용한 다양한 인지 자동화 도구를 활용하여 이메일, PDF, 이미지 등 비정형 데이터에서 필수 정보를 자동 추출하는 것뿐만 아니라 프로세스의 종료까지도 지원함으로써 인적 오류의 최소화 및 업무 수행 시간을 절감해준다.

④Process Orchestration(프로세스 오케스트레이션)

특정 업무 처리 시 활용되는 서로 다른 업무 시스템들과 프로세스들을 유연하게 연결하여 해당 프로세스의 엔드투엔드(E2E) 자동화를 실현한다. 이를 통해 전체 업무 흐름의 조율뿐만 아니라 업무 운영 효율성을 극대화에도 도움을 준다.

⑤Automation Co-Pilot(인간-AI 협업 지원)

웹 어플리케이션 형태의 자체 프론트-엔드 인터페이스를 통하여, 업무 처리 시 담당자의 개입이 필요한 의사결정 지점에서 "사람 - 자동화Bot - AI agent"의 효율적인 협업이 이루어질 수 있게 한다.

⑥Security & Governance(보안 및 컴플라이언스)

데이터 보호, 보안 감사 및 추적 기능을 통해 기업의 AI 자동화가 내부 규정을 준수하는 범위에서 안전하고 효율적으로 운영될 수 있도록 지원한다.

단순히 요약하자면, 출근해서 노트북으로 수행하는 업무 대부분을 자동화할 수 있는 것이 지능형 RPA, 즉 AA의 APA 솔루션이다.

그동안은 기존의 단순 업무를 복사를 통해 스케줄 그대로 반복 실행했다면, 이제는 업무 수행 중 특정 문제가 발생했을 때 사람이 판단하듯 AI가 판단하여 새로운 태스크를 수행 및 완료할 수 있다. 이 책에서 소개하고 있는 AI 에이전트의 여러 형태 중 가장 현실적으로 활용 가능한 솔루션이다.

참고 문헌

바로가기 QR 링크

1   https://www.allaboutai.com/resources/ai-statistics/manufacturing/

2, 3, 4 https://indatalabs.com/blog/ai-use-cases-in-manufacturing

5   https://www.allaboutai.com/resources/ai-statistics/finance/

6   https://www.abajournal.com/news/article/jpmorgan_chase_uses_tech_to_
          save_360000_hours_of_annual_work_by_lawyers_and

7   https://blogs.nvidia.com/blog/ai-in-retail-cpg-survey-2025/

8   https://www.techmagic.co/blog/ai-banking

9   https://blogs.nvidia.com/blog/ai-in-retail-cpg-survey-2025/

10   https://www.virtasant.com/ai-today/retail-ai-emulate-walmarts-strategy-with-top-
          tools

11   https://www.salesforce.com/news/stories/ai-in-retail-statistics/

12   https://www.virtasant.com/ai-today/retail-ai-emulate-walmarts-strategy-with-top-
          tools

13   https://blogs.nvidia.com/blog/ai-in-retail-cpg-survey-2025/

14 https://www.businesswire.com/news/home/20211215005230/en/AI-Survey-Health-Care-Organizations-Continue-to-Adopt-Artificial-Intelligence-to-Help-Achieve-Better-More-Equitable-and-Affordable-Patient-Outcomes

15 https://pmc.ncbi.nlm.nih.gov/articles/PMC7322190/

16 https://pmc.ncbi.nlm.nih.gov/articles/PMC7322190/

17 https://cepr.org/voxeu/columns/what-happens-when-ai-comes-healthcare

18 https://www.bcg.com/publications/2024/ai-adoption-in-energy

19 https://www.iea.org/commentaries/why-ai-and-energy-are-the-new-power-couple

20 https://www.dnv.com/article/ai-brings-huge-opportunities-and-new-butmanageablerisks-for-the-energy-industry/

21 https://www.bdo.com/insights/industries/real-estate-construction//revolutionizingconstruction

22 https://www.globenewswire.com/news-release/2025/01/31/3018604/28124/en/Artificial-Intelligence-in-Warehousing-Business-Analysis-Report-2024-2030-Fueling-Faster-Order-Fulfillment-and-Operational-Efficiency-Optimizing-Warehousing-Meeting-Modern-Supply-C.html

23 https://www.bestpractice.ai/ai-case-study-best-practice/ups_saves_over_10_million_gallons_of_fuel_and_up_to_24400m_in_costs_annually_with_advanced_telematics_and_analysis

24 https://www.restaurantdive.com/news/dominos-tests-ai-quality-controltechnology/555818/

25 https://www2.deloitte.com/us/en/pages/consulting/articles/ai-dossiergovernmentpublic-services.html

(BH 053)

AX 100배의 법칙
: 나와 조직의 능력을 100배 높이는 AI 경영의 실제

초판 1쇄 발행 2025년 6월 1일

지은이 황재선

펴낸이 이승현
디자인 스튜디오 페이지엔

펴낸곳 좋은습관연구소
출판신고 2023년 5월 16일 제 2023-000097호

이메일 buildhabits@naver.com
홈페이지 buildhabits.kr

ISBN 979-11-93639-42-9 (13320)

좋은습관연구소에서는 누구의 글이든 한 권의 책으로 정리할 수 있게 도움을 드리고 있습니다. 메일로 문의주세요.